L'INTELLIGENCE
DU CŒUR

DU MÊME AUTEUR

Chez le même éditeur :
Au cœur des émotions de l'enfant, Paris, 1999.

Aux éditions La Méridienne :
Le Corps Messager, avec la collaboration d'Hélène Roubeix, Paris, 1988.

Aux éditions L'âge du Verseau :
Trouver son propre chemin, Paris, 1991. Presses Pocket, 1992.

Aux éditions Dervy :
L'alchimie du bonheur, 1992.
En collaboration avec Anne-Marie Filliozat, *Le défi des mères*, 1994.

Pour obtenir des renseignements concernant les stages, cassettes audio des conférences, cassettes d'exercices ou une liste de psychothérapeutes exerçant dans l'énergie de « l'intelligence du cœur », envoyez une enveloppe timbrée libellée à votre adresse à :

Isabelle FILLIOZAT
75, avenue Henri-Martin
94100 SAINT-MAUR

www.editions-jclattes.fr

Isabelle Filliozat

L'INTELLIGENCE DU CŒUR

Rudiments de grammaire émotionnelle

JC Lattès

Ouvrage publié sous la direction de Marianne LECONTE

ISBN : 978-2-7096-1771-0
© Éditions Jean-Claude Lattès, 1997.

*à Jean Bernard,
mon ami, mon amour, mon compagnon.*

*à Alice Miller,
dont l'écriture si sensible et puissante
m'a aidée à percer ma vérité*

*Je remercie toutes les personnes qui m'ont confié leurs émotions.
Toutes les histoires sont vraies, parfois remaniées, les prénoms sont inventés.
J'ai écrit Homme avec un H majuscule pour désigner l'humain, homme et femme.*

Introduction

Boulevard Haussmann, huitième étage d'un grand magasin, quatorze heures. Il y a du monde dans l'ascenseur. Les portes vont enfin se refermer quand un homme s'approche. Une femme appuie sur le bouton pour maintenir les battants ouverts. Exaspéré, un homme l'interpelle : « Il prendra le suivant, on n'a pas que ça à faire ! » Le doigt encore sur le bouton, la femme lui répond vertement... La tension est grande, une nouvelle invective se profile sur les lèvres de l'homme. Yves, témoin de l'altercation, se tourne vers lui et lui dit : « Vous avez l'air en colère, vous êtes peut-être pressé ! » Instantanément, l'homme change de ton et d'attitude : « Absolument, je sors de table et je suis en retard pour un rendez-vous. » Il sourit. La femme se radoucit. L'ascenseur arrive au rez-de-chaussée. L'homme sort, toujours souriant, et salue chaleureusement la compagnie : « Bonne journée. »

À l'école on apprend l'histoire, la géographie, les mathématiques, le français, le dessin et la gymnastique... Qu'apprend-on sur l'affectivité ? Rien. Rien sur comment intervenir quand un conflit se déclenche dans un ascenseur. Rien sur le deuil, rien sur la maîtrise de la peur, rien sur l'expression saine de la colère.

Quatre-vingt-dix pour cent de notre vie quotidienne est

passée sous silence. Ne serait-il pas aussi utile de recevoir quelques notions sur la conscience de soi et le décodage des émotions, que de connaître les rois de France et 1515 ?

Il y a quinze ans, je donnais mon premier cours au Conservatoire national des Arts et Métiers. Le module dont j'avais la responsabilité s'appelait « Émotions ». De trop nombreux échecs au diplôme final pouvaient être imputés à l'émotivité. Il fallait apprendre aux futurs ingénieurs à maîtriser le trac, à bouger dans leur corps pour s'exprimer en public, à mettre des mots sur leurs émotions et de l'émotion dans leurs présentations, à avoir confiance en eux.

Pour réussir, le QI (quotient intellectuel) **ne suffit pas**. Nous le vivons tous, dans l'école ou dans l'entreprise ; ce qui fait la différence, ce ne sont pas seulement nos compétences techniques, mais nos capacités à gérer nos affects et à communiquer.

Il y a des lois dans la communication, des connaissances qu'on peut acquérir, des savoir-faire à maîtriser, des savoir-être à épanouir. Le langage des émotions a une grammaire. Animer une réunion, parler en public, vaincre la timidité, répondre à l'agressivité, s'affirmer, donner son avis, écouter, comprendre les réactions d'autrui, pleurer, motiver une équipe et se motiver soi-même, accueillir des émotions, faire face à l'adversité et au changement, résoudre des conflits... Dans le cadre de la formation continue, les séminaires de relations humaines offrent aujourd'hui de multiples occasions de nourrir ses compétences relationnelles. Mais chaque fois, les stagiaires demandent : « Pourquoi n'enseigne-t-on pas cela à l'école ? »

Peut-être parce que, si le savoir en lui-même est aussi ancien que l'homme, son organisation est relativement nouvelle, tout au moins en Occident[1]. Peut-être aussi parce qu'un certain nombre de gens ne veulent pas apprendre ce qu'ils considèrent comme inné. Pour eux, la relation, c'est comme marcher ou respirer, ça ne s'éduque pas. Ils veulent

---

1. Le bouddhisme, en Orient, développe des connaissances psychologiques fines et des outils de conscience de soi depuis 2 500 ans.

rester « naturels ». L'intelligence des rapports sociaux ne serait-elle pas à mettre sur le même plan que les autres formes d'intelligence ?

De multiples intelligences

En 1983, Howard Gardner publie *Frames of mind* et parle pour la première fois d'intelligences multiples. Le terme choque les spécialistes, séduit le grand public. Gardner se démarque de la conception de l'intelligence mesurée par le QI, et fait valoir les nombreuses et différentes facettes de l'activité cognitive, des aptitudes musicales aux capacités requises pour la connaissance de soi-même. « Mon travail cherche à repérer les composantes des intelligences mises en œuvre par les marins, les chirurgiens et les sorciers. » Il insiste sur le mot « intelligences » ; pour lui, ces facultés sont tout aussi fondamentales que celles détectées par le test du QI.

En 1905, à Paris, A. Binet et T. Simon présentent la première Échelle métrique de mesure de l'intelligence (la fameuse échelle de Binet-Simon). Leur propos est de dépister les élèves inaptes à suivre l'enseignement primaire, de façon à les diriger vers des classes spéciales. Le quotient intellectuel est américain[1], né peu après le premier test, il est calculé comme suit : âge mental/ âge réel × 100.

On a trouvé là un étalon de mesure des facultés mentales, ayant des allures scientifiques. Mais les tests de QI sont des exercices scolaires et arbitraires. S'ils ont une réelle valeur prédictive, c'est qu'ils évaluent la maîtrise du langage et la logique mathématique, sur lesquelles les examens scolaires portent eux aussi. De plus, les tests sont biaisés socialement, ce que de nombreux chercheurs ont dénoncé. Le QI ne mesure pas l'intelligence mais le conformisme social. La note à un seul examen n'est pas forcément représentative des

---

1. La notion de quotient intellectuel est proposée en 1912 par W. Stern, aux États-Unis.

qualités permanentes d'une personne. Qu'importe, dans l'esprit du grand public, QI et intelligence se confondent. Résultat : l'intelligence est devenue la capacité à répondre à un test verbal et logico-mathématique.

Howard Gardner se démarque d'une telle réduction de la définition de l'intelligence. Il définit cette dernière comme **« la capacité à résoudre des problèmes** ou à produire des biens ayant une valeur dans un contexte culturel ou collectif précis. Les problèmes à résoudre vont de l'invention de la fin d'une histoire à l'anticipation d'un mat aux échecs, en passant par le raccommodage d'un édredon. Les biens vont des théories scientifiques aux compositions musicales en passant par les campagnes politiques victorieuses ». **Il n'y a pas une intelligence mais plusieurs**, et il en dénombre sept (en précisant que la liste n'est que provisoire). Aux intelligences verbale et logico-mathématique déjà reconnues par le QI, mais qu'il sépare et surtout place à égalité avec les autres, il ajoute les intelligences spatiale, musicale, kinesthésique, interpersonnelle et intrapersonnelle.

L'intelligence de l'espace, la faculté à se représenter en trois dimensions, à s'orienter, est utile aux marins, ingénieurs, chirurgiens, sculpteurs, peintres, architectes... L'intelligence musicale repose sur l'exercice de l'oreille et du rythme. L'intelligence kinesthésique est l'intelligence du corps, celle que maîtrisent les danseurs, athlètes, chirurgiens et artisans. Il définit l'intelligence interpersonnelle comme la capacité à comprendre les autres et à travailler avec eux. L'intelligence intrapersonnelle correspond à « la faculté de se former une représentation de soi précise et fidèle, et de l'utiliser efficacement dans la vie ».

Dans l'ascenseur, Yves, par l'exercice de ses compétences émotionnelles et relationnelles a témoigné d'une véritable intelligence, mais d'une intelligence jusqu'ici méconnue parce qu'on ne la mesure pas à l'aune du QI. Il s'agit de l'intelligence interpersonnelle de Gardner, autrement nommée intelligence émotionnelle par Daniel Goleman, auteur du best-seller américain *Emotional Intelligence*.

L'intelligence émotionnelle

Pour Goleman, le règne du QI doit laisser la place à celui du QE (quotient émotionnel). « L'ancien paradigme tenait à l'idéal d'une raison libérée de la pression de l'émotion. Le nouveau paradigme nous invite à harmoniser la tête et le cœur. Nous devons comprendre plus précisément ce que signifie : utiliser son émotion intelligemment. »

L'intelligence émotionnelle, selon Daniel Goleman, recouvre des compétences telles que : la capacité de se motiver et de persévérer malgré l'adversité et les frustrations ; le contrôle de ses impulsions, et la capacité de différer une satisfaction ; la capacité de réguler son humeur et d'empêcher la détresse d'altérer ses facultés de raisonnement ; l'empathie ; l'espoir. Elle englobe donc les intelligences inter et intrapersonnelles d'Howard Gardner.

Tout un chacun a eu l'habitude de la rencontrer sous le vocable « intelligence du cœur ». Mais, souvent confondue avec une certaine naïveté et inconscience des « réalités de ce monde », elle était réservée (paradoxalement) aux prélats, aux simples d'esprit et aux grands sages, aux femmes ou aux poètes. Aujourd'hui, elle devient une dimension essentielle de la réussite et du bonheur.

Comment définir l'intelligence du cœur ? On la reconnaît immédiatement en ce qu'elle met en contact avec ce qu'il y a d'humain en soi. Celui qui est habité par elle pénètre au-delà de la surface des choses, il écoute les motivations profondes.

La place des émotions

Ce n'est pas la raison qui guide le monde, ce sont les émotions. Il est temps de s'en préoccuper. À l'intelligence de la tête, joignons celle du cœur. **La démocratie est à ce prix.**

Les émotions qu'on ne veut pas écouter prennent le pouvoir. Fascisme et racisme sont des réponses émotionnelles à des peurs, des souffrances qui n'arrivent pas à se dire. La raison seule ne peut leur faire obstacle. Sectes et partis extrémistes profitent de l'insécurité et de l'analphabétisme émotionnel. Ils séduisent parce qu'ils offrent l'union contre le méchant, un sentiment de fraternité aux dépens d'un mouton noir, une revalorisation personnelle au prix de la dévalorisation d'autrui.

On parle de la violence extrême des banlieues, on parle des gamins qui, pour une paire de bottes ou un blouson, assassinent leur copain. On parle beaucoup de ces pulsions qui débordent, car elles inquiètent. En revanche, on ne parle pas du revers de la médaille, de toutes ces émotions qui ne s'expriment pas, qui se soumettent et se retournent vers l'intérieur. Solitude, dépression, angoisse, sont pourtant le lot quotidien de beaucoup d'entre nous. **Un Français sur dix est dépressif!**

Faute de gérer adéquatement nos émotions, véritables infirmes relationnels, nous nous heurtons les uns aux autres. Consommation médicale impressionnante, abus de tabac et d'alcool, difficultés à communiquer, solitude croissante, racisme et exclusion... sont des symptômes d'une maladie sociale.

Quel est le sens de la vie? Nous éludons la question en nous évadant dans les hypermarchés, dans le travail ou sur le Minitel rose. « Une vie de dingue! » dit-on avant de se remettre sous perfusion télévisuelle.

L'angoisse fait marcher le commerce. Les laboratoires pharmaceutiques sont les grands gagnants de cette course à l'exploitation de la détresse émotionnelle et relationnelle. Le rapport demandé par le ministère de la Santé au Pr Édouard Zarifian sur la consommation des psychotropes en France est alarmant. Cent vingt millions de boîtes de tranquillisants, somnifères et antidépresseurs sont vendues chaque année! C'est le deuxième poste de remboursement de l'assurance maladie derrière les antibiotiques! **Il est urgent d'apprendre à faire face à nos émotions.**

Aujourd'hui, le QI ne suffit plus

Hier, étaient plébiscités l'intégration, l'identification à l'image du groupe, l'autorité, le contrôle de soi, le conformisme, l'obéissance. Ces valeurs sont encore celles cultivées par l'école publique, alors que le monde actuel demande autonomie, initiative, créativité, réalisation de soi, compétence, expression émotionnelle, authenticité, esprit critique et empathie... Intelligence émotionnelle et relationnelle.

Le sentiment de sécurité, puisé hier dans les traditions, l'appartenance à un groupe, une famille ou à une entreprise, **doit désormais se trouver en soi.** Tiraillés par des conflits internes, qui hier étaient « résolus » par l'adhésion à un rôle social strict et bien défini, beaucoup d'entre nous sont désorientés devant les problèmes posés par la vie. Mais qui nous a appris à écouter nos impulsions profondes ? Qui nous a appris à suivre l'inclination de notre cœur ?

Les entreprises de notre temps ne peuvent plus se permettre le gaspillage d'énergie et de créativité dans les jeux de pouvoirs. L'heure est à la mise en commun des compétences, aux dynamiques de réseaux. Il s'agit aujourd'hui de se placer, non plus au-dessus ou en dessous des autres, mais en soi et en relation horizontale avec les autres. Ni diplômes, ni QI ne feront la différence, mais nos intelligences intrapersonnelle et interpersonnelle.

Seul l'accès à nos émotions vraies peut nous permettre de répondre aux défis que nous propose notre société et sa complexité.

Du conformisme à l'autonomie

« L'idée d'un ordre social naturel où chacun est à la place qu'il mérite [...] constitue une des clefs de voûte de notre système social. Toutes les matraques de France et de Navarre ne suffiraient pas à maintenir un ordre social basé sur l'exploitation et l'oppression, si celles-ci n'étaient pas intériorisées par leurs victimes les plus directes. [...] Il y a longtemps que les plus exploités auraient changé un ordre social totalement irrationnel, et dont ils sont les premiers à souffrir, si l'école, les médias et toute notre culture ne tendaient à leur faire croire qu'ils sont incapables de penser et d'agir[1]. »

L'autonomie menace les structures sociales établies sur des bases injustes. Le mot nous vient du grec : *nomos* = règle de conduite, *auto* = propre. L'individu autonome est celui qui se forge ses propres règles de vie, celui qui écoute son cœur. Ce n'est pas un rebelle. Il accepte les règles de la vie en commun... Mais il ne tolère pas l'injustice.

Plus une structure sociale est injuste, plus elle a besoin pour se maintenir de limiter l'autonomie de ses membres. Et en ce domaine, les barrières psychiques sont plus efficaces que les limites physiques.

Zappant récemment les programmes sur mon téléviseur, je saisis au vol les bribes d'un documentaire sur un village africain. Un journaliste interroge une femme sur la polygamie : « Êtes-vous jalouses les unes des autres ? » Sans cesser son travail de cueillette, la jeune Africaine répond : « Non, ce n'est pas bien d'être jalouse, on rit de vous. » La formulation est expressive, la jeune femme ne répond pas en fonction de ses émotions, mais énonce un jugement : « Ce n'est pas bien. » Elle ajoute : « On rit de vous. » Ridiculiser un sentiment est une des techniques parmi les plus utilisées pour obliger au refoulement des émotions. Le journaliste persévère : « Vous êtes contente d'avoir des coépouses ? » La jeune femme s'exclame : « Oh oui ! Seule, je ne vois pas comment je pourrais abattre tout le travail », inconsciente de l'absurdité de la situation, parce qu'elle ne remet pas une seconde en cause le fait que les femmes travaillent pendant que les hommes se reposent et palabrent. C'est ainsi que la négation du ressenti interne sert la soumission à un ordre établi. Il est évident que, si la femme se donnait le droit de ressentir ses émotions véritables, elle se révolterait contre

---

1. Michel SCHIFF in *L'intelligence gaspillée*.

cette oppression. Mais tout sentiment personnel étant ridiculisé, ne voyant autour d'elle que ce modèle de vie, elle accepte de croire que les femmes sont faites pour travailler et les hommes pour se reposer. Si parfois elle ressent les choses différemment de ce qu'on lui a appris à dire, elle pensera qu'elle « sent faux ». Elle sera facile à culpabiliser et à faire rentrer dans le rang.

Tout autour de la terre, dans tous les pays du monde, on a cherché à éteindre les émotions individuelles pour maintenir les traditions.

En Occident, ces traditions éclatent, l'individu est à l'honneur, mais il ne sait pas toujours que faire de cette liberté. La société se dirige inexorablement vers l'individuation, c'est-à-dire vers la différenciation des individus. Mais le processus est somme toute récent. **Les émotions, ces outils de l'autonomie,** sont encore tues avec pudeur.

Pour soutenir le défi de notre époque, l'homme doit retrouver le contact avec des émotions dont son éducation l'a éloigné et devenir véritablement lui-même, un individu à nul autre pareil.

L'alphabétisation émotionnelle

Ce livre est découpé en quarante-six chapitres, regroupés par thèmes.

À la fois scientifique et quotidienne, rationnelle et émouvante, l'écriture peut dérouter... L'ambition est là, entremêler les ressources de la tête et du cœur.

Peut-on vraiment développer cette intelligence du cœur ? N'est-on pas tendre, colérique ou timide de tempérament, c'est-à-dire d'origine ? « Chacun a son caractère », dit-on facilement.

Raison et émotion ont longtemps été opposées. Il est temps de rendre justice à l'émotion qui, en réalité, nous aide à raisonner. Nous découvrirons combien **nos émotions imprègnent subtilement mais inévitablement notre vie mentale.** Notre vie émotionnelle, consciente ou inconsciente, fait office de filtre entre l'extérieur et l'intérieur, elle dirige nos choix, peut altérer notre relation au réel, et entraîner nos succès comme nos défaites.

Nous nous intéresserons à définir l'émotion, avant de chercher à comprendre pourquoi nous en avons si peur, pourquoi les affects sont si méprisés dans notre société, et comment nous nous défendons de sentir.

Quelques informations sur le fonctionnement cérébral nous aideront à comprendre l'importance de l'expression émotionnelle pour notre santé tant physique que psychique.

« Je ne sais pas ce qui m'a pris... » D'où viennent nos soudaines impulsions ? L'hyperémotivité que manifestent certains est-elle plus saine que la répression complète des affects ? Nous nous attacherons à comprendre les réactions affectives disproportionnées ou inadaptées.

Un test vous permettra ensuite d'évaluer vos compétences en matière de gestion émotionnelle, de conscience de vous ou de relation aux autres. Vous dessinerez votre profil.

Retrouver ses émotions véritables, c'est retrouver sa liberté. À condition de trouver la tempérance entre la négation et l'expression incontrôlée, bien loin de nous enchaîner, nos émotions sont les garantes de notre autonomie.

Peur ou angoisse, colère ou violence, tristesse ou dépression... Mettre des mots sur nos émotions est la première étape de l'apprentissage de la grammaire émotionnelle. Nous verrons comment cultiver et exprimer nos émotions authentiques, et comment déraciner les sentiments qui emprisonnent, blessent, nous détruisent tout autant qu'autrui.

Les verbes-clés de la relation sont donner, recevoir, refuser, demander... Nous verrons à les conjuguer, en se souvenant que les choses les plus simples sont parfois les plus difficiles.

Tous les humains, dans les mêmes situations ressentent les mêmes modifications physiologiques dans leur corps. **Les émotions sont notre langage commun.** Comprendre mieux les autres, réagir avec empathie à leurs besoins et à leurs sentiments, permet d'avoir moins peur d'autrui, de nous sentir plus proches, plus solidaires et de renforcer la coopération.

Introduction 19

Tout notre système éducatif est à revoir. Orienté QI, il ne prépare pas nos enfants à la vie de demain. Il faut faire de la place aux émotions, prendre en compte le développement social et affectif. L'intelligence du cœur a besoin de se nourrir de connaissances, de savoir-faire et de savoir-être, tout autant que les autres intelligences.

Comme annoncé dans le sous-titre, nous en resterons dans cet ouvrage aux rudiments de grammaire émotionnelle, nous poserons les bases sur lesquelles les compétences multiples de l'intelligence du cœur peuvent se développer.

L'urgence est affective. Nos enfants nous demanderont des comptes : **« Comment as-tu aimé ? »**

QUAND LA TÊTE ET LE CŒUR NE SE FERONT PLUS LA GUERRE

1

Tempérament, inné ou acquis ?

« Je suis comme ça ! » N'a-t-on pas un caractère déterminé dès la naissance ? La dépression n'est-elle pas génétique ? Nos tendances à la colère ou à l'angoisse ne sont-elles pas programmées en nous pour le meilleur ou pour le pire ? Entre les innéistes, pour lesquels tout est génétique, et les environnementalistes, qui penchent pour le tout acquis, la lutte semble s'estomper. Actuellement, la plupart des chercheurs optent pour une position médiane. Pour rendre compte de la multiplicité des déterminants, on parle de champ causal.

Le cortex est organisé en colonnes et modules verticaux, reliés entre eux par des connexions horizontales. Il semblerait que les structures verticales soient assez strictement déterminées. En revanche, la mise en place des relations horizontales serait soumise à l'expérience. C'est-à-dire que les neurones transmettant l'information sensorielle et motrice seraient génétiquement programmés ; tandis que les réseaux de connexions entre les neurones, les aires d'association, se construisent au fur et à mesure du vécu.

Même les cerveaux de deux vrais jumeaux, qui ont donc le même code génétique, sont morphologiquement extrêmement dissemblables. De plus, la pondération des connexions se modifie en fonction des expériences. Chaque passage d'une information provoque une synthèse de protéines qui code littéralement le réseau neuronal activé. Les chemins souvent empruntés sont plus marqués que les autres, facilitant la rapidité de conduction de l'influx nerveux.

Les parents de François étaient autoritaires. Il a pris l'habitude d'obéir au doigt et à l'œil. Aujourd'hui encore, à quarante-deux ans, il a du mal à ne pas obtempérer automatiquement quand un représentant de l'autorité, son patron, un médecin, un policier... s'adressent à lui. Le moindre conseil devient un ordre, le moindre signe de désapprobation de leur part est interprété comme un rejet.

Plus vous vous mettez en colère, plus vous favorisez cette réaction parmi d'autres possibles, et donc plus facilement et rapidement vous enragerez à l'avenir. **Vos habitudes, par le jeu des facilitations neuronales, forment votre caractère et dessinent votre tempérament,** c'est-à-dire vos tendances à la colère ou à la soumission, au courage ou à l'effacement, à la réflexion ou à la peur.

Toutefois, nos cerveaux ne sont pas des ordinateurs programmés une fois pour toutes. La forme des circuits cérébraux ne cesse de changer en fonction de nos attitudes. On a vu des malades, ayant subi l'ablation d'une tumeur, récupérer des facultés qu'on aurait pensé perdues à jamais. Il semblerait que dans certaines circonstances (et avec une bonne dose de motivation de la part de la personne atteinte) d'autres neurones puissent prendre le relais des secteurs détruits.

Le cerveau fonctionnerait un peu comme un hologramme. Coupez-en un morceau, vous avez encore la totalité de la photo. L'information est à la fois répartie sur l'ensemble et disponible dans son intégralité dans chaque parcelle, bien qu'un peu moins nette. Nous possédons dix puissance douze neurones. Voyez la complexité... et l'étendue des possibles !

Le tempérament résulte donc d'interactions complexes entre le génome de l'individu et son histoire, sans que l'on puisse attribuer de totale responsabilité à l'un ou à l'autre. Notre façon très particulière de réagir émotionnellement au monde est à la fois innée et acquise, elle se modifie au cours du temps, elle est influencée à chaque instant par toutes sortes d'événements intérieurs et extérieurs.

On a mis en relation certaines substances chimiques avec les différentes émotions. Le cortisol notamment est l'hormone de la dépression, l'adrénaline celle de la colère... Mais s'il est vrai que les émotions ont un substrat physiologique, celui-ci n'est pas non plus déterminant pour autant. Jean-Didier Vincent l'a montré en injectant une même quantité d'adrénaline à différents volontaires. Cette hormone a provoqué euphorie ou colère selon la situation dans laquelle était plongé le sujet.

Inutile d'accuser génétique ou biologie, nous sommes responsables de nos actes, comme de nos sentiments.

2

La raison est émotionnelle ou elle n'est pas raisonnable

Les sentiments sont réputés empêcher la raison. Certes, les émotions influencent le raisonnement, c'est de l'expérience de chacun. La pensée est rapide quand on est joyeux. Elle ralentit quand on est triste. Mais la traditionnelle opposition entre raison et émotion est-elle justifiée ?

Deux cas étranges

En 1848 un homme de vingt-cinq ans, chef d'équipe dans les travaux de construction des voies ferrées, voit sa vie basculer. Spécialiste du bourrage des mines et dynamiteur, Phineas Gage dispose d'une barre à mine spéciale, fondue sur mesure pour lui et particulièrement affûtée. Un instant de distraction et c'est l'accident. L'explosion est très violente ; au lieu de pénétrer la roche, la barre de fer part dans l'autre sens, perfore la joue gauche de Gage, lui perce la base du crâne, traverse l'avant du cerveau et ressort par le dessus de la tête. À la stupéfaction de tous, Phineas se relève malgré la plaie béante. Il est capable de parler, de marcher, et surtout il reste lucide. Soigné, il survit mais subit un dramatique changement de personnalité. Son caractère, ses goûts, ses rêves, ses ambitions, tout est transformé. Il n'a plus de sens moral, ne respecte rien, profère des insanités et prend des décisions aberrantes. Il est devenu incapable de prévoir quoi que ce soit ou de considérer les conséquences de ses actes. Ses facultés mentales sont pourtant intactes. Attention, perception, mémoire, langage, intelligence sont testés par les médecins de l'époque, sans qu'ils puissent déceler de faille explicative. La lésion de Phineas Gage, située au niveau du cortex préfrontal, ne modifie apparemment que son comportement social.

Dans les années 1970, Antonio Damasio, directeur du département de neurologie de l'université de l'Iowa, et sa femme, Hanna, chercheur, s'intéressent aux conséquences des lésions frontales quand Elliot leur est adressé. Il a été opéré d'une tumeur au cerveau localisée très près de l'endroit où était située la lésion de Gage. Suite à cette intervention, il a lui aussi changé radicalement de personnalité. Tout en disposant de toutes ses capacités perceptives et intellectuelles, il prend des décisions à l'encontre de ses intérêts, ne respecte plus aucune convention sociale et se détruit socialement. Il est devenu incapable de travailler, mais on lui refuse toute allocation d'invalidité, car il montre tant de compétences aux tests d'intelligence que les médecins le soupçonnent de simuler. D'ailleurs, nonobstant son QI élevé, ils l'ont tout d'abord orienté vers une psychothérapie. Si ses facultés intellectuelles sont intactes, la cause de ses troubles ne peut être qu'émotionnelle, et donc du ressort de la psychologie... À moins que ce ne soit un paresseux.

Damasio entreprend de tester Elliot. Ses capacités perceptives, sa mémoire à court et long terme, son aptitude à apprendre, à parler et à faire des calculs sont excellentes.

« Il fallait le pousser, le matin, pour qu'il se mette en train et se prépare à aller travailler. Arrivé au bureau, il se montrait incapable de gérer son emploi du temps de façon rationnelle. S'il devait classer des documents, il y avait de fortes chances pour que, soudainement, il passe de la tâche de classement à celle de la lecture attentive d'un de ces documents. Ou bien il pouvait passer tout un après-midi à se demander selon quel principe il allait faire son classement, chronologique, alphabétique... Il s'arrêtait sur une étape, qu'il cherchait à accomplir trop bien, au détriment de l'objectif général. On ne pouvait plus compter sur lui pour terminer un travail en temps et heure, les remarques de ses supérieurs restant inopérantes, il se faisait régulièrement renvoyer des différentes places qu'il trouvait. »

Au moment où il vient se faire examiner par Damasio, il collectionne n'importe quoi et se lance dans des opérations douteuses — et désastreuses pour lui — de spéculation financière. Il semble avoir perdu tout jugement. Sa famille ne comprend pas qu'un homme si intelligent, si informé aussi, puisse se conduire ainsi. Devant ce comportement atterrant, sa femme divorce. Une seconde épouse ne supporte pas non plus cette situation. Les conditions de vie du pauvre homme sont devenues dramatiques. Mais personne ne sait comment l'aider. L'énigme reste entière.

Un élément finit par attirer l'attention de Damasio : il n'a jamais perçu une trace d'émotion sur son visage au cours de leurs échanges. Elliot raconte sa vie avec un détachement qui contraste avec la gravité de ce qui lui est arrivé.

On lui projette alors des diapositives montrant des immeubles en feu, des personnes gravement blessées... Rien ne réussit à l'émouvoir. Il déclare ne plus réagir comme avant. Il ne ressent plus rien, ni positivement, ni négativement.

Y a-t-il un rapport entre cette altération de la sphère émotionnelle et les erreurs dans l'appréhension rationnelle des situations ?

Les Damasio passèrent les vingt années suivantes à observer, comparer, mesurer, tester les humains et expérimenter sur les singes. Ils en concluent que **« la capacité d'exprimer et ressentir des émotions fait partie des rouages de la raison »**.

Certes, dans certaines circonstances, les émotions peuvent perturber les processus du raisonnement. Mais l'incapacité d'exprimer et de ressentir peut gravement altérer l'aptitude à raisonner.

Le corps est le premier instrument de la conscience

Les représentations mentales qui nous permettent de penser sont construites à partir des perceptions internes et externes de notre corps. Nous pensons par images. Les idées les plus abstraites ont un contenu sensoriel.

Dans nos prises de décision, les émotions sont bien souvent les facteurs déterminants, même si elles restent inconscientes. La logique seule ne permet pas de faire face à la complexité et à l'incertitude de nos existences. Observez la façon dont vous prenez une décision. Vous passez en revue une série d'images du futur. Lorsque vous vous projetez ainsi dans l'avenir, votre corps vous informe. Vous vous imaginez en A..., une onde de chaleur parcourt votre organisme, c'est oui. Vous vous projetez en B..., une vague de froid circule en vous, c'est décidément non! **Les marqueurs somatiques, ces sensations physiologiques que sont les émotions, accroissent la précision et l'efficacité des processus de décision.**

Les émotions réorganisent la mémoire. Lorsque nous évoquons un souvenir, nous ne retrouvons pas l'image originellement perçue mais une reconstruction de celle-ci. Rappelez-vous le visage de votre mère. Vous pouvez l'évoquer dans l'œil de votre mental, mais ce visage que vous voyez dans votre tête n'est qu'une version reconstruite par vos neurones. Vous ne voyez pas votre maman mais une interprétation (forcément affective) de celle-ci.

Plus vos émotions sont conscientes, plus vous gagnez de liberté dans votre existence.

3

Qu'est-ce qu'une émotion ?

Peut-on enfermer les émotions dans une définition ? Notre culture d'Homo sapiens nous invite à feuilleter le dictionnaire. Nos illustres académiciens se sont heurtés à cette terrible difficulté de circonscrire nos affects. Dans le Petit Robert, on trouve la définition suivante : « État affectif intense, caractérisé par une brusque perturbation physique et mentale où sont abolies, en présence de certaines excitations ou représentations très vives, les réactions appropriées d'adaptation à l'événement. » Le Petit Larousse ajoute : « Trouble, agitation passagère provoquée par la joie, la surprise, la peur, etc. » La définition est un peu moins négative que la première, intégrant les affects heureux. Quoique le terme « trouble » prête à questions, sinon à confusion. Il y a, il est vrai, le trouble amoureux, mais de façon générale personne n'aime à être troublé. Ces deux définitions tendent à dire que l'émotion serait une empêcheuse de penser en rond. Longtemps, on a cru que le cerveau émotionnel et le cerveau rationnel étaient deux structures différentes. Les émotions avaient-elles une quelconque relation avec le mental ? Elles étaient l'apanage des femmes, ces êtres irrationnels par excellence. L'association entre affect et inefficacité était avérée. Elle est encore, il faut le dire, bien souvent présente dans les esprits. Pourtant, Gage et Elliot nous l'ont montré, **nous ne pourrions être raisonnables sans ces mouve-**

ments intérieurs qui font aussi notre humanité. Les émotions colorent la vie et en dessinent les contours.

Qu'est-ce donc que l'émotion ? À l'origine le mot désigne l'agitation populaire qui précède une sédition et quelquefois la sédition elle-même[1]. Étymologiquement, motion évoque le mouvement; le préfixe é- en indique la direction : vers l'extérieur. **L'é-motion est un mouvement vers le dehors, un élan qui naît à l'intérieur de soi et parle à l'entourage, une sensation qui nous dit qui nous sommes et nous met en relation avec le monde.** Elle peut être suscitée par un souvenir, une pensée ou un événement extérieur. Elle nous **informe** sur le monde qui nous entoure plus rapidement que la pensée hypothético-déductive[2]. Elle nous **guide** en nous rappelant ce que nous aimons et ce que nous détestons. En ce sens, nos émotions nous donnent notre sentiment d'existence au monde. Elles nous individualisent en nous conférant la **conscience de notre personne propre**.

La vie émotionnelle est étroitement liée à la vie relationnelle. Le partage des émotions nous permet de nous sentir **proches les uns des autres**. Les paramètres physiologiques de l'émotion sont universels. Tous les hommes, noirs, jaunes, blancs, rouges ou bleus, vivent les mêmes contractions stomacales, une augmentation du rythme cardiaque et la sécheresse de la bouche dans le même type de circonstances. Si les manifestations extérieures de nos émotions et les mots pour les nommer sont culturellement définis, nous ressentons les mêmes mouvements internes. Nos sentiments, facteurs de discorde quand ils ne peuvent être entendus et parlés ensemble, nous relient au-delà des cultures.

Les chercheurs qui tentent de cerner les paramètres de l'émotion dans leurs laboratoires s'accordent pour la décrire comme un événement somatique (fatigue, douleur dans la poitrine, chair de poule...) et/ou un événement affectif

---

[1]. *La surprise, dictionnaire des sens cachés*, Alain DUCHESNE, Thierry LEGUAY, Larousse, 1990.
[2]. Qui fait des hypothèses et des déductions.

(panique, vide) expérimenté en relation à une perception (de perte, de vacuité...) et associé à un plan d'action (attaquer, se cacher, explorer...). La plupart des auteurs sont d'accord sur le fait que l'émotion peut être déclenchée en l'absence de pensée consciente. Mais un processus cognitif est requis pour la plupart des émotions. Que nous en soyons conscients ou non, il faut que notre cerveau identifie et donne un sens à la perception pour déclencher une émotion.

Le rôle des émotions est de signaler les événements qui sont signifiants pour l'individu et de motiver les comportements permettant de les gérer.

Les émotions sont fonctionnelles. Certains ont pu les décrire comme des atavismes, des reliquats de notre passé dans les cavernes. Dans cette perspective, n'ayant plus à affronter les animaux sauvages, elles n'auraient plus d'utilité. La plupart des scientifiques s'inscrivent aujourd'hui en faux contre cette affirmation.

S'il est vrai qu'un affect très intense peut paralyser ou perturber notre efficience, la plupart de nos émotions non seulement ne sont pas inhibitrices, mais nous permettent d'avoir les réactions les plus appropriées aux situations.

Une émotion dure quelques secondes, ou au maximum quelques minutes, précise Paul Ekman, un des plus éminents spécialistes de l'étude des émotions. Quand nous parlons d'une émotion qui dure des heures, il s'agit alors d'humeur. Lorsque la durée se compte en semaines, voire en mois, ce n'est plus une humeur proprement dite, mais un trouble affectif. Une émotion qui dure trois mois est de la pathologie. En revanche, les sentiments s'inscrivent dans la durée.

Combien y a-t-il d'émotions ? On repère de façon certaine cinq émotions à travers toutes les cultures : colère, peur, tristesse, joie, dégoût. Physiologiquement, on distingue quatre réactions du système nerveux autonome bien spécifiques : la colère, la peur, le dégoût, la tristesse. Les mesures électroencéphalographiques ne séparent que des émotions positives et négatives.

À la recherche d'une localisation cérébrale des affects,

Quand la tête et le cœur ne se feront plus la guerre 33

Sem-Jacobsen a stimulé par des petites électrodes deux mille huit cent cinquante-deux points différents sur le cerveau de ses sujets. Il a ensuite dressé un bilan des états affectifs obtenus. Il distingue neuf catégories de réponses : bien-être et somnolence, sourire et euphorie, agitation et anxiété, tristesse et dépression, frayeur et cri, ambivalence, dégoût, douleur, sensation orgasmique. Un trait commun à tous ces états est l'imprécision de leur expression verbale. Il n'est pas simple de mettre des mots sur ces ressentis.

Travaillant sur différents sujets, il dut admettre qu'il n'existe pas de topographie vraiment systématique des points. On peut tout au plus repérer que certaines régions cérébrales sont plutôt impliquées dans les émotions aversives et d'autres dans le ressenti et l'expression des affects à tonalité agréable. Mais là encore, rien d'absolument systématique. Chaque humain possède sa propre organisation cérébrale. Même la fameuse dichotomie droite/gauche n'est pas générale.

Nous retiendrons ici la peur, la colère, la tristesse et la joie. Au-delà de ces émotions de base, se déclinent la culpabilité, le désespoir, la rage, l'envie, la jalousie... et puis la surprise, l'excitation, la tendresse, l'amour... tous ces sentiments qui colorent nos existences.

Émotions et sentiments entretiennent des relations étroites. Les émotions sont biologiques, pulsionnelles. Les sentiments sont des élaborations dites secondaires parce que mentalisées. À l'évocation d'un sentiment de nostalgie pour son pays, Nadja est envahie par la tristesse. Paul est obsédé par des pensées jalouses, recouvrant sa peur d'être délaissé. Le sentiment de frustration donne lieu à la colère. « Le sentiment d'amour peut s'enraciner dans l'émotion d'amour, et l'émotion d'amour peut être précipitée par la rencontre ou l'évocation mentale de la personne envers qui le sentiment d'amour existe » (Paul Ekman).

Dans le langage courant, émotion et sentiment sont fréquemment employés l'un pour l'autre. Nous tenterons dans ce livre de conserver à chacun sa place.

Des réactions utiles

Vous êtes pressé de rentrer chez vous, il fait beau, vous marchez sur la chaussée, le nez au vent. Soudain un crissement de pneus... L'émotion mobilise instantanément vos muscles, élève votre niveau de vigilance. Vous sautez en arrière et évitez de justesse une voiture que vous n'aviez pas vu venir.

La **peur** aiguise les sens. L'ouïe se fait plus fine, la vision plus nette, les poils se dressent pour capter le moindre frémissement de vent, tout le corps est en alerte, le cerveau en état d'urgence... Tout est prêt, en place, pour fuir ou vaincre le danger. La peur nous aide à nous plaquer au sol pour éviter un éclat de bombe ou une fusillade dans un attentat, à donner le coup de volant qui sauve dans un accident. La fonction originelle de la peur est d'assurer notre protection.

Excessive ou déplacée, elle nous joue des tours, elle nous paralyse à l'heure de prendre la parole devant un aéropage de clients importants, elle nous fait courir le soir dans les couloirs déserts du métro. Pourtant, nous le savons, les clients ne vont pas nous manger, et la grande majorité des crimes sont commis en plein jour, dans les maisons et par un proche, voire un membre de la famille.

Peur, mais aussi colère, tristesse, joie, toutes nos réactions physiologiques accompagnent notre organisme dans la gestion du quotidien.

La **colère** est une réaction à la frustration et à l'injustice. Elle offre l'énergie de l'affirmation de soi. Elle sert au maintien de nos frontières corporelles, psychologiques ou sociales et à la défense de nos droits. Surgissant au moindre non-respect de notre intégrité, elle nous alerte sur nos besoins tant physiques que psychiques et nous permet d'harmoniser nos relations aux autres. Oui, la colère sert l'harmonie. Rappelons-nous que la déesse Harmonie est fille de Mars, dieu de la guerre et du conflit, et de Vénus, déesse de l'amour, de la beauté! Vénus, dans la tradition astrologique, est aussi le symbole de la relation à l'autre, de l'échange et de la communication. L'harmonie est un équilibre trouvé entre deux êtres qui se confrontent l'un à l'autre. Il est important de ne pas confondre la colère avec la violence et la prise de pouvoir sur l'autre.

La tristesse est le nom de cette cascade de substances chimiques accompagnant le travail du deuil. Suscitée par une perte, par une séparation, elle nous invite à nous retirer du monde pour pleurer l'être cher. Elle souligne le vide et le manque. Elle nous dit combien nous aimions et nous permet de prendre le temps de dire au revoir. Tristesse n'est pas dépression. Les pleurs d'une vraie tristesse sont brefs et ils soulagent. Les larmes de la dépression entretiennent l'état morbide. La vraie tristesse a une fonction positive, la dépression nous enferme dans une spirale négative.

N'oublions surtout pas la **joie** ! Une douce chaleur nous envahit, les battements de notre cœur se font plus profonds, plus lents, le sang circule, irrigue le corps, libère les tensions. Et si des larmes surgissent au coin des paupières, la joie est exultation du corps et de l'esprit. On se sent intégré, unifié, rassemblé. Communion de toutes les parties de soi, les bras s'ouvrent pour accueillir l'autre ou le monde entier, la joie est aussi communion avec l'entourage, avec l'univers.

CACHEZ CES ÉMOTIONS QUE JE NE SAURAIS VOIR

4

Le déni

La petite route à deux voies longe une falaise; sur la droite, en contrebas, la rivière fraye son chemin entre les rochers. Soudain, face à eux, surgissent deux véhicules côte à côte, une 2 CV et un poids lourd en train de doubler. Panique! Pour Sandrine, le temps s'arrête. Sous l'effet de la peur tous ses muscles sont mobilisés, ses sens en alerte, elle vit chaque milliseconde de l'accident comme si ses facultés étaient démultipliées. Choc, double choc. Elle a donné le bon coup de volant. Son auto est en miettes. Mais elle est en vie. Tous sortent péniblement de leurs véhicules, choqués mais indemnes. Sandrine réalise enfin que le danger est écarté, elle s'appuie contre sa voiture, se met à trembler et à hurler. Tous tentent de la tempérer. « Calme-toi, tout va bien, ne te mets pas dans des états pareils! » Mais elle ne veut pas les entendre. Elle crie pour exprimer le reliquat de tensions, se libérer de ce nœud de peur.

Fred, lui, fait le fort. Il regarde Sandrine avec commisération, désavouant *in petto* cette façon de « se donner en spectacle ». Fred ne nie pas qu'il ait eu peur au moment du choc. Mais à quoi bon hurler ainsi alors qu'ils sont saufs? Après quelques minutes de pleurs et de tremblements, le calme revient dans l'organisme comme dans le psychisme de Sandrine. Pour elle, l'incident est clos. Quelques heures plus tard, elle peut reprendre un volant et conduire avec confiance.

Fred est resté de marbre. Faute d'être reconnue et exprimée, la tension s'est imprimée en lui. Il va faire des cauchemars pendant des mois, revivant l'accident dès qu'il fermera les yeux. Il refuse de prendre conscience de l'impact émotionnel de l'événement, son inconscient le lui représentera nuit après nuit... jusqu'à ce qu'il accepte de reconnaître sa peur et de trembler et pleurer sur mon divan.

Les émotions ont besoin d'être libérées. Si on les garde en soi, elles nous oppressent. Mais les cris, les pleurs dérangent...

Pour la plupart des gens, il est inconvenant de montrer ses affects en public. Même quand ils sont appropriés, après un accident grave, un choc physique ou affectif, une rupture, un deuil. On admire la veuve qui suit, stoïque et digne, sans une larme, le cortège funèbre de son mari : « Elle est forte. » Comme si le courage se mesurait à l'absence d'affect. Dans les films, on se moque de celui qui tremble devant un revolver, on méprise ceux qui hurlent ; ce sont les faibles.

Vous êtes encore triste deux mois après un divorce ? On vous donne des antidépresseurs et vos amis tentent de vous entraîner au cinéma pour vous « changer les idées ».

Vous vous rongez intérieurement et voulez comprendre pourquoi votre compagne vous a quitté ? Les copains ne vous lâchent plus : « Oublie-la, si tu cherches à savoir ce qu'il y a dans la tête d'une femme, tu es mal barré ! Allez, viens faire la fête avec nous chez Pierrot. »

Même une explosion de joie dérange. Si, après avoir décroché un gros contrat, vous sautez de joie en criant, on vous regardera de travers. « Tu es bien excité, calme-toi ! »

« Chut, tais-toi ! N'aie pas peur, ne pleure pas, ne te mets pas dans des états pareils... » Il faudrait rester doux et tranquille en toute circonstance, jamais un mot plus haut que l'autre. D'où vient que les émotions soient si dérangeantes ?

« On n'y peut rien, c'est comme ça, ainsi va la vie. » Le déni des émotions sert la passivité, la déresponsabilisation et le maintien du *statu quo*. Si vous êtes ému devant le « spectacle » des génocides, guerres, meurtres que vous offre votre téléviseur, on vous dira que « ça ne sert à rien de s'émouvoir, de toute façon on n'y peut rien. Il y aura toujours des guerres ». Si vous êtes en colère parce que vous apprenez qu'une part de vos impôts finance les armes, instruments de ces massacres, vous êtes taxé de rêveur ! On vous oppose, sans rire, la menace du chômage des travailleurs de l'industrie d'armement !

Les émotions font peur parce qu'elles nous confrontent à une réalité qu'on préférerait ne pas voir, elles nous obligent à la vérité.

Trop de détachement insensibilise. Dans les industries d'armement, chacun se consacre à une tâche bien précise, ce qui éloigne la conscience de la destination réelle de l'objet construit. Si les ouvriers étaient proches de leurs émotions, s'ils avaient conscience que chacun de leurs gestes allait semer la mort, ils ne pourraient plus visser un seul boulon sur un engin meurtrier.

Le marché des armes est en baisse. Certains se lamentent, voire défilent dans les rues pour obtenir le droit de travailler pour les guerres. D'autres se reconvertissent. Une usine a fait le pari de mettre sa technologie au service de l'industrie du jouet. Les ouvriers exercent maintenant leurs compétences à la création d'automates et de mécaniques de précision pour les jeux des parcs d'attractions ! Tout le monde a gagné au change. Le carnet de commandes est rempli jusqu'en 2001, et surtout l'atmosphère est transformée. Les ateliers sont plus gais, les gens ont davantage de plaisir à travailler.

Les émotions font peur

Je suis appelée au chevet de Matthieu, un homme de soixante-trois ans, atteint d'un cancer. Les cellules malignes ont envahi peu à peu tout son corps. Il ne se lève plus. On lui a permis de quitter l'hôpital parce que les traitements sont devenus inutiles. Chez lui, on a installé un lit médicalisé, une infirmière passe deux fois par jour. Le reste du temps, sa femme s'en occupe. Ils sont mariés depuis trente ans. Ils s'aiment. L'épreuve est lourde. C'est elle qui m'a appelée. Quand j'arrive, elle me prend à part et, à mi-voix, me confie : « Il ne sait pas. »

J'émets des réserves. Il a été soigné à l'hôpital Curie, il a subi rayons, chimiothérapie... et il ne se doute de rien ?

« Non, on ne lui a rien dit et il n'en a jamais parlé. Ce serait trop dur pour lui, on a préféré lui cacher son état. »

La rencontre avec Matthieu est facile. C'est un homme charmant. Il me raconte sa vie, ses relations difficiles avec son père, mort lui aussi d'un cancer.

« Lui aussi ?

— Ah oui, vous savez, j'ai un cancer. Mais il ne faut pas le dire à ma femme, elle ne le sait pas, ça lui ferait tellement mal ! »

Marianne protégeait Matthieu, qui protégeait Marianne. Ils ne se parlaient pas de ce qui était pourtant leur préoccupation première, la maladie, la mort.

Très vite Matthieu m'en a parlé, tant ce secret était lourd à porter. « Avec vous, je peux. Avec Marianne, ce n'est pas possible. Elle est trop émotive. Elle veut me protéger, elle me dit de ne pas y penser, que je ne vais pas mourir, que je me fais des idées. Mais je sais bien que c'est la fin. Ça me fait du bien de pouvoir en parler. »

Trop de gens meurent dans l'isolement, sans personne pour leur tenir la main lors de ce passage, sans avoir pu parler de leurs peurs, de leurs désirs, de leurs regrets... Parce qu'on a peur de la mort, bien sûr, mais surtout parce qu'on a peur des émotions. Peur de se sentir démuni devant l'angoisse, impuissant devant les larmes, sans ressources face à la colère... J'ai pu apprendre à Marianne à parler avec son mari. Ils ont pu pleurer dans les bras l'un de l'autre plutôt que chacun dans son coin, rester vraiment proches jusqu'au bout.

Le silence est plus traumatisant que la douleur partagée. Les émotions qui ne peuvent être dites creusent un fossé entre les gens qui s'aiment. Ce n'est pas parce qu'une souffrance ne se voit pas qu'elle n'existe pas. Elle peut faire mal longtemps quand elle n'a pas d'espace pour se dire.

En Roumanie, dans un orphelinat, une psychologue berce une poupée, une petite fille éclate en sanglots, bientôt suivie par les autres. Devant cette crise émotionnelle, les gardiennes roumaines ont tendance à dire : « Vous voyez bien que ça leur fait du mal. » Les petits orphelins n'ont pas de jouets, ceux fournis par l'aide internationale sont rangés dans les placards, les gardiennes n'en perçoivent pas l'utilité. Les réactions violentes des petits lorsqu'ils les voient les confirment dans leurs croyances. Comment comprendre les pleurs de la petite Roumaine ? Voir une dame bercer cette poupée, ce bébé, lui a rappelé tout ce qu'elle n'avait pas eu, ce à quoi elle n'avait pas eu droit : le bercement d'une maman, la tendresse, les câlins. Pour les gardiennes des enfants, les pleurs expriment de la souffrance. Il faut leur imposer silence. Elles dissimulent les jouets.

Pourtant, grâce à la poupée, la psychologue a pu entrer en contact avec l'enfant. Elle lui a permis d'extérioriser une souffrance qui était présente en elle, montrant par là à l'enfant qu'elle acceptait de voir son vécu intérieur, sa réalité. C'est une première étape en vue d'établir une communication authentique.

Le hamster d'Olivier est mort. Thierry, le papa d'Olivier, l'a trouvé ce matin sans vie dans sa cage. Vite, avant que son fils ne se réveille, il a tout fichu à la poubelle. La cage a été nettoyée. Quand Olivier est descendu prendre son petit déjeuner, Thierry a inventé une histoire : « Tommy est parti chez des amis, il va revenir. » Trois jours et un petit tour quai de la Mégisserie plus tard, un nouveau hamster évolue dans la cage. Olivier ne dit rien, mais il ne s'occupe plus de son animal. Il a bien vu que ce n'était pas le même, mais il sent qu'il ne faut pas en parler à papa. Celui-ci se dit qu'il a eu bien raison d'agir ainsi, son fils ne s'est rendu compte de rien, il ne semble pas affecté. Le désinvestissement vis-à-vis du hamster ? Pour Thierry : « C'est normal, à sept ans on change si facilement d'intérêt. » Il banalise. Il refuse de voir la signification des signaux que lui envoie Olivier.

Anticipant la déception, le désarroi, l'angoisse du petit garçon, Thierry a préféré passer le tout sous silence... Il se justifie en prétendant avoir voulu protéger son fils, il a vraiment cru faire pour le mieux. Mais, en réalité, il a agi ainsi pour se protéger lui-même, pour que son fils n'en fasse pas un drame que lui, son père, n'aurait pas su gérer. Comme les gardiennes roumaines ont préféré supprimer la poupée, il a subtilisé le hamster mort. Quelque chose s'est cassé entre Olivier et son père. Olivier a appris beaucoup de cette expérience : il ne peut plus faire totalement confiance à son père, celui-ci peut lui mentir ; et ses émotions ne sont pas les bienvenues. Il comprend qu'il vaut mieux taire les drames de la vie, faire semblant d'être toujours heureux, mettre un masque de sourire sur son visage alors même qu'il aurait envie de verser des larmes.

« J'ai préféré être endormie, je ne voulais pas être consciente, je ne l'aurais pas supporté », me confie Géraldine qui vient de vivre une interruption volontaire de grossesse. Elle est sûre d'elle, c'était mieux ainsi... Mais, par instants, le doute s'insinue. Vite, elle le refoule. Quelques mois plus tard, elle a « oublié ». Elle s'absorbe autant qu'elle le peut dans son travail, mais elle est dépressive. « Je ne sais pas ce que j'ai, j'ai des crises de pleurs, comme ça, sans raison, je n'ai envie de voir personne. En dehors du travail, je n'ai vraiment de goût à rien. »

Mon métier est d'accompagner des gens sur le chemin de la conscience et de leur permettre d'accéder à davantage de bonheur. Accoucheuse d'âmes en quelque sorte. La plupart des détresses ont pour cause une émotion bloquée. Comme une sage-femme, je me contente d'accompagner. Parfois forceps ou césarienne sont nécessaires, mais, dans la majorité des cas, il me suffit d'être présente et d'encourager.

Il y a peu d'endroits dans notre société où l'on puisse laisser couler ses larmes et éclater sa colère, peu de lieux pour dire ses peurs et ses angoisses, peu de bras pour se réfugier le temps d'exprimer un chagrin. Alors, la plupart gardent en eux leurs affects, tentent de les enterrer dans leur inconscient... et vivent une vie dictée par les circonstances et les convenances.

En réprimant nos émotions spontanées, ou en les déguisant pour les rendre conformes et socialement acceptables, nous perdons des informations précieuses sur notre vécu psychique. Taire son être intérieur, c'est abdiquer une part de sa liberté. Il faut bien pour cela quelques pilules tranquillisantes, anxiolytiques ou somnifères, mais qu'importe, elles sont remboursées par la Sécurité sociale[1]...

---

1. 20,2 % des Français ont consommé des benzodiazépines en 1990! Chiffre effarant.

5

Soumission et refoulement

Un de mes précédents livres s'intitule *Trouver son propre chemin*. Je l'ai conçu comme un parcours d'exercices, pour aider les lecteurs à prendre conscience d'eux-mêmes et à donner un sens à leur vie. Lors de sa parution quelqu'un m'a dit : « C'est pour les gens qui ont beaucoup de problèmes, ça ne me concerne pas. » Comme si se poser des questions sur soi était maladif. Comme si vouloir donner du sens était honteux. C'est pourtant d'un chemin de croissance qu'il s'agit.

« Je n'ai pas de problème »

Certains ont si peur de leurs affects qu'ils refusent de répondre aux remarques d'autrui ou aux demandes de leurs enfants. Ils taisent leur intimité : « Ça me regarde. »

D'autres ne ressentent tout simplement plus rien, n'ont plus d'accès conscient à leurs émotions et n'ont jamais entendu dire qu'on pouvait vivre autrement.

« Je n'ai pas de problème » est alors un équivalent de « je ne veux pas me poser de questions ». Ce n'est pas la meilleure voie pour trouver des réponses. On peut faire taire un temps les angoisses existentielles en travaillant dur ou en jouant au bridge, mais elles vous rattrapent un jour. Elles s'inscrivent dans le corps, ou étreignent votre descendance. Les enfants deviennent alors symptômes de la « maladie » de leurs parents. Ils se font porteurs des difficultés que leurs géniteurs refusent de considérer. Ils tentent de répondre aux questions restées en suspens à la génération précédente.

Ceux qui vous annoncent : « Je n'ai pas de problème » sont-ils heureux ? Je ne le pense pas. Il est vrai qu'ils ne le savent pas. Ils n'ont peut-être jamais goûté au vrai bonheur. Ils préfèrent l'illusion de sécurité que confère une identité figée. « Je suis comme ça. » Ils se sont résignés et suivent la route qui leur est tracée. Ils pensent que la vie est ainsi faite. Jusqu'à ce qu'ils tombent amoureux ou malades.

« À quarante-cinq ans je découvre l'Amour ! L'amour comme dans les romans. Je ne croyais pas que ça existait vraiment. Je me suis marié, j'ai eu des enfants, je ne savais pas que je n'aimais pas ma femme. Je n'avais vraiment aucune idée de ce que je vis aujourd'hui. » Yves découvre un nouveau monde. Avec Julie, il ressent des émotions qui lui étaient totalement inconnues. Avec sa femme, elles ne lui manquaient pas, il ne pouvait imaginer que ça existait.

D'autres ont moins de chance et découvrent le monde des émotions par l'intermédiaire de la souffrance. Faillite, chômage, divorce, maladie.

Il y a quelques années, une jeune femme de trente ans, venue me consulter pour l'aider à affronter un sida, me confia : « Il n'y a qu'à toi que je peux dire ça, les autres ne comprendraient pas, mais c'est vrai : je n'ai jamais été si heureuse que maintenant... et pourtant je n'ai jamais tant souffert. » Avant la maladie, Louisa avait tout pour être heureuse, un métier qu'elle aimait et dans lequel elle réussissait, un bel appartement, des amis, un compagnon. Elle se croyait heureuse parce qu'elle ne connaissait pas le visage du bonheur.

La maladie l'a obligée à se mettre en contact avec elle-même. Elle a découvert ses émotions véritables, ses souffrances d'enfant, sa détresse de ne pas avoir été écoutée par ses parents, de ne pas avoir eu de place. Elle a ressenti de la colère en réponse aux frustrations et aux manques qu'elle ne soupçonnait pas jusque-là. Et, pour la première fois de sa vie, elle s'est sentie en accord profond avec elle-même. Elle a découvert la joie. Elle avait vécu dans un monde factice. Sa solitude intérieure lui était cachée par l'illusion et les plaisirs. Après ce travail intérieur, elle a rencontré enfin la jubilation de se sentir soi, de se sentir vivre.

Comment faire entrevoir cet univers à des gens qui ne l'ont pas connu ? Comment décrire le goût d'une pomme à quelqu'un qui n'en a jamais mangé ?

Obéissance et refoulement

Le refoulement des émotions date souvent des premiers jours, des premières heures de la vie. Sitôt nés, les nourrissons sont mis au pas de notre culture de répression émotionnelle. Alors qu'ils sont incapables de gérer la situation affectivement, on les sépare de leur mère dès la première nuit[1], on leur impose des horaires de tétées, on les installe dans des berceaux qui ne bercent plus alors qu'ils viennent de vivre neuf mois dans un milieu enveloppant, odorant et mobile en permanence. Mais comme ils ne disent rien... Même leurs pleurs ne sont pas entendus. Car il est bien connu qu'il faut qu'un bébé pleure pour se faire les poumons ! On a beau savoir qu'un poumon n'est pas un muscle, la raison semble suffire.

Par la suite, on demandera à l'enfant de ne pas faire de *caprice* lorsqu'il voudra boire dans une autre tasse que celle

---

1. Des chercheurs ont observé la fréquence des cris des nourrissons dans leur première heure et demie de vie. S'ils sont placés directement sur le ventre de la mère, durant les quatre-vingt-dix minutes d'observation, on n'entend pratiquement pas un pleur. S'ils sont déposés dans un berceau, les pleurs occupent 20 % du temps durant les premières quarante-cinq minutes de vie et 45 % du temps durant les quarante-cinq minutes suivantes. Si au cours de ces dernières quarante-cinq minutes on les retire du berceau pour les mettre dans les bras de leur mère, les pleurs s'arrêtent et demeurent proches de zéro durant toute cette période. (*Separation distress call in the human neonate in the absence of maternal body contact*, K. Christensson, T. Cabiera, E. Christensson, K. Vuncis. Moberg et J. Winberg. Acta Paediatr. 1995, *84*, 468-73).

qu'on lui propose, lorsqu'il insistera pour mettre tel pantalon plutôt que tel autre, lorsqu'il préférera les haricots verts après avoir annoncé qu'il mangerait des nouilles... Tout au long de sa vie d'enfant, on lui demandera de se conformer aux exigences des adultes, et lorsqu'il manifestera son mécontentement, on le fera taire. Il apprendra vite qu'il n'est pas en droit de « répondre » à ses parents, ou de leur poser des questions trop pertinentes. **Réduits à l'obéissance, ces enfants feront des adultes qui ne savent plus se poser des questions parce qu'on leur aura toujours donné les réponses sans leur laisser le temps ou la permission d'explorer et de sentir par eux-mêmes.**

Des carrefours s'ouvrent régulièrement devant tout un chacun, proposent des choix et confrontent au libre arbitre. Sitôt que l'on est doté d'un cerveau capable de gérer des alternatives, d'envisager ceci ou cela, les conflits internes sont inévitables. On peut être pris d'ambivalence devant deux désirs, ressentir une envie interdite, avoir à se déterminer face à deux directions possibles. Bref, les sources d'angoisse ne manquent pas. Fort heureusement d'ailleurs, car l'intelligence naît de cette obligation de trouver des solutions aux contradictions qui jalonnent notre quotidien. Notre cortex préfrontal se nourrit de ces problèmes que nous rencontrons. Si le sens de la vie d'une espèce réside dans sa particularité, on peut dire que celui de la vie humaine est de se poser des questions. Comment un homme peut-il donc en arriver à le refuser ? Très probablement parce que depuis tout petit, on lui demande de faire ce qu'on lui dit et de se taire.

« Je ne me suis jamais posé ces questions que tu poses dans ton livre, on m'a toujours dirigée. Je n'avais pas le droit de faire ce que je voulais, je n'avais à vrai dire même pas le droit de vouloir quelque chose. Mon père était très autoritaire et ne supportait pas la contradiction. Aujourd'hui, quand je rencontre une marche, je la monte. Quand elle descend, ça me fait mal, mais je descends. Je fais ce que la vie me propose » m'a dit Catherine.

Retrouver sa puissance personnelle

Dans un séminaire préparant à la prise de parole en public, Mireille évoque le trac qu'elle éprouve chaque mois lors de la réunion générale des salariés. Il lui incombe la mission de transmettre le message du président. Chaque fois, elle tremble, bafouille et termine en sueur. Je lui demande si elle est toujours en accord avec ce qu'elle dit... Je reçois un regard consterné. « Je ne peux quand même pas changer le texte que m'a dicté le président ! »

Je ne me démonte pas : « Et pourquoi pas ? En tout cas je ne vois pas comment tu pourrais être calme, détendue et charismatique en étant en désaccord avec toi-même. »

Mireille est repartie dépitée de n'avoir pas obtenu de « truc » plus facile à mettre en action.

Lors de la seconde session, elle revient... radieuse, et raconte au reste du groupe médusé : « Je me suis dit que je pouvais toujours essayer, je n'avais rien à perdre, j'étais toujours si mauvaise dans ces meetings. J'ai donc repris les notes prises sous la dictée présidentielle et j'ai rédigé mon texte à partir de mes idées, de mes valeurs. J'ai choisi le thème qui me paraissait le plus intéressant, je l'ai mis en avant. Eh bien, je n'ai pas tremblé une seconde, je me sentais bien en parlant, et j'ai été applaudie. Une heure après, j'ai été convoquée chez le patron. Je m'attendais à un savon, mais j'y étais prête... Contre toute attente, il m'a félicitée, et m'a confié qu'il attendait cette initiative depuis longtemps... »

Se soumettre, c'est se couper de sa puissance personnelle. La complexité du monde d'aujourd'hui demande la mise en commun des forces vives et des ressources de chacun. Une entreprise ne peut plus se permettre de perdre tant de potentiel créatif, tant il est vrai qu'aujourd'hui sa richesse réside dans les hommes qui la composent.

Mais comment se sentir la liberté de désobéir quand on a appris la soumission à l'autorité depuis sa petite enfance ? Comment oser braver la hiérarchie quand on a appris à nommer respect la peur ? Comment arriver même à réfléchir et à faire confiance à ce que l'on pense quand on a dénié jusqu'à nos sensations ?

« Je sens faux »

Il y a quelque temps, j'ai surpris dans la rue une interaction malheureusement trop typique des relations adultes/enfants. Que les lecteurs de *L'Alchimie du bonheur* me pardonnent cette répétition, je ne résiste pas à l'envie de vous la présenter une nouvelle fois, elle illustre trop bien la négation au quotidien du vécu de l'enfant. La scène paraît anodine, mais elle est lourde de sens — ou plutôt de non-sens — pour son avenir. Une petite fille s'adresse à sa grand-mère : « Dis mamie, y pique mon pull. » La vieille dame se retourne vers elle : « Mais non, il ne pique pas. » La petite fille insiste : « Si mamie, y pique mon pull. » Elle reçoit un « Non, il ne pique pas ton pull, mamie a bien regardé, et elle est douillette mamie, il ne pique pas ce pull... » Quel choix reste-t-il à la petite fille ? Sa grand-mère est plus grande qu'elle, elle sait forcément mieux... L'idée que sa grand-mère lui ment est difficile à accepter. Mais si elle ne peut mettre en doute les paroles de sa mamie, elle doit remettre en cause ses propres sensations. Elle se dit : « Je sens faux. »

Les adultes manifestent une fâcheuse tendance à définir les sensations des enfants. Ils cherchent à imposer leur cadre de référence, et refusent souvent d'entendre le point de vue du plus petit.

« J'aime pas les épinards ! dit Denis.
— C'est bon pour toi », lui répond sa maman.
« La maîtresse est méchante, rapporte Clémence.
— Mais non, tu te fais des idées, elle est très gentille cette maîtresse. »

Quand on est amené à douter de ses sensations propres, comment pourrait-on construire une quelconque confiance en son jugement ? En ses sentiments ? En sa capacité de réflexion ? L'enfant doit s'en remettre aux adultes pour se diriger. Ses émotions enterrées, sa pensée dévalorisée, il a appris que les autres savent mieux que lui... Il est prêt à se soumettre, à être celui qu'on attend qu'il soit. Pourquoi donc un tel acharnement à soumettre des générations d'enfants ?

6

La peur de l'intimité

Delphine n'arrive pas à inscrire un amour dans la durée. Séduisante, elle a des aventures, mais ne trouve pas de compagnon de vie. Intelligente et chaleureuse, elle est attirante. Quel est le problème ? Elle est trop gaie, tout le temps gaie. Elle traverse les vents et marées de la vie avec un sourire si ostensiblement affiché et une telle volonté qu'elle met les hommes à distance. L'un d'entre eux lui a dit : « Tu es trop forte pour moi. » Ce jour-là, elle a pleuré... mais pas devant lui. Elle se sent si fragile, elle ne comprend pas. Oh non, elle n'est pas forte. Justement, montrer sa vulnérabilité à celui qu'elle aime est au-dessus de ses forces. Si elle plaque ce sourire sur ses lèvres, c'est pour paraître enjouée, ne pas ennuyer les autres avec ses problèmes. Elle ne comprend pas que ce soit justement ce sourire qui fasse fuir les hommes.

Delphine est désemparée, comme beaucoup d'entre nous quand nous découvrons que les codes, les attitudes apprises dans notre famille d'origine ne « marchent pas » avec les autres. C'est dans la petite enfance qu'on apprend à « être fort », ou plutôt à se montrer fort, quand l'intimité avec les parents est impossible, quand leur amour est conditionnel.

Un enfant apprend à dissimuler ses souffrances pour ne pas attiser la vengeance de parents autoritaires, rejetants ou violents. Il apprend à sourire pour se faire accepter par des parents indifférents. Il montre un visage enjoué pour tenter de ramener un peu de joie à des parents dépressifs. Quand il vit trop de souffrances à la maison, il va tenter de se faire accepter parmi les autres en dissimulant ce qui lui arrive, il sourit pour se faire aimer.

Derrière un sourire trop ostensible, il y a toujours de la honte, de la souffrance, une fragilité dangereuse à montrer.

Trop de malheur rend intolérant au bonheur

Julien a été battu. Tous les jours, sans raison, juste parce qu'il se trouvait là. Pour supporter la souffrance, il se retirait en lui-même, il restait silencieux des heures, s'inventait une autre famille. Il ne parlait même pas avec sa sœur qui avait deux ans de plus que lui. Personne ne s'est jamais intéressé à ce qu'il ressentait. Aujourd'hui, il est travailleur social, il s'occupe d'enfants qui ont souffert comme lui, il les écoute comme il aurait voulu être écouté. Il sait ce qu'ils ont vécu... Mais sa vie à lui est déserte. Il est gentil avec tous, il n'a jamais un mot plus haut que l'autre. Il est incapable de se mettre en colère. Il ne pleure pas non plus. Il semble toujours d'humeur égale. Les femmes lui courent après, mais il les fuit. Il a peur d'elles, peur d'être trahi comme il l'a été par sa mère, et surtout peur de la rage terrée au fond de lui et qui risque de surgir s'il se laisse aller à une quelconque émotion. Il sent bien que, s'il permet à Cupidon de le toucher, les vannes s'ouvriront. Il a trop peur d'être submergé.

Trop de malheur peut rendre intolérant à la bonté, à la beauté, à la joie.

Nombre d'adultes ont du mal à recevoir de la tendresse, n'aiment pas le contact physique. Ils sont mal à l'aise si vous les serrez de trop près. Ils vous embrassent du bout des lèvres si c'est nécessaire, ou se dérobent carrément. « Je ne suis pas bisou », disent-ils à leurs enfants frustrés. En réalité, ils ont peur de réveiller leurs propres frustrations, leurs détresses d'enfant, leurs rages et leurs terreurs.

Le camouflage des affects se fait au prix d'une tension

interne extrême. Une personne froide est comme tout le monde, elle désire être heureuse. Pour calmer la brûlure de la souffrance, elle a choisi d'enfermer sa douleur sous une couche de glace, d'autant plus épaisse que la détresse intérieure est grande.

Peut-être êtes-vous de ceux ou de celles qui partagent leur vie avec une personne froide, frustrante au quotidien parce qu'elle ne parle pas, n'exprime pas ses sentiments, ne réagit pas. Ses défenses sont comme une peau protégeant ses fragilités. Pour s'ouvrir de nouveau, elle a besoin de se sentir tout à fait en sécurité avec vous.

La peur de remuer des émotions est un mal répandu. En êtes-vous atteint ? Savez-vous dire « je t'aime » ? Ne vous cachez pas derrière des justifications du style : « Il le sait... ce n'est pas la peine, je ne sais pas le dire, ça sonnerait bizarre... » Ce sont de fausses excuses. C'est la peur qui vous paralyse...

7

Il y a quelqu'un sous le masque?

Les émotions sont malvenues. Nous voudrions parfois dissimuler les signes qui révèlent ce que nous ressentons. La respiration s'arrête pour ravaler les larmes, nous affichons un sourire pour camoufler nos peurs, la colère ne gronde qu'à l'intérieur. Ce contrôle est-il réussi? Un visage fermé est-il synonyme d'insensibilité?

« Je ne montre rien »

Robert W. Levenson a mesuré un certain nombre de paramètres physiologiques avant et après la présentation d'un film. Tous furent informés qu'ils allaient voir un film court. La moitié des sujets ne reçut aucune autre information. Aux autres, on demanda de dissimuler leurs émotions. Le film *stimulus* présentait l'amputation d'un membre.

Les sujets du deuxième groupe ont effectivement réduit notablement les mouvements de leurs visages. Mais ils n'ont pu inhiber tous les signes de dégoût. De plus, ils se sont mis à cligner des paupières davantage que les autres. L'émotion ne pouvait être totalement dissimulée. En inhibant les signes visibles de leur émotion, les sujets réduisaient le nombre et l'amplitude de leurs mouvements corporels. En conséquence de quoi, leur rythme cardiaque ralentissait. Cependant, ailleurs dans le corps, Levenson a constaté une augmentation de la pression artérielle et une plus grande activité électrodermale, et, avant même que le film ne démarre, une augmentation de la sudation.

John Gottman et Robert Levenson ont étudié la tendance des hommes à se mettre en retrait dans les conflits qui les opposent à leurs femmes. Ils ont appelé ce syndrome *stonewalling*, faire le mur de pierre. Ces hommes (ce sont principalement des individus du sexe masculin qui utilisent cette stratégie de fuite) ressentent l'émotion, mais n'en montrent rien. Chez ces adeptes du *stonewalling*, les chercheurs observent les mêmes conséquences physiologiques, augmentation de la vascularisation périphérique, de la pression artérielle et de la sécrétion des glandes sudoripares.

Fuir, hurler, courir, taper, embrasser... sont des actes moteurs au service des émotions. Dès que l'affect nous touche, le métabolisme fournit l'énergie nécessaire et appropriée. Si nos émotions sont stimulées et que nous n'agissons pas pour quelque raison que ce soit, les mouvements sont ralentis, entraînant une diminution de la demande métabolique. Or, le système sympathique, censé permettre de répondre à une forte demande métabolique, est activé. L'interprétation de Levenson est que la suppression émotionnelle demande un travail important à l'organisme. Éliminer les symptômes visibles, freiner l'activation musculaire, inhiber les nombreuses réactions suscitées par l'émotion, tout cela mobilise beaucoup d'énergie. **Une fatigue excessive est un indice de répression émotionnelle.**

« Je ne sens rien »

De nombreuses recherches ont montré que les gens apparemment inexpressifs sont en réalité *plus* réactifs physiologiquement que les autres. Inhibent-ils leurs réactions émotives ou ne ressentent-ils rien ? Certaines personnes se défendent de « l'accusation » de dissimulation et disent ne rien ressentir.

À moins d'être un yogi très entraîné, il est impossible de contrôler consciemment la température de sa peau, les micro-tressaillements de ses muscles, les pulsations de son pouls... Lorsqu'on vous présente des images ou des mots à forte charge émotionnelle, votre peau, vos muscles, votre pouls, réagissent. Dans son livre *Emotional Intelligence*, Daniel Goleman cite une recherche de Richard Davidson, psychologue à l'université du Wisconsin. Avec son équipe, il étudie des personnes affirmant ne rien ressentir. Ils posent des capteurs sur leurs poignets et leur présentent des listes de mots à associer librement aux idées qui leur viennent. Certains items sont neutres, d'autres sont affectivement chargés, évoquant la violence ou le sexe. Alors même que les sujets nient toute réaction : « Non, ça ne me fait rien ! » les aiguilles des enregistreurs courent sur les papiers. Bien qu'ils n'en aient pas conscience, les images et les mots déclenchent les mêmes modifications physiologiques que chez tout un chacun. Mais il semblerait que leur cerveau leur ôte la conscience de l'information !

Une expérience adroitement menée a élucidé le processus à l'œuvre. L'activité intempestive d'un lobe préfrontal dissimule les perceptions de l'autre. En effet, les sentiments à tonalité affective agréable et désagréable sont traités chacun par un lobe du cerveau. Le préfrontal gauche se charge de la joie, de l'espoir, de la gratitude. Le préfrontal droit traite les émotions déplaisantes comme la colère ou la tristesse. Chez ces personnes qui disent ne rien ressentir à la présentation d'images émouvantes, on a constaté une activation du lobe gauche. Comme si celui-ci tentait de les protéger des perceptions du lobe droit et donc de l'irruption d'un vécu plus difficile ou douloureux.

C'est donc un fait avéré, ils vibrent sous la carapace. Durs à l'extérieur, ils sont tendres à l'intérieur. Ils présentent un visage neutre, ils nient le stress, mais réprimer consomme beaucoup d'énergie et altère leur conscience de la réalité.

« J'ai la peau dure, ça fait pas mal »

C'est la petite phrase que répète à l'envi le petit éléphant de Rudyard Kipling, battu par tout son entourage pour sa prétendue *insatiable curiosité*. Elle signifie : « Tu peux taper, je refuse de sentir ce que ça me fait, je ne te ferai pas le plaisir de crier. Je ne veux pas te montrer que j'ai mal. »

On peut être battu physiquement mais aussi psychiquement. Le manque de respect du vécu de l'enfant, la non-écoute de ses besoins, le dénigrement de ses élans affectifs, l'indifférence et les non-dits parentaux sont à l'origine des cuirasses de déni émotionnel. Il y a de multiples manières d'apprendre à taire ses affects.

Armel n'a jamais été frappé, mais il a perdu son père très jeune. Sa mère était désespérée, elle attendait de son petit bonhomme de sept ans qu'il remplace le père disparu. Il a assumé le rôle de « l'homme », il est devenu le confident de sa maman, il la rassurait, c'est lui qui remplissait les papiers, il ne pouvait se permettre de pleurer. Il devait « être fort ».

La froideur n'est pas génétique, mais elle se transmet de génération en génération. Des parents insensibles à eux-mêmes parce qu'on a été insensible envers eux ne peuvent être sensibles aux besoins psychiques de leur enfant. Ils ont tendance à les nier, à les minimiser. Ils peuvent leur infliger des blessures profondes avec « la meilleure volonté du monde », de la même façon que leurs propres parents les ont blessés « pour leur bien ».

Défenses et stratégies pour ne pas sentir

Émile travaille beaucoup, il part tôt le matin, revient tard le soir. Il passe au bureau le samedi, et emporte fréquemment ses dossiers. Quand sa femme se plaint d'être seule à élever les enfants, il rétorque qu'il faut bien gagner la « croûte » pour ce petit monde. Il préfère oublier qu'elle a aussi un travail rémunéré.

Le dimanche, il est fatigué de sa semaine; il fait la grasse matinée, lit les journaux qu'il n'a pas le temps de lire en semaine; après le déjeuner, il fait la sieste... Il ne faut pas le déranger : « Le pauvre a une vie de dingue ! »

En réalité, Émile fuit ses émotions. La fatigue est une stratégie pour ne pas sentir. Il est peu à la maison parce qu'il ne veut pas affronter ses affects. Ses enfants sont petits, ils demandent beaucoup d'attention. Émile n'a pas envie de la leur donner, il n'en a pas le courage. Travailler à l'extérieur est bien plus facile et nettement moins fatigant que de rester à la maison. Ceux qui en ont fait l'expérience ne le nieront pas.

Nombre d'hommes — la stratégie est plus masculine que féminine, bien qu'on puisse la rencontrer aussi chez les femmes — s'investissent dans des activités professionnelles ou extra-professionnelles pour justifier leur absence à la maison. Militantisme, travail associatif, syndicalisme... tout pour ne pas être trop confronté aux besoins des enfants. Le drame, c'est que, par leurs stratégies d'évitement, ils infligent le même manque à la génération suivante.

Je propose à Émile de prendre du temps pour jouer avec son fils de cinq mois. Je lui demande de se mettre à sa place, de regarder par ses yeux, de s'imaginer dans son petit corps, bref de se mettre en empathie avec lui. L'exercice lui a paru bien difficile, et il a été surpris de rencontrer tant d'émotion. Émile avait fait l'exercice davantage pour me faire plaisir que pour lui, il ne croyait pas à ma théorie. Il maintenait qu'il n'avait pas de problème dans sa relation avec son fils. Pour lui, la seule difficulté provenait de ce qu'il avait tant de travail qu'il était fatigué.

En prenant le temps d'être vraiment attentif au vécu de son fils, il a touché en lui une zone d'intense souffrance qu'il ignorait. « Je me suis retrouvé bébé, et je crois bien qu'au-dessus de moi j'ai eu peur de découvrir qu'il n'y avait personne. »

Émile s'est rendu compte qu'il fuyait toute situation qui risquait de le mettre en contact avec cette souffrance intérieure. L'intimité, surtout avec un tout petit enfant, lui était pénible.

Jeux de pouvoir

Dominique a exercé en tant qu'infirmière pendant une dizaine d'années. Après une formation à l'école des cadres, elle devient surveillante. Ses collègues ne la reconnaissent pas. « Ça lui a monté à la tête, ce diplôme », disent-elles. Effectivement, Dominique est devenue froide et autoritaire. Elle a tant peur des autres et de la violence des sentiments qu'ils pourraient susciter en elle, qu'elle doit prendre le pouvoir sur eux. Lorsqu'elle était infirmière, elle pouvait se protéger en restant en retrait. Maintenant qu'elle est cadre, il lui faut une autre stratégie de protection. « Si je contrôle l'autre, il ne peut me faire de mal. »

Le besoin de pouvoir sur les autres est d'autant plus important que l'impuissance intérieure est grande. Quand on ne se sent pas à la hauteur, on ne peut avouer des faiblesses qui ne siéent pas à la fonction. On terrorise pour avoir moins peur soi-même.

L'apartheid de la nature

Une femme a restauré une vieille bâtisse quelque part dans les Cévennes. On y parvient par une petite route escarpée. Le village le plus proche est à six kilomètres. La maison est adossée à la montagne. Sous les fenêtres, face à la vallée, la forêt s'étend à perte de vue. La nuit, pas une lumière à l'horizon, pas de lampadaire, pas de fenêtre éclairée au loin, pas de civilisation. Je trouvais l'endroit magique, paisible et ressourçant. Mais la propriétaire me confia ses difficultés à louer ce lieu merveilleux et fort bien équipé. Les gens de la ville supportaient mal cet espace trop grand. Ils se sentaient oppressés par l'immensité de la forêt. Perdus devant l'absence de repères visuels. Un Parisien venu suivre un stage est reparti prématurément, arguant qu'il « étouffait ».

N'est-il pas étrange et paradoxal qu'on puisse étouffer dans tant d'espace libre, et respirer enfin dans la pollution parisienne ?

François Terrasson dans son merveilleux et décapant livre *La Peur de la Nature* met en relation notre attitude face à la nature et face aux émotions. « Tout le monde aime la nature », dit-il, mais une nature dont nous avons une image mythique. La surprise est grande au contact de la vase et des moustiques.

Imaginez un instant qu'on vous laisse, muni de votre sac de couchage, dans une forêt française, pour une petite nuit sous les étoiles. Comment dormirez-vous ? Resterez-vous aux aguets toute la nuit, de peur de voir surgir un loup ? d'être mordu ou piqué par un insecte ? Terrasson relate les expériences menées avec des volontaires à qui on a proposé l'aventure : « Ces forêts ne présentent aucun danger réel, même pas celui de se perdre, puisqu'elles sont sillonnées régulièrement de chemins. Mais on constate toujours au petit matin que la peur a été largement majoritaire. Des peurs quelquefois reportées sur des aspects particuliers de la nature (sangliers, serpents, araignées), mais aussi des peurs diffuses, sans objet, qui vous remuent le fond des tripes. »

Parmi les volontaires, peu ont reconnu avoir eu peur. Pourtant la majorité d'entre eux étaient restés l'oreille aux aguets afin de percevoir le moindre danger, enroulés dans leurs sacs après en avoir précautionneusement fermé toutes les ouvertures. Ils ne s'étaient pas étendus voluptueusement sur la fougère pour s'imprégner de l'univers nocturne !

La nature sauvage a le don de réveiller nos passions profondes. Peurs tapies dans nos inconscients, rages anciennes, les affects qui sommeillent en nous resurgissent. « Beaucoup de personnes ayant bétonné leurs pulsions vont dans les milieux naturels justement pour trouver là ce qu'elles ont tué en elles » (F. Terrasson). D'autres préfèrent bétonner la nature, cantonnant le sauvage à quelque réserve. L'apartheid de la nature sauvage va de pair avec l'apartheid de nos émotions.

8

Je juge, ça rassure

Expliquer le bleu du ciel ou le trouver beau sont deux attitudes fort différentes face à la nature. La première dissèque, analyse, critique, la seconde se fait réceptive, ouverte, contemplative. Peuvent-elles être complémentaires ou sont-elles antagonistes ?

L'explication donne une impression de maîtrise. La nature brute nous impressionne. L'inconnu recèle une infinité de dangers. Nommer rassure. Juger, évaluer, nous confère un sentiment de supériorité. Diviser, c'est régner. Nous organisons le monde selon ce qui nous convient.

Le pouvoir sur la matière exerce parfois une fascination un peu trop puissante sur le scientifique. La bombe atomique en est l'exemple type. Manipulations du génome, mines antipersonnel, sont des merveilles de technologie... Le coût humain en est élevé.

Sentir ?

Il y a quelques années, un des plus grands spécialistes mondiaux du cerveau, Karl Pribram, est venu donner une conférence à Paris pour exposer sa théorie sur le fonctionnement holographique de la mémoire. Il réclame un volontaire pour faire une démonstration, je me précipite. Il me

demande de tendre ma main ouverte et de fermer les yeux...
Il pose quelque chose sur ma paume : « Que sentez-vous ? »
Sûre de moi, je réponds : « Un crayon. » Il pose autre chose.
« Que sentez-vous ? » Fière d'identifier si facilement ce qu'il
a mis dans ma main, je réplique : « Une pièce de monnaie. »
Il a l'air déçu et me renvoie à ma place sans autre forme de
procès. Un autre volontaire se présente et l'exercice se
répète. Pribram sort une clé de sa poche, l'applique sur la
paume du volontaire.

« Que sentez-vous ?
— Une clé.
— Je vois qu'on est en France, je n'arriverai pas à faire
ma démonstration. J'ai remarqué que les Français ne savent
pas sentir. Je vous pose des objets dans la main et je vous
demande ce que vous ressentez. Et plutôt que de me
répondre : un contact froid, dur... vous identifiez l'objet.
Vous faites ça pour paraître intelligents, mais vous êtes coupés de vos sensations. »

Le mental, instrument de pouvoir

Avoir raison n'est pas trop difficile : choisissez vos perceptions, sélectionnez les informations pour ne retenir que celles qui conviennent à votre argumentation et laissez de côté ce qui ne va pas dans votre sens. Puis servez des généralisations en les truffant abondamment de mots abstraits. Jetez quelques sarcasmes à la tête de l'autre : « Tu ne peux pas comprendre ! » Le tour est joué. Vous avez gagné. Seuls quelques-uns au QE élevé, attentifs à leur ressenti, relèveront la supercherie. On confond un peu facilement intelligence avec prise de pouvoir.

Il est tellement plus facile de jeter de la poudre aux yeux que d'analyser en détail une situation et de risquer ne pas savoir. Il faut avouer que notre société n'aime pas les hésitants ; le doute d'un penseur scrupuleux sera mal accueilli. Une position tranchée, fût-elle fausse, sécurise l'orateur comme l'auditoire. En France, on aime les réponses, pas les questions. On ne vous demande pas de réfléchir mais de donner une opinion. Vous devez être « pour » ou « contre », de droite ou de gauche, que les choses soient claires. Anecdote en passant, dans une réunion locale d'écologistes préparant les élections, les gens se présentent. Un homme se dit apolitique. Son voisin ne résiste pas : « Oui, mais apolitique de droite, ou apolitique de gauche ? » Il était tout à fait inconfortable de ne pouvoir étiqueter et classer celui-là.

Devant l'étrange, l'étranger, le nouveau, l'inattendu, devant tout ce qui pourrait susciter une émotion indésirable, la réaction première est de jugement. Positif ou négatif, mais jugement. Nous sommes en permanence dans le jugement, et bien plus que nous n'osons l'imaginer. Jugement des autres ou sur soi.

« Moi je suis... »

Mélanie a quarante ans, elle vient me voir depuis deux ans. Elle demande de l'aide pour se libérer de son extrême timidité. Je lui explique l'exercice du « comme si » : d'ici à la séance suivante, vingt minutes par jour, elle va faire semblant d'avoir confiance en elle, faire « comme si » elle était à l'aise. Elle peut faire l'exercice où et quand elle le désire, seule chez elle, dans le bus, sur son lieu de travail... Lorsqu'elle revient quinze jours plus tard, elle me raconte combien elle s'est sentie bien pendant ces quinze fois vingt minutes.

« Je me sentais solide, j'ai remarqué que je respirais plus facilement, même mon mal de dos, pourtant chronique, disparaissait. Au travail, j'étais nettement plus efficace. Je me suis rendu compte que je mémorisais mieux ! » Elle avait été jusqu'à faire l'exercice dans un cours de danses de salon, et avait reçu des compliments de ses cavaliers. « Pour une fois, je dansais en rythme, je me rappelais les pas avec plus de facilité. C'est chouette d'avoir confiance en soi ! » me dit-elle.

Je suis heureuse du succès de l'exercice. Naïvement, je pense la chose acquise et, toute à ma joie, je m'exclame :

Cachez ces émotions que je ne saurais voir 65

« C'est super ! » Elle éclate en sanglots tout en me répondant d'un air désespéré : « Oui, mais c'est pas moi, moi je suis timide. » Je suis atterrée. Elle avait manifesté, chaque fois qu'elle le décidait, des comportements de confiance. Ce n'était pourtant pas suffisant pour contrebalancer l'image négative qu'elle se faisait d'elle-même. Mélanie fait reposer son sentiment d'identité sur un trait de caractère névrotique ! Il faut dire qu'elle se définit ainsi depuis si longtemps, et cette timidité a tant conditionné son quotidien, que se rendre compte que ce n'est pas *elle* mais un *caractère* qu'elle pourrait aussi bien abandonner est lourd de conséquences.

Accepter de lâcher une étiquette de timide peut réveiller trop d'émotions. Si vous ressentez de la peur, vous dire « C'est parce que je suis timide » n'explique rien mais rassure tout de même, c'est une raison, et cela évite de se confronter trop directement à la peur. « J'ai peur » sous-entend que vous pourriez ne pas avoir peur; « Je suis timide » est une définition de vous, vous ne pouvez pas faire autrement. Cela vous déresponsabilise en quelque sorte.

« Laisser paraître une émotion authentique, c'est remettre en cause toute une structure de personnalité, une manière de penser, sentir, agir, un véritable style de vie » (Karen Horney).

Le déni des émotions a une fonction : protéger une personnalité construite sous la pression des circonstances, compromis patiemment élaboré pour unifier nos perceptions, émotions, pensées, comportements.

Chacun a besoin d'un certain sentiment d'unité. Or, si l'expression émotionnelle est interdite, les conflits internes traversés par tout un chacun ne peuvent être gérés. Pour conserver une image cohérente de soi, on opère une rupture avec une part de soi-même. Pour ne pas se sentir écartelé entre son désir d'être aimé par ses parents et la colère contre ces mêmes parents autoritaires qui le terrorisent, Colas se soumet et occulte son agressivité. Luc, par contre, choisit le versant agressif, il se donne une identité de rebelle et refoule sa bonté. Tout surgissement de colère est dangereux pour le soumis, car il risque de remettre en cause le fragile édifice d sa personnalité, en l'obligeant à prendre conscience qu'il ne correspond pas à l'image qu'il se donne. De même, toute tentation compatissante ou affectueuse doit être réprimée chez l'agressif, car elle le contraindrait à reconsidérer son image.

« Je suis comme ça, tu me prends comme je suis ! » Géraldine ne supporte pas la contradiction. Elle réagit au quart de tour. Mal dans sa peau, elle tolère difficilement les remises en cause. Toute critique de son comportement est prise comme un rejet.

Faire face à soi-même

Les parents ne prennent pas toujours le temps d'écouter les émotions de leurs enfants. Il arrive aussi qu'ils ne veuillent tout simplement pas les entendre, parce que cela risquerait de les remettre en cause, de perturber leurs plans, de leur donner une mauvaise image d'eux-mêmes. Alors, plutôt que de prêter l'oreille au vécu de leur enfant, ils ont tendance à le définir : « tu *es* pénible », « tu *es* vraiment douillet », « tu *es* un bon à rien »...

Ces définitions que les autres nous donnent — nos parents, nos frères et sœurs — nous collent à la peau. Pour s'en défaire ? Il faut faire face à soi-même, affronter les émotions que ces dévalorisations recouvrent.

Quand j'avais une dizaine d'années, mes frères m'appelaient le « bulldozer ». Ils me traitaient de grosse et de pataude. C'était devenu une partie de moi. J'avais fini par m'accepter ainsi, grosse et pataude. À le croire, on le devient. J'ai grossi (un peu), et j'ai évité le plus possible de me confronter à mon corps en séchant les cours d'éducation physique... Quelques sauts périlleux sur le trampoline n'ont même pas fait vaciller mon image de lourdaude incapable de se bouger. En sport, mes frères étaient tellement plus brillants que moi !

Ce n'est qu'à vingt-sept ans que j'ai pris le taureau par les cornes. Je décidai de m'appliquer ces notions que j'enseignais dans mes stages : « Vous n'êtes pas seulement ce que

Cachez ces émotions que je ne saurais voir

vous avez l'habitude d'être, vous pouvez devenir celui que vous avez envie d'être. » Ce frère qui m'avait tant dévalorisée était devenu jongleur et administrateur de cirque. J'assistais régulièrement aux spectacles, et chaque fois j'étais éblouie par la trapéziste, je l'admirais... au point d'avoir envie de l'imiter. Je décidai donc de me libérer de mes croyances négatives et de passer quelques jours chez mon frère et son amie d'alors, trapéziste !

Les premières leçons ont été difficiles. Heureusement, mon frère avait changé. Il m'a soutenue et encouragée : « Tu es capable, tu peux le faire ! »

J'ai lâché mes dévalorisations protectrices, mis au panier les « Je ne suis pas sportive ». J'ai fait face à la peur. Et j'y suis arrivée. Moi qui n'arrivais pas à lever les fesses pour faire le cochon pendu à douze ans, j'évoluais sur un trapèze ! Peu à peu mon corps s'est sculpté sous l'effort. La petite pataude a disparu.

Pour nous protéger de nos sentiments, nous utilisons le jugement ou la critique, nous nous positionnons en pauvre victime impuissante ou en sauveteur de l'humanité... En osant reconnaître et dire nos émotions, ces jeux tombent et avec eux tout une façon d'être aux autres et au monde.

Pour retrouver le sens profond de vous-même, au-delà d'une quelconque image, soyez toujours plus attentif à vos sensations, émotions, pensées et comportements.

9

À la recherche
des émotions perdues

Accepter de ressentir ses émotions primaires, c'est souvent se mettre hors normes, c'est percevoir des choses que les autres ne perçoivent pas, ne veulent pas voir, de peur d'avoir à se remettre en cause. Dans un premier temps, ressentir veut souvent dire se séparer, se marginaliser, mais c'est devenir véritablement soi. C'est aussi devenir de plus en plus sensible à l'injustice, à la souffrance dans le monde, de plus en plus vivant.

« Je ne sais pas si je veux vraiment ôter ma carapace. C'est comme proposer à un sourd d'entendre. D'un côté, c'est séduisant, mais, d'un autre côté, il y a tellement de bruit dehors, on a peur d'être dépassé, je ne suis pas sûr d'avoir envie d'écouter tout. Je n'ai pas envie de souffrir, je ne suis pas si mal comme je suis. »

Ces résistances sont justifiées. Et, vu l'étendue des horreurs que les humains sont capables de s'infliger les uns aux autres, la quantité d'injustices et de souffrance de par le monde, on peut comprendre que tant de gens se blindent contre la douleur. Mais le blindage les empêche aussi d'aimer vraiment.

Les trois petits singes incarnant la sagesse — « Ne pas voir, ne pas entendre, ne pas parler » — obtiennent un immense succès. Mais trêve d'illusions, ce n'est pas de la sagesse, c'est de la couardise. Comment les souffrances cesseront-elles si nous nous insensibilisons ? Nous devons aller à la recherche de nos émotions perdues.

Mais comment y parvenir alors que nos repères intérieurs ont été bousculés dans nos enfances ? Rappelons tout d'abord le processus de la répression. Alice Miller en livre les étapes :

1. L'enfant subit des offenses qui ne sont pas considérées comme telles ;
2. La colère lui est interdite ;
3. On lui impose le devoir de gratitude ;
4. Il doit tout oublier ;
5. Les affects refoulés cherchent une issue. La violence éclate sur autrui ou se retourne contre soi.

Des offenses non reconnues comme telles

Mentir à une petite fille de sept ans en lui disant que son pull ne pique pas ; obliger un petit de deux ans à prêter son seau ou sa pelle ; gronder un enfant de dix-huit mois parce qu'il renverse sa timbale ou parce qu'il joue avec les petits pois avant de les manger ; crier sur une Viviane de trois ans pour qu'elle range sa chambre ; mettre le nounours abîmé d'Alphonse à la poubelle sans le lui dire ; dissimuler à Olivier la mort de sa grand-mère pour « ne pas le traumatiser » ; froncer les sourcils parce que les notes de Delphine ne sont pas excellentes ; culpabiliser Massalda qui casse un verre ; nier systématiquement le droit à Hugo de choisir ce qu'il va manger ou ses vêtements ; ridiculiser, humilier, frapper, gifler... sont des offenses. Mais les adultes, se considérant dans leur bon droit et estimant souvent agir ainsi pour le bien des enfants, ne veulent pas le reconnaître. L'enfant n'a donc pas le droit de manifester une quelconque colère, ni même d'exprimer une souffrance face à ce que lui infligent ses parents. La frustration est inévitable dans la vie, elle peut même être structurante, à condition qu'elle soit reconnue comme telle.

Les adultes refusent d'entendre les sentiments de leur enfant parce qu'ils ont dû oublier leurs propres souffrances. Ils refuseront d'autant plus de s'identifier à la détresse de la situation de dépendance qu'ils auront eu mal et ne voudront pas se mettre en contact avec la douleur. Niant leur propre douleur, ils nient celle de leur enfant. Ils sont pris d'une compulsion à répéter les comportements abusifs comme pour se prouver qu'ils ne font pas mal ! Tant qu'un parent n'est pas prêt à remettre en cause ses propres parents, il ne veut pas se rappeler ce qu'il a vécu.

La colère interdite

La réaction saine, naturelle et normale devant une offense est la colère. Mais comme il est interdit d'en vouloir à ses parents, l'enfant est obligé d'accepter la définition de ses parents : ce n'était pas une offense, ça n'a pas fait mal, il l'avait mérité, c'était normal... C'est donc lui qui est mauvais. Si les parents ne veulent pas entendre la colère de leur enfant, ce n'est pas — la plupart du temps — parce qu'ils veulent le détruire, mais parce qu'eux-mêmes enfants n'ont pas eu le droit d'en vouloir à leurs parents et qu'on leur a appris que la colère était un instrument de pouvoir. Ce qui était réaction à la blessure est entendu comme jeu de pouvoir et de domination. « Je ne vais pas me laisser diriger par un gamin. » L'orgueil de l'adulte est mis en jeu, il associe la colère de l'enfant à un manque de respect à son égard et ne peut donc le tolérer. Réapprivoiser sa propre colère est nécessaire pour pouvoir entendre celle de son enfant pour ce qu'elle est : expression d'une frustration, réaction à une blessure, tentative de restaurer son intégrité physique ou psychique.

L'expression de la colère est fondamentale pour construire son identité, pour avoir confiance en soi et en son jugement, et devenir autonome.

Le voile de l'oubli

Les adultes d'aujourd'hui ont tendance à voiler leurs souffrances d'enfance. Philippe est cadre dirigeant dans une grande entreprise. Il vient me consulter parce qu'il a des difficultés à se confronter à l'autorité. Il a peur de son P.-D.G. au point qu'il ressent des envies de fuir dès qu'il est en sa présence. Lors des réunions de la direction générale, ça fait désordre. Avant même que je ne l'interroge sur son enfance, il me dit : « J'ai eu des parents parfaits, une enfance dorée. Mes parents m'adoraient, tout allait bien.

— Ah ? Et l'école, comment cela se passait ? m'enquiérai-je...

— Oh, à l'école, c'est différent, j'étais un cancre, c'est pour cela que mon père me battait au ceinturon tous les soirs. »

Philippe a bien appris la leçon. Son père le battait « pour son bien », puisqu'il était un cancre ! Il a le sentiment d'être parvenu à devenir celui qu'il est grâce à ce père rédempteur, qui a réussi à corriger ses pulsions mauvaises. Au fond de lui, il continue de se percevoir comme l'enfant incapable et paresseux, et il est plein de gratitude pour ce père qui l'a tant fait souffrir. Pour pouvoir maintenir ce déni de ses émotions vraies, de sa réalité intime, il a dû oublier, oublier les coups et la douleur, oublier le ceinturon et l'humiliation, oublier ses sentiments blessés. Il s'est ensuite reconstruit des souvenirs compatibles avec l'idéalisation de ses parents... Il dit — et croit — avoir vécu une enfance dorée. Mais comment assister sans honte et sans terreur à une réunion de direction ?

Les affects refoulés cherchent une issue

« L'enfant de jadis saisit la première occasion de pouvoir enfin être actif et de ne plus devoir se taire. Là où le travail de deuil n'a pas été possible, on essaie, au travers de la compulsion de répétition, de faire que le passé n'ait pas été et de gommer la tragique passivité d'alors par l'activité présente », dit Alice Miller.

Lola a trois ans. Elle pique régulièrement de formidables colères, se roulant par terre. Yves, son père, ne le supporte pas et devient violent. Il est d'autant plus remué par les rages de sa fille qu'il se reconnaît en elle. Au même âge, il était très colérique. Yves évoque alors la dernière crise de sa petite enfance : il ne voulait pas y aller. Où ? Il ne se remémore pas le contexte, mais il se souvient des sentiments présents en lui : il voulait « battre » son père. Très peu de temps après, son père est parti de la maison pour ne plus revenir. Dans l'esprit d'Yves, les choses se sont entrechoquées, il s'est senti responsable du départ de son père. De ce jour, il n'a plus jamais manifesté, ni même ressenti de colère... Sauf aujourd'hui, contre sa fille. Lola lui permet de sortir cette rage bloquée en lui.

Grâce au travail thérapeutique, Yves s'est réapproprié ses sentiments. Lola n'a plus jamais eu besoin de faire de crises. Celles-ci faisaient miroir aux émotions enfouies dans l'inconscient de son père.

PSYCHOPHYSIOLOGIE DES ÉMOTIONS

10

Le fonctionnement cérébral

Créés peut-être à l'image du Seigneur, nous n'en sommes pas moins des mammifères. Certes supérieurs mais inscrits dans le continuum de l'évolution (façon de parler, car il semblerait que l'évolution soit plutôt discontinue). Le cerveau humain intègre les trouvailles précédentes et ajoute sa touche personnelle, nous conférant ces avantages fabuleux que sont les possibilités de faire hypothèses et déductions, bref d'accéder à l'abstraction, de diriger nos comportements en fonction de nos objectifs ainsi que de prendre conscience de nous-mêmes, des autres et de notre place dans le monde.

Nous devons à Mac Lean une classification du cerveau en trois parties, reprenant ces grandes étapes de l'évolution : l'archéocortex, le paléocortex et le néocortex. Il est important de se rappeler que ces subdivisions sont des constructions mentales, des représentations du réel aussi éloignées de celui-ci qu'une carte peut l'être de la réalité du pays traversé. Hors des barbelés et des postes de douane installés par endroits par les humains, la nature n'a pas de frontière. Les multiples connexions entre les parties du cerveau font qu'il est fort ardu de séparer les différentes structures.

Le cerveau réflexe

À la base de cet organe fabuleux qui nous permet de résoudre des équations et de nous poser des questions, nous trouvons un cerveau dit reptilien, siège des arcs réflexes assurant notre survie immédiate. Lorsque le médecin frappe sur nos rotules avec un petit marteau, la jambe se lève automatiquement. Lorsqu'une poussière s'aventure trop près des yeux, nos paupières se ferment rapidement.

Les reptiles, il y a quelques millions d'années et avant notre apparition sur terre, possédaient déjà un système nerveux centralisé. Le cerveau reptilien, carrefour entre les afférences sensorielles et les neurones moteurs, dirige les mouvements de ces animaux rampants toujours dans un même but, la survie biologique de l'individu ou de l'espèce. Les neurones dictent l'approche ou le retrait, l'attaque ou la défense, en fonction des signaux perçus dans l'environnement. Ces réponses sont purement réflexes. Elles s'inscrivent dans le présent. Le cerveau d'un reptile n'a accès ni à la mémoire ni à l'anticipation, encore moins à la conscience ou à l'acte volontaire. Lézards et serpents sont très dépendants des conditions extérieures, leur liberté est limitée.

Qu'en est-il pour l'homme ? Son archéocortex, ou encore mésencéphalo-diencéphale, est sous la domination des structures supérieures dont nous verrons l'organisation un peu plus loin.

Le cerveau émotionnel

L'histoire de l'évolution va dans le sens de l'autonomie. Depuis les lichens, la vie a beaucoup progressé. Les poissons sont plus libres que les algues, et les mammifères que les reptiles. Pour se libérer des automatismes, il fallait développer dans le cerveau une structure permettant le choix de ses comportements. Pour choisir, il est nécessaire d'avoir des préférences, de définir le meilleur et le moins bon. Ce fut chose faite avec le rhinencéphale. Ce paléocortex (cerveau intermédiaire) tire son nom de son origine, rhino, le nez. Il a en effet évolué à partir du bulbe olfactif. Développé par les mammifères, il est particulièrement important chez le dauphin et chez l'homme, deux animaux qu'on n'admire guère pour leur odorat, mais qui sont probablement les plus sentimentaux de la création.

Le rhinencéphale est constitué principalement par le système limbique, un ensemble de noyaux permettant la mémorisation, la reconnaissance de situations déjà vécues et l'attribution de leur signification affective. C'est la naissance de l'émotion. Le nom de limbique est issu de « limbe » qui veut dire lisière, frange, bord extérieur du disque d'un astre, région périphérique circulaire. Il décrit sa forme en anneau ouvert. Parmi les noyaux importants du cerveau limbique, notons l'hippocampe, qui mémorise les faits bruts, et l'amygdale, autre toute petite glande du lobe temporal qui leur attribue des préférences.

L'affect est rapide, bien plus rapide que le raisonnement et nous sauve souvent par sa fulgurance. Vous marchez dans la rue. Quelqu'un vient en face. Instantanément l'amygdale reçoit l'image de ce visage qui s'approche ; elle scanne vos souvenirs, et dicte sa réponse... Votre cœur bat plus vite, une vague de froid parcourt votre corps, vos muscles se figent. Votre organisme réagit avant même que vous n'ayez eu le temps de l'identifier. Vous êtes sur la défensive ou vous avez déjà changé de trottoir, l'amygdale envoie ses informations au néocortex, vous le reconnaissez... C'est ce type qui vous a tant fait souffrir il y a vingt ans.

L'amygdale reçoit des informations de la part des cinq sens qui font l'extéroception (perception de l'extérieur) et la proprioception (perception de son propre corps). Elle informe les aires supérieures et écoute leurs messages, elle réagit aux pensées, aux images, aux fantasmes produits par le néocortex. Elle est enfin liée à toutes les fonctions végétatives, nerveuses et humorales qui participent à l'équilibre de l'organisme. C'est dire si elle occupe de la place dans notre existence.

Le cerveau reptilien ne nous permettait qu'une alternative, le *stimulus* déclenchait appétence ou aversion. Grâce à ce cerveau émotionnel, nous sortons du dualisme plaisant/déplaisant et accédons à toute une palette de sentiments. Cette diversité accroît notre liberté. Nous ne vivons plus la vie en noir et blanc mais en couleurs, et à chacun les siennes.

Le même *stimulus* ne provoque plus une réponse stéréotypée commune à l'espèce ; les nuances comportementales apparaissent. Chacun a son histoire, et associe ses propres connotations affectives. Le processus de l'individuation est en route, une personnalité s'ébauche.

Nos réflexes se dotent d'une dimension affective et seront dans le futur modulés par l'expérience. **La mémoire de nos expériences dessine notre profil particulier de réponses à l'environnement, notre caractère.** Le vécu de la toute petite enfance, alors que le cerveau est encore en développement et les aires supérieures encore immatures, est particulièrement déterminant.

Un grand bruit déclenche spontanément un réflexe d'aversion chez le nourrisson. Le bébé sursaute et se met à pleurer, la réaction première est automatique. Selon les conditions entourant l'enfant à ce moment-là, son avenir sera différent. S'il est porté dans des bras rassurants, s'il peut fouir son nez dans l'odeur de sa mère, s'il entend une voix tendre lui expliquer ce qui se passe — même s'il n'identifie pas le contenu verbal, il laisse la musique des mots pénétrer en lui —, tout cet amour, cette sensation d'être protégé, en sécurité, prendra la place de la peur. La prochaine fois, un bruit similaire déclenchera un mouvement d'éveil et d'attention... mais pas de panique. Au contraire, si le bébé est seul dans une chambre, si la seule odeur familière près de lui est la sienne, si aucune voix douce ne vient tempérer ses cris, l'expérience s'associera avec la solitude et la terreur. De nouveau confronté à un bruit semblable, l'enfant revivra cette expérience traumatique, il développera soit une hyperréactivité, soit s'insensibilisera pour se protéger, s'enfermant dans le silence et dans une attitude de retrait.

Les émotions structurent la personnalité. Elles individualisent nos attitudes, déterminent notre style de réponses au monde, définissant ainsi notre identité. Grâce à notre cerveau émotionnel, nos réactions comportementales ne sont plus automatiques et instantanées mais inscrites dans l'histoire, tenant compte du déjà vécu.

« Loin d'asservir l'homme, on voit bien que les passions participent à son affranchissement des contraintes du milieu », souligne Jean-Didier Vincent dans son livre *Biologie des passions*.

Le cerveau de la pensée

La dimension du futur n'est accessible qu'au néocortex, la fameuse substance grise. Grâce à sa partie frontale, le néocortex est le cerveau de l'anticipation. Nous pouvons faire des hypothèses, imaginer des solutions jamais testées auparavant, fantasmer, rêver, nous projeter dans l'avenir. Nous pouvons diriger nos comportements en fonction d'analyses et de décisions rationnelles. Toutefois, les émotions, nous le verrons plus loin en détail, ne sont jamais tout à fait absentes de ce processus.

Le cerveau a trouvé une méthode pour accroître sa surface de façon importante sans augmenter de volume pour autant : les circonvolutions. L'homme et le dauphin possèdent les cerveaux les plus plissés. Cette surface agrandie permet un fabuleux développement des aires spécialisées dans la réception des messages sensoriels et dans la commande motrice. Outre la fine acuité de nos sens, elle nous permet des mouvements complexes, comme ceux de la main notamment, cet appendice magique avec pouce opposable, si utile pour saisir sans la casser notre tasse de thé.

Le saut évolutif réside surtout dans l'apparition des aires associatives. Des milliards de neurones ont pour seule fonction d'en mettre d'autres en relation, formant un tissu serré de câbles nous permettant de penser. Nous pouvons associer les informations les unes aux autres, les comparer, les hiérarchiser, les pondérer... Bref, analyser, inférer, déduire, réfléchir...

Le néocortex donne à l'humain la possibilité d'inhiber ses réflexes (si vous en décidez ainsi, votre genou restera immobile malgré le marteau du médecin). Il nous confère l'ultime liberté par rapport à l'environnement, celle du choix conscient de notre attitude.

Quotidiennement, le cortex préfrontal nous aide à accepter des délais dans la réalisation de nos objectifs. C'est grâce à lui que nous pouvons faire la queue au supermarché en gardant le sourire. Tempérant l'amygdale, il refrène nos pulsions agressives lorsqu'un resquilleur se glisse dans la file.

Pour protéger ses valeurs ou son identité, l'homme est capable de faire face à l'indicible. S'il est vrai que nous sommes inégaux devant la douleur, nous disposons tous d'un cortex préfrontal capable de donner des ordres aux structures sous-jacentes et nous permettant de rester stoïques sous la torture. Les rapports d'Amnesty International abondent, hélas, en noms de ces hommes et de ces femmes martyrs qui témoignent des capacités de l'humain face à la douleur. Et que dire de ces moines et de ces nonnes au Vietnam qui se sont immolés par le feu sans pousser un cri pour protester contre la guerre et ses injustices ? L'humain peut risquer sa vie pour ses valeurs, il peut faire la grève de la faim, jeûner jusqu'à la mort pour se faire entendre, offrir sa poitrine aux fusils en regardant l'assassin dans les yeux (c'est pourquoi les couards, refusant de faire face à leur culpabilité d'ôter la vie, préfèrent bander les yeux de ceux qu'ils exécutent).

Il n'est d'ailleurs peut-être pas anodin de souligner que le mot courage vient de cœur. La racine indo-européenne *krd* a donné *cord* en latin. Le nominatif est devenu *cor* donnant le français *cœur*. À la fin de l'Antiquité, un synonyme est apparu dans le latin populaire, *coraticum* qui a donné en français courage. Le nom courage fut longtemps synonyme de cœur en tant que siège des sentiments. Depuis le xviiie siècle, *courage* ne désigne plus que la vertu de celui « qui a du cœur » et qui est alors qualifié de courageux[1]. Le

---
1. *Les étymologies surprises* de René Garrus, Belin, 1991.

courage est une des dimensions de l'intelligence du cœur.

« Ceux qui ont vécu dans les camps se souviennent de ces prisonniers qui allaient, de baraque en baraque, consoler leurs semblables, offrant leurs derniers morceaux de pain. Même s'il s'agit de cas rares, ceux-ci nous apportent la preuve qu'on peut tout enlever à un homme excepté une chose, la dernière des libertés humaines : celle de décider de sa conduite, quelles que soient les circonstances dans lesquelles il se trouve... c'est cette liberté spirituelle qui donne un sens à la vie », souligne Viktor Frankl, psychiatre rescapé des camps de la mort. **La vie humaine se nourrit de sens autant que de pain.**

Le cortex préfrontal n'est indispensable à aucune des activités motrices ou perceptrices, mais il participe à toutes. Pour le meilleur ou pour le pire, il dirige notre existence. Le meilleur? La capacité de contrôle des émotions nous fait profondément humains. Le pire? Elle peut nous rendre profondément inhumains, tant on devient capable de tout quand on est détaché de soi.

La suprématie du néocortex a des inconvénients. Il peut être dupe d'illusions et obliger les couches inférieures du cerveau à se plier à des exigences abusives. Déclenchant par exemple chez Nathalie des rougeurs à la gorge et un eczéma sur tout le visage, à la seule vue de la photo de votre matou. Non parce que la photo aurait été préalablement frottée par Minou, mais parce qu'elle se *sait* allergique aux poils de chat.

Le cortex préfrontal n'est pleinement développé que chez l'humain et la baleine (groupe générique comprenant à la fois les orques, les dauphins et les baleines blanches et grises). Il semblerait que cette dernière réussisse à en faire meilleur usage que nous. Le lobe frontal ne nous confère pas seulement des aptitudes à l'anticipation et à la conscience de nos actes, il nous ouvre aussi à la conscience des émotions des autres. C'est l'organe de l'altruisme et de la compassion. Attitudes nettement plus évidentes chez les baleines que chez les humains. On en a vu sauver un pêcheur tombé de son baleinier alors même que le harpon lui déchirait les flancs. Quel humain serait capable de cette abnégation ?

Droit et gauche

Le cerveau est constitué de deux hémisphères ; jusqu'ici, tout le monde est d'accord. Sur le plan moteur, les choses sont relativement claires : le lobe gauche dirige le côté droit du corps, et le lobe droit assume la responsabilité du côté gauche. Sur la question des émotions et autres activités mentales les choses sont plus complexes.

Des chercheurs ont trouvé le moyen de stimuler sélectivement différentes parties du cerveau en laboratoire, pour observer les réactions de leurs patients. Une stimulation du lobe préfrontal droit provoque de la peur ou de la colère. Des observations sur des malades atteints au cerveau par des tumeurs ou autres troubles neurologiques ont confirmé par la négative ce rôle du lobe droit. En effet, une lésion à droite confère, quelles que soient les circonstances, un tempérament joyeux. Il semblerait que le lobe gauche ait pour fonction de tempérer son voisin de droite, de façon à réguler ces émotions négatives. Cela dit, et malgré le fait qu'on puisse déclencher un affect en stimulant un point spécifique dans le cerveau, on ne peut parler de localisation des émotions. Il s'agirait plutôt d'unités régulatrices complexes réparties sur tout l'encéphale.

À la suite des travaux de Sperry, on a dit toutes sortes de choses sur la répartition de nos compétences à droite et à gauche. Il a été évoqué notamment que le cerveau gauche était verbal et analytique, et le cerveau droit émotionnel et global. On plaçait à gauche le langage et à droite la construction visuelle. Il semblerait que la réalité soit plus nuancée. Dans son ouvrage *Le cerveau social*, Michael Gazzaniga, ancien élève de Sperry, fait le point sur la question. Il a constaté que le sectionnement des commissures cérébrales, c'est-à-dire des faisceaux de fibres reliant les deux hémisphères, produisait deux systèmes mentaux séparés, chacun doté de sa propre capacité d'apprendre, de se souvenir, de ressentir des émotions et de se comporter.

Le cerveau gauche est bien le siège de la production du langage. Certains sujets, après section des commissures et sous anesthésie du cerveau gauche, peuvent parler à l'aide de leur cerveau droit. Toutefois, ce langage du lobe droit reste moins élaboré. La compétence d'expliquer, d'inférer et de donner du sens semble revenir au cerveau gauche.

On a cru tout d'abord voir l'expertise du cerveau droit dans la construction visuelle ; en fait, elle résiderait davantage dans l'exécution manuelle ou la manipulation d'objets. Les expériences menées sur des sujets (droitiers) à qui on a sectionné le corps calleux (encore un autre nom de ce pont épais entre nos deux cerveaux) montrent que la main droite, ne disposant donc que du cerveau gauche pour la guider, est incapable d'arranger quatre cubes pour former un dessin simple. Alors que la main gauche, dirigée par le cerveau droit, exécute sans difficulté dessins et formes géométriques. Les droitiers qui ont encore leur corps calleux savent pourtant que leur main droite dessine mieux que la gauche !

Ce que l'on retiendra surtout des expériences et observations multiples de ces chercheurs, est l'immense diversité de la nature humaine et l'impossibilité de ranger l'homme dans une boîte.

Pour Gazzaniga et d'autres, le cerveau serait organisé en systèmes de traitement modulaire. Des centaines ou peut-être des milliers de ces systèmes traiteraient les informations en parallèle. La plupart de ces systèmes peuvent se rappeler des événements et réagir à des *stimuli* associés à un souvenir particulier. Ils s'expriment par des actes, et peu ont accès à la communication verbale. Un changement d'humeur sans raison apparente ? C'est sans doute qu'un module non verbal a été activé ; les associations émotionnelles des événements mémorisés dans ce module ont été transmises au cerveau limbique et ont déclenché l'état affectif dans lequel vous vous trouvez. Non verbal signifie que vous ne pouvez nommer le *stimulus* qui a éveillé l'affect, vous ne pouvez donc l'identifier. Il est hors conscience.

Quand le corps calleux est intact, tout ce qui est présenté à l'hémisphère droit est immédiatement transféré à gauche pour analyse et compréhension verbale. Là, les modules verbaux vont interpréter, nommer et donner du sens à ce que vous éprouvez. Des difficultés peuvent alors naître, car le besoin de cohérence est tel que, s'ils ne disposent pas de l'information juste, ils vont inventer quelque chose de logique et de rationnel.

Gazzaniga relate une expérience menée sur un homme opéré au cerveau. Un ordre simple, « marchez », est projeté sur un écran au cerveau droit déconnecté (celui qui, théoriquement, ne sait ni parler ni lire). Le patient se lève et se dirige vers la porte... Alors qu'on lui demande où il va, il répond : « Je vais à la maison chercher un jus de fruits. Son hémisphère gauche, se trouvant confronté à la nécessité d'expliquer un comportement dont il n'a pas eu l'initiative, refuse de se trouver dépourvu, il élabore rapidement une raison plausible.

Cette observation décrit bien le processus à l'œuvre. Il est parfois difficile de déceler ce fonctionnement dans nos cerveaux intacts. Voici un exemple de semblable mésaventure. C'était il y a quelques années, un soir, en sortant de mon travail, je me sens brusquement en grande détresse. Mon atelier du jour s'est pourtant bien déroulé. Mais là, dans ma voiture, une irrépressible envie de pleurer me saisit à la gorge. Une sensation indéfinissable de malaise m'envahit. Nostalgie d'amour! Je repense avec désespoir à une aventure pourtant déjà ancienne. Évoquant ces souvenirs, les pleurs coulent de plus belle. J'arrive chez moi dans un état désastreux. Heureusement pour moi, j'héberge, pour quelques jours, une amie. Je lui raconte mon histoire. Elle m'arrête. « Dis donc, qu'est-ce que tu me racontes avec ton ex! Ce n'est pas parce que c'est la pleine lune que tu dois te mettre dans un tel état! » Je m'arrête instantanément, interloquée. C'est vrai. Maintenant qu'elle me le dit, je reconnais l'état étrange dans lequel me met parfois la pleine lune.

Dans la journée, focalisée sur mon travail, je n'avais pas pris conscience de mes sensations internes. Le soir, décompressant dans ma voiture, je devenais soudain attentive à mon état intérieur. N'ayant pas pensé une seconde que la lune pouvait être à l'origine de mes sensations, je trouvais une autre explication. Pourquoi pas cette histoire d'amour ancienne ?

L'interprétation de mon amie était juste. La cessation immédiate de la souffrance l'a confirmée.

Le rôle de l'hémisphère gauche semble être de construire des théories à propos des sensations internes, des perceptions et des comportements actualisés. Sa capacité d'inférence a libéré l'homme du progrès par tâtonnements. Il devient capable de penser et de former des croyances, pour le meilleur... et pour le pire.

Filtres, mémoire et croyances

La réaction émotionnelle focalise l'attention sur le *stimulus* déclencheur, permettant l'analyse par le mental. Cette évaluation modifie en retour l'émotion brute initiale. Vous êtes tranquillement installé au premier étage de votre pavillon. Soudain, un bruit au rez-de-chaussée vous fait sursauter. Toutes oreilles dehors, vous écoutez... et identifiez le pas de votre compagne(on). Les aires supérieures ont reconnu le caractère familier du bruit, l'émotion se retire.

Il est clair que si le mental associe une signification négative à l'événement déclencheur, ou si la personne a vécu trop de situations d'impuissance dans sa vie, l'émotion primaire s'augmente de nouvelles peurs. Ainsi se développent phobies, états anxieux... Le caractère circulaire des relations réciproques entre affectivité et cognition fait qu'on ne sait lequel de l'œuf ou de la poule a engendré l'autre. Le cerveau filtre les informations en fonction de l'émotion ressentie. Quand on a des lunettes noires, on voit tout en noir ; il suffit de chausser des lunettes roses pour que les éléphants soient roses. Si pour une raison ou pour une autre vous êtes en colère ce jour-là, la première chose qui vous frappera en entrant chez vous sera l'écharpe de votre mari qui traîne par terre et son attaché-case dégoûtant sur le lit ; vous ne verrez pas le superbe bouquet de fleurs qu'il s'est dépêché de mettre dans un vase avant votre retour. On voit en priorité ce qui peut alimenter l'état émotionnel, le reste est mis de côté.

De plus, l'activation de l'amygdale favorise la mémorisation à long terme. Plus un événement a une coloration affective forte, plus il sera mémorisé et rappelé. C'est pourquoi les souvenirs émotionnels des premières années de la vie sont les plus puissants, même — et peut-être surtout — s'ils restent enfouis dans l'inconscient. L'émotion est d'autant plus intense qu'elle est brute et que les couches supérieures du cerveau, encore immatures, n'ont pu la tempérer en lui donnant un sens. L'amygdale est pleinement développée dès la naissance, mais l'hippocampe ne l'est pas totalement, et les aires du langage le sont encore moins. Quand on ne peut mettre de mots sur ce que l'on ressent, les émotions vécues sans médiation conservent toute leur virulence.

Un exposé à faire en public fait trembler vos genoux ? C'est qu'un enseignant maladroit vous aura terrorisé à l'école, ou peut-être que vos parents auront prêté peu d'intérêt à vos aventures enfantines.

Toute peur ou honte qui n'a pu être reconnue, parce que personne n'a voulu l'entendre, est encore là, prête à se manifester dans les situations ressemblant plus ou moins au déclencheur original.

Vous supportez mal de voir votre femme bercer le bébé, vous êtes jaloux de l'attention qu'elle lui porte ? C'est que vous-même n'aurez pas reçu ce tendre maternage, ou bien encore qu'un petit frère vous aura pris votre place un peu trop tôt...

Vous prenez pour du manque de respect le refus systématique que vous oppose votre fils de deux ans ? À cet âge, vos parents ne vous auront pas autorisé à exprimer votre avis sur les nouilles ou les épinards.

Vous avez envie de flanquer une gifle à votre fille de trois ans parce qu'elle ne veut pas mettre la robe que vous lui avez préparée ? Vous avez probablement reçu vous-même un certain nombre de coups pour avoir voulu manifester votre autonomie.

Une réaction, aujourd'hui disproportionnée, signe le rappel d'un événement enfoui dans un recoin du cerveau. Seulement, nous n'en avons pas toujours conscience. Car, comme nous l'avons vu, le cerveau gauche rationalise et invente des théories pour conférer à nos attitudes des apparences de logique et d'adéquation.

Dans les exemples ci-dessus, pour ne pas prendre conscience de l'origine réelle de vos comportements :

— Vous direz ne pas maîtriser suffisamment votre sujet ou être intimidé par la présence d'inconnus ;

— Vous accuserez votre femme de se montrer surprotectrice et affirmerez qu'un nourrisson a besoin de pleurer pour se faire les poumons ;

— Vous vous justifierez : « Les enfants doivent respect à leurs parents, il faut leur donner des limites. »

C'est ainsi que naissent les croyances irrationnelles qui parsèment notre quotidien. Les croyances sur l'éducation des enfants sont les plus dramatiques parce qu'elles perpétuent la souffrance. Ce fils dont vous ne tolérez pas l'opposition aura du mal à son tour avec la rébellion de ses enfants... Et voilà des générations qui n'oseront jamais dire non à un supérieur, ne s'autorisant (et peut-être alors en abusant) à s'opposer et à critiquer qu'en position de pouvoir sur l'autre.

HYPERÉMOTIVITÉ
ET
DÉBORDEMENTS

11

Une émotion peut en cacher une autre

Nous prenons le petit déjeuner. Le thé brûlant est déjà sur la table. Adrien, cinq mois et demi, se met à hurler ! Assis sur les genoux de son père, tentant d'attraper son morceau de pain, il a basculé et posé sa main sur la théière... Je me précipite, l'arrache des bras de Jean Bernard. J'ai envie de crier : « Tu ne peux pas faire attention ? » Mais je me retiens, car je sais que j'ai tendance à faire des reproches quand j'ai peur. Je ne peux toutefois pas m'empêcher de lui dire d'un ton qui se veut neutre « Tu vois ce qui peut arriver, une minute d'inattention et voilà ! » Heureusement, Adrien n'a rien, sa petite main est à peine rougie. Un peu plus tard, Jean Bernard me dit : « Tu l'aimes ton fils, hein ! » Je le regarde avec gratitude. Il a compris. Je lui sais gré de répondre ainsi sans se justifier ou s'énerver à son tour. Cela me permet de lui dire : « Excuse-moi de t'avoir fait des reproches tout à l'heure, ça aurait pu m'arriver aussi. » Au moment où je présente ainsi mes excuses, les larmes me montent aux yeux. Je suis en contact avec l'amour que je porte à mon fils et avec la crainte qu'il ne lui arrive quelque chose. Je peux prendre la responsabilité de ma véritable émotion : la peur. Crier ma colère sur Jean Bernard m'empêchait de sentir la panique.

Une émotion peut en cacher une autre. Dans nos familles, certaines émotions étaient acceptables, et d'autres pas. Éduqués à dissimuler notre moi véritable, nous déchargeons nos tensions en déguisant nos émotions. De plus, **nous pouvons être tentés de montrer certains sentiments si nous en retirons des bénéfices relationnels.**

Gisèle ne conduit pas, elle a peur de causer un accident. D'où vient cette peur ? Quelques jours après avoir reçu son permis de conduire, son mari, René, lui a laissé le volant. Tout s'est bien passé, mais au moment de rentrer dans leur jardin, elle est montée un peu rapidement sur le trottoir. Son mari, descendu pour lui ouvrir le portail, a hurlé : « Attention, tu aurais pu écraser un enfant ! »... Elle a accusé le coup, plutôt que son mari. Elle s'est interdit la colère. Seulement, depuis cet épisode elle n'a pas repris le volant. Elle ne montre d'elle que la petite fille impuissante et démunie qui a peur de conduire, peur d'être autonome, peur de s'affirmer... ce qui donne à son mari l'occasion de la protéger et de se sentir fort.

Les habitudes émotionnelles issues de l'enfance

La mère de Gisèle avait du mal avec la colère. Elle était très insécurisée par les rages de ses enfants, qui lui rappelaient celles de son père. La petite Gisèle a perçu très tôt que ses colères étaient menaçantes pour sa maman. Quand on a besoin de sa maman, on ne peut se permettre de la blesser, on va plutôt chercher à la réparer... Cette maman avait besoin d'être aimée et rassurée sur son pouvoir de mère... Alors quand Gisèle était frustrée, furieuse ou malheureuse, elle se réfugiait dans les bras de sa maman et tremblait de peur. Ainsi elle se rassurait sur la capacité de sa mère à la consoler et à rester entière (tandis que la colère risquait de la mettre en morceaux) et elle rassurait sa mère...

Nous construisons nos habitudes émotionnelles en fonction des émotions acceptées ou interdites par les parents, consciemment et surtout inconsciemment, des tabous et secrets familiaux, mais aussi de la place dans la fratrie. Il arrive que tous les enfants soient animés par la même tristesse ou la même rage familiale, mais, plus souvent, chaque enfant reçoit des interdits différents. Par exemple, l'aîné a le droit d'être triste : il s'enferme dans sa chambre pour lire tout seul ; mais la colère lui est interdite : « Sois gentil avec ton petit frère ! » Il n'a pas le droit non plus à la peur : « Tu es grand, montre l'exemple ! » Dans ces conditions, le cadet devient colérique. Et le petit dernier découvre vite que la peur lui attire un surcroît d'attention. La distribution des rôles est fonction de multitudes de données inconscientes.

Serge est l'aîné, et c'est lui le colérique. Il est aussi « méchant » que son petit frère est « adorable ». Il est tout aussi enfermé dans ce rôle de monsieur-bêtises, que son frère l'est dans la fonction du bon petit gars. Quand son frère est né, Serge s'est senti abandonné. Lui n'avait pas été désiré, encore moins accueilli, il avait déçu. Il était aussi brun que ce nouveau bébé était blond, aussi « braillard » que ce bébé était calme. Ce nouveau bébé comblait ses parents comme lui n'avait jamais pu le faire. Adulte, Serge se dispute avec tout le monde. Au commencement d'une relation, tout est rose. Il se montre gentil et prévenant, voire protecteur. Un jour ou l'autre, sans crier gare, les choses se gâtent. Serge s'énerve et casse la relation. On dirait qu'il a besoin des autres pour libérer ponctuellement une rage qui vient de loin. Quand il claque la porte, ses proches mettent ça sur le compte de sa susceptibilité. Comme il « part au quart de tour », personne n'ose plus rien lui dire. Tous sont attentifs à ne pas déclencher ses foudres. Par son agressivité, il prend le pouvoir sur l'autre, il contrôle son environnement, il détruit pour ne pas être détruit. Il se sent tellement insécurisé intérieurement qu'il ne peut se permettre de le laisser voir.

Un mot sur Christophe, le petit frère de Serge, il ne se

sépare pas de son Tranxène. Ses angoisses paralysent sa vie sociale et affective. N'ayant pas accès à ses sentiments de colère, il a bien du mal à s'affirmer dans la vie.

Utilisant la métaphore du racket mafieux vous offrant d'assurer votre sécurité en échange d'argent, l'analyse transactionnelle qualifie de « rackets » ces sentiments mis en avant pour en dissimuler d'autres tout en obtenant des gratifications de la part de l'entourage. On reconnaît un racket à son côté systématique et répétitif. C'est un sentiment ancien, non réactif à la situation présente, fondé sur un système de croyances, lequel est confirmé par des perceptions sélectives. Une personne peut être d'autant plus enfermée dans cette prison émotionnelle que les comportements de rackets lui apportent une illusoire sécurité. S'ils ne sont pas confortables, ils sont au moins familiers, donc sécurisants. Ils rendent les réactions des autres plus ou moins prévisibles. À ceci près que tous les gens que nous rencontrons dans le monde adulte ne réagissent pas forcément comme papa ou maman, ce qui nous stupéfie parfois.

Crises de nerfs et pâmoisons

Tout le groupe est réuni et, depuis une heure, travaille d'arrache-pied sur son sujet du jour. Soudain Jacqueline se jette à terre, elle étouffe. Le râle est déchirant. Les mains tétanisées, elle est en train de s'hyperventiler. Un des membres du groupe se précipite avec un sac en plastique pour lui faire respirer son propre gaz carbonique et ainsi diminuer l'apport d'oxygène. Jacqueline se calme bientôt, la crise est passée. Spasmophile, elle a le sentiment de ne pas avoir de contrôle sur les crises. Celles-ci surviennent n'importe quand et, plutôt gênant, le plus souvent en public.

Après analyse, Jacqueline observe que, chaque fois, une crise contient une émotion. Incapable de dire non, de s'opposer ou d'exprimer ses sentiments devant les autres, la moindre contrariété la fait suffoquer.

Hyperémotivité et débordements

Les « nerfs » se déchargent d'un trop-plein de tensions, mais l'émotion sous-jacente reste refoulée.

Ivana se met à pleurer dès qu'on lui reproche quelque chose... Ses enfants aimeraient parler avec elle de leur passé, ils ne peuvent même pas poser une question sur leur naissance ou l'âge de leurs premières dents, leur mère s'effondre en sanglots plaidant tout à la fois coupable : « Je ne fais jamais rien de bien ! » et non coupable : « Vous avez été des enfants heureux, ce n'est pas vrai, vous n'avez manqué de rien, vous étiez mieux lotis que les autres... » Elle assortit ses justifications de reproches sur leur ingratitude. Non seulement la discussion est impossible, mais elle obtient que ses enfants la consolent. Ceux-ci restent impuissants et frustrés. Entre elle et eux, leur mère dresse le mur de son hyperémotivité.

Les « crises de nerfs », accès de spasmophilie, crises de larmes, certaines crises d'asthme, ou les évanouissements, fuites dans l'inconscience, sont des défenses. La couche superficielle d'hypersensibilité masque les sentiments authentiques. Ce sont des rackets mis en place afin d'éviter d'affronter de trop violents affects.

Au-dessus de la carapace, l'hyperémotivité monte la garde. Les crises surviennent quand un détail perçu, une information, une image, une question... risque d'ébranler les protections et de réveiller les émotions enfouies. Les crises sont à la fois des tentatives de crier quelque chose que personne ne veut entendre... et de le taire en même temps.

Ces réactions apportent un bénéfice secondaire : le contrôle de l'entourage. Elles font peur ; les autres vous ménagent. Elles mettent autrui à distance et enferment les vraies émotions plus loin encore dans l'inconscient.

Le racket est un processus inconscient. Si les autres peuvent se sentir manipulés, la personne se manipule tout d'abord elle-même. Toutefois, il arrive que certains tirent un bénéfice conscient de leurs excès émotifs et du pouvoir qu'ils confèrent.

Quand le « racket » devient manipulation consciente

Henri en est venu à utiliser consciemment ses crises de colère pour aller retrouver sa maîtresse sans que personne se doute de rien et sans culpabilité. Sa stratégie est simple, il cherche une occasion de s'emporter contre sa femme. Un bouton décousu, une réflexion de trop, le plus petit désagrément est monté en épingle. Monsieur crie au scandale. Il claque la porte... et va rejoindre sa maîtresse. C'est sa femme qui se sent coupable de son départ, elle s'en veut d'avoir encore une fois provoqué une scène. Car elle croit Henri ; elle veut continuer de croire que c'est vraiment le bouton mal cousu qui a déclenché sa rage. Elle est de plus en plus soumise et attentive à ne pas blesser ou décevoir son mari... Ce qui ne fait qu'empirer la situation, parce qu'Henri est alors coincé par son jeu. Il lui en veut d'être trop gentille, trop soumise, ce qui l'oblige pour claquer la porte à s'emporter pour des choses de plus en plus futiles. Il va commencer à l'humilier. Il n'aurait pas voulu (consciemment) être si désobligeant envers elle... mais elle « l'oblige » à cela. Et puis on déteste ceux à qui on fait mal !

Le racket d'Henri est plus ou moins conscient. Il est emporté par son propre jeu au-delà de ce qu'il préméditait. Il ne fait pas semblant de se mettre en colère. Il se sent contraint, coincé, non pas par son mariage, comme il le dit parfois à sa femme, mais par le jeu qu'il a installé.

La jalousie, sentiment naturel ou « racket » ?

La jalousie est un sentiment naturel, mélange de peur, de douleur et de colère. Lorsqu'elle est tue trop longtemps, elle peut exploser en un flot émotionnel ingérable, mêlant amour et colère d'être ainsi traité, envie et jalousie parce que l'aimé donne son affection à un autre, humiliation et impuissance, rage et déception.

La jalousie est un racket quand elle surgit en dehors de toute tromperie, ou persiste sans raison objective.

Stef vient me voir désespéré, il est en dépression depuis que sa femme lui a confié qu'elle avait un ami. Oh, même pas un amant, ou pas encore, mais un homme à qui elle pouvait parler, un homme qui l'écoutait. Stef s'est senti trahi, le monde s'est écroulé, il ne s'en remet pas.

L'intensité des sentiments indique une origine plus lointaine que la situation actuelle. Il s'agit d'un racket. Stef découvre en thérapie qu'il utilise ses sentiments jaloux pour se cacher le vrai problème : sa vie est vide. Il a une femme, deux enfants, une belle maison... mais il est vide à l'intérieur. Depuis son mariage, il n'avait qu'une chose en tête : la maison. Il lui fallait gagner beaucoup d'argent pour s'installer confortablement. Plein de rancœur inconsciente contre cette situation qui l'oblige à pourvoir aux besoins familiaux, il en oubliait sa femme, ses enfants et lui-même. Il pensait s'occuper de lui en sortant avec des copains, le soir... Il prend conscience que ce n'était qu'illusion. Il se fuyait, fuyait aussi la confrontation avec sa femme. Aujourd'hui, il le voit. Il n'a jamais eu l'occasion d'être vraiment lui-même. Entre une mère autoritaire et peu affectueuse et un père absent, il a appris à se conformer, à obéir, à être le petit garçon gentil. Il ne connaît pas ses vrais besoins, parce qu'il n'a pas eu le droit d'en avoir. Il n'a jamais dit non à sa mère. Il ne sait pas bien qui il est.

N'ayant en tête que de gagner de l'argent pour construire sa maison, il a couru longtemps après un faux désir, un désir de sa mère. Une fois la maison construite, le programme terminé, que faire ? C'est alors que la catastrophe, au sens mathématique du terme, de point de rupture, l'a fait basculer.

Il a fallu cette déflagration émotionnelle dans un ciel uniformément gris et lourd pour qu'il voie enfin qu'il n'était pas heureux, sa femme non plus, et que son couple allait mal. Grâce à cette épreuve, il parle enfin avec sa femme, il l'écoute aussi, il tente de comprendre ce qui s'est passé.

Tout sentiment répétitif est racket. Comment s'en dégager ? En réapprenant à sentir et à exprimer nos émotions vraies.

12

« Je ne sais pas d'où ça vient ! »

Il nous arrive d'être surpris de l'intensité d'une émotion. L'affect déclenché est cohérent avec le déclencheur. C'est bien une menace qui provoque la peur ou une injustice qui suscite de la colère, ce n'est donc pas un racket. Mais quelque chose nous dit soit que cette émotion ne nous appartient pas, soit qu'elle est vraiment excessive et disproportionnée.

Différents processus psychiques sont à l'œuvre. Transmissions transgénérationnelles, « élastiques » ou resurgissements de notre histoire personnelle, phobies, déplacements d'affects, transferts et projections...

Quand la goutte d'eau fait déborder le vase

Muriel bataille dans sa vie de couple pour que Justin assume sa part de rangement et de ménage. Enfin, elle guerroie dans sa tête, car elle n'en parle jamais ouvertement avec lui. Elle lui a dit une fois, tout au début, son désir de le voir partager les tâches du quotidien, puis plus rien. Quand elle trouve une chaussette de Justin par terre, elle la ramasse avec ostentation mais en silence. À chaque défaillance de son compagnon, elle ajoute une rancœur à une liste déjà longue. Elle tient les comptes de qui fait quoi dans sa tête. Quand cela devient trop lourd, ou quand elle a accumulé suffisamment de ressentiment pour avoir l'énergie d'exploser, elle s'offre une crise. Un détail suffit alors à la déclencher. Justin juge ces scènes excessives. Il ne comprend pas : « Tu ne vas pas encore faire un plat parce que ma brosse à dents n'est pas dans un verre ! »

Entre les crises, elle fait payer Justin en monnaie affective (selon le terme de J. Kaufmann). Elle s'éloigne intérieurement de lui, devient silencieuse sur sa vie. Elle se refuse aux baisers dont Justin, très tendre, l'abreuve. Elle a moins envie de faire l'amour.

La scène fait sauter les verrous... Reproches et larmes s'entrechoquent. Les comportements critiqués au cours d'une crise ne sont pas pour autant pardonnés, ils restent notés au débit de l'autre, pour ressortir au besoin au prochain « règlement de comptes ».

Après les cris, Justin et Muriel se réconcilieront sur l'oreiller, entretenant l'illusion d'une météo sereine. L'orage est passé. Il reviendra, car les conditions de son explosion sont toujours là.

Quand on n'arrive pas à exprimer ses frustrations et ses besoins au fur et à mesure, le ressentiment se construit. Les non-dits et petites rancœurs s'accumulent, un beau jour la coupe est pleine. L'émotion exprimée est excessive, elle se déverse sans aucun pouvoir sur le problème.

Les crises incompréhensibles

Il arrive que nous éprouvions des affects sans savoir en identifier l'origine. On accuse la fatigue, l'accumulation de stress... Ces bouillonnements intérieurs semblent incompréhensibles, surgissent-ils vraiment de nulle part ?

Odile s'est emportée contre son mari dimanche dernier. Elle ne sait pas pourquoi. Je lui demande de me raconter les circonstances entourant son émotion.

Ils étaient partis en week-end avec des amis de son

époux. Tout s'était bien passé. Alors qu'ils fermaient la maison, elle s'est sentie exaspérée. Une clé mal rangée a servi de déclencheur, elle a libéré son courroux sur son mari... Je demande à Odile de me parler davantage de ce week-end, comment s'était-elle sentie ?

« Pas très à l'aise. Je n'avais rien à leur dire, je ne me suis pas intégrée. »

Odile s'était donc sentie exclue. Pourtant, à regarder de plus près, ils étaient plutôt accueillants. Elle aurait pu prendre sa place en plusieurs occasions pendant ce week-end, mais elle s'est retenue. Pourquoi ? Par timidité ? Non, par esprit de représailles !

Odile n'a pas confiance en elle. Elle a souvent du mal à parler de peur d'être inintéressante, de paraître insuffisamment cultivée, de ne pas savoir défendre son avis... Consciente, donc, de ses difficultés relationnelles, elle s'était préparée en vue de ce week-end. Connaissant la région, elle avait décidé d'utiliser ce biais pour entrer en relation avec ces amis. Elle leur ferait visiter le coin. Seulement, il y a eu un hic, les amis n'ont pas voulu sortir ! Ils ont préféré rester dans le jardin, et n'ont pas montré la moindre curiosité pour les balades qu'Odile proposait. Elle était très déçue, et n'a plus rien dit du week-end. Alors qu'ils fermaient la maison, la colère est montée, elle a injustement agressé son mari. Elle n'a jamais dit à ses amis pourquoi elle voulait tant les promener. Ils ne lui auraient probablement pas fermé la porte au nez, mais comment auraient-ils pu imaginer que se promener dans la région, ce n'était pas seulement visiter le coin, c'était rencontrer Odile !

Le cœur a ses raisons que la raison ne reconnaît pas toujours. Les émotions ne sont pas si irrationnelles qu'on veut le croire parfois. Décoder le sens de nos « sorties » intempestives peut nous éviter de gâcher nos relations proches.

Les pommes de terre chaudes

Nathalie Zadje a réalisé une très importante étude sur le vécu des enfants de rescapés des camps de concentration nazis. Dans son livre *Enfants de survivants*, elle rapporte l'histoire suivante : « Sylvie se perçoit comme une femme trop sensible, qui pleure pour un rien, et qui ressent le malheur des autres d'une façon envahissante pour elle-même. Elle est à l'écoute des autres et souffre du manque d'attention de la part de ses amis [1] »... La seule personne dont elle soit vraiment proche, c'est sa mère, Sarah, rescapée d'Auschwitz. Quarante ans après, Sarah fait encore des cauchemars et gémit la nuit. Sylvie admire énormément sa mère. Comme pour beaucoup d'enfants de survivants, l'histoire est encore présente... Elle cherche à trouver du sens, à mettre des mots sur son origine.

« Ma mère est une femme très forte et pleine de vie. Elle ne se laisse jamais aller, je ne l'ai jamais vue pleurer. »

Sylvie cherche des informations par tous les moyens, elle lit beaucoup de livres, voit tous les films qui sortent. Elle écoute Sarah, mais elle ne pose pas de questions. « Je n'ose pas l'interroger parce que j'ai peur que cela nous fasse mal à toutes les deux. » Sarah n'évoque le passé que par bribes. « Bien qu'ayant entendu parler de la déportation depuis toujours, Sylvie a l'impression de ne rien connaître. Comme si les paroles de sa mère ne constituaient pas un récit, ne possédaient pas de logique narrative. Dès lors, Sylvie reste pleine de peurs et d'images terrifiantes ; elle est elle-même terrifiée par des énigmes qu'elle ne parvient pas à contenir, auxquelles elle ne peut donner sens. Elle fait des cauchemars, comme sa mère, mais ne les a jamais racontés à personne. »

Sylvie se perçoit comme émotive et trop sensible. Son hyperémotivité est le reflet de celle de sa mère. Celle-ci ayant refoulé ses affects, Sylvie prend en charge leur expression.

L'horreur des camps était telle que la société entière a tenté de minimiser l'impact psychique de l'épreuve sur les survivants. Aucun accompagnement psychologique ne leur a été fourni, pas même la reconnaissance de ce qu'ils avaient vécu. Il a fallu des années et des années avant que l'histoire

---

1. *Enfants de survivants*, page 62.

vraie des gens ne commence à être entendue. Beaucoup de rescapés n'ont vu d'autre option que de refouler les émotions ressenties pendant cette période de leur vie. Mais ce qui est refoulé reste actif dans l'inconscient.

Et les enfants des bourreaux ? Ils vont mal. Les enfants des nazis portent le poids des sentiments de culpabilité que leurs parents n'ont pas voulu accepter. (*Naître coupable, naître victime*, Peter Sichrovsky.)

Le processus de transmission transgénérationnelle est reconnu par la plupart des écoles de psychothérapie. Il est très impressionnant par sa puissance. L'analyse transactionnelle lui a donné ce nom évocateur de « pomme de terre chaude ». À la manière d'une pomme de terre chaude qu'on se passe de main en main pour ne pas se brûler, les gens se repassent des émotions de génération en génération. La génération suivante ne peut gérer des émotions qui ne sont pas les siennes. Elle en est donc prisonnière, jusqu'à ce qu'elle identifie leur origine réelle.

Aujourd'hui, tout a été de travers pour vous. Ce matin vous avez raté le bus, l'ordinateur est tombé en panne, bref vous avez encaissé toute la journée. Vous espérez trouver chez vous un repos bien mérité... Comme par un fait exprès, vos enfants sont particulièrement énervés ; colères et pleurs ponctuent la soirée. Vos petits sont de véritables éponges. Ils perçoivent ces magmas d'émotions accumulées et sont incapables de prendre de la distance parce qu'ils ne savent pas les identifier... Eux n'ont pas vu le bus, le patron ou l'ordinateur, et vous ne leur avez pas parlé de vos émois. Tout au plus aurez-vous donné les faits, comme la mère de Sylvie a parlé sans parler. L'histoire extérieure n'est pas la plus importante. Celle dont les enfants ont besoin pour ne pas être englués dans nos affects, c'est l'histoire intérieure.

La seule façon de ne pas transmettre aux autres nos frustrations, rages, terreurs ou désespoirs, c'est de les partager !

Partager ne veut pas dire se confier en vue de recevoir d'eux du réconfort. Non, ce n'est pas leur rôle. Partager avec ses enfants, c'est simplement leur dévoiler notre vie intérieure, pour qu'ils s'y retrouvent, pour qu'ils puissent apprendre à faire la différence entre leurs propres émotions et les nôtres, et ne prennent pas ces dernières en charge.

Trop souvent, sous le prétexte de protéger les enfants, on ne leur dit rien des soucis, des troubles, des peurs qui nous occupent. Mais les enfants les perçoivent et, dans l'impossibilité de mettre des mots dessus, ils vont les prendre à leur compte. C'est ainsi qu'à votre grand étonnement, vous verrez vos enfants reproduire vos sentiments cachés. Les émotions que vous vivez quotidiennement, tout autant que celles que vous gardez en vous depuis votre plus tendre enfance. Ils vous montrent votre envers, ce que vous ne voulez pas montrer ou pas voir de vous. Et s'ils ne le font pas alors qu'ils sont enfants, craignez qu'ils ne le fassent une fois devenus adultes. C'est ainsi que vous les verrez tomber dans les mêmes ornières que vous, comme s'ils répétaient votre vie, alors même que vous avez peut-être tenté de faire avec eux le contraire de ce que vos parents avaient fait avec vous.

Adeline a beaucoup souffert de voir sa mère, Paula, trompée par son père. Paula pleurait souvent, impuissante à réagir. Plus tard, Adeline s'est mariée... son mari l'a trompée. Est-ce seulement le hasard ? Les femmes dont les mères ont été trompées acceptent de subir beaucoup plus que les autres. Il n'est pas toujours simple de se donner la permission d'être plus heureuse que sa maman et de se libérer du devoir de la soulager !

Les élastiques

Lorsqu'une émotion est disproportionnée par rapport au contexte, qu'elle soit excessive ou au contraire insuffisante, il est probable qu'elle ne concerne pas le présent mais réponde en fait à une situation ancienne non résolue. L'analyse transactionnelle nomme cette dynamique : **élastique**. Un événement actuel nous ramène, comme par un élastique, à une situation douloureuse du passé. Il est évidemment inutile d'exprimer le sentiment élastique, c'est une réaction

Hyperémotivité et débordements

adaptée aux circonstances passées et non au présent. L'émotion ancienne a besoin de s'extérioriser en relation avec l'événement d'alors.

Un soir, Églantine lit un livre à ses deux fils. Il est question d'un bébé abandonné par ses parents et recueilli par d'autres. À la grande stupéfaction de ses garçons très peu touchés par l'histoire, elle éclate en sanglots. Elle couche ses enfants, et tente de comprendre. Elle relit le livre, avec le même effet. Ce conte ravive sa propre histoire. Elle avait quatre ans, ses parents ont dû s'absenter plusieurs semaines pour accompagner sa sœur aînée dans un hôpital parisien à plus de cinq cents kilomètres de là. Confiée précipitamment à une femme qu'elle ne connaissait pas, elle s'est sentie très seule et abandonnée. Personne à l'époque n'a entendu sa détresse, personne ne s'est préoccupé de ce qu'elle ressentait. Pris par l'urgence et la gravité des problèmes de sa sœur, et de toute façon sourds en général à ses besoins, ses parents n'avaient pas de temps ni d'attention pour elle. Chaque fois qu'elle relisait ce petit livre d'enfant qui réveillait des émotions enfouies en elle depuis si longtemps, les larmes surgissaient.

En séance de thérapie, elle a pu extérioriser les hurlements de peur qui étaient restés en elle, laisser sourdre les lourds sanglots de désespoir, accéder à la colère contre ses parents qui lui avaient fait vivre cette tragédie, et n'avaient pas su écouter ses besoins légitimes.

Après cette décharge émotionnelle, et comprenant avec sa tête et sa distance d'adulte ce qu'elle n'avait pu comprendre alors, Églantine a repris le livre... et, avec plaisir et stupéfaction, l'a lu sans affect exagéré.

Un élastique s'installe quand une situation n'est pas « terminée ». L'émotion suscitée n'a pu être vécue, les affects n'ont pu être élaborés, le sens est resté en suspens, le processus de deuil a été interrompu.

Pour « détacher un élastique », il suffit de suivre le fil de l'émotion ressentie, en faisant défiler nos souvenirs jusqu'à la première fois où nous l'avons ressentie... mais pas exprimée. Une fois retrouvée la situation qui a suscité tant d'affects, on va la « guérir ». Il faut tout d'abord rouvrir la plaie pour mieux désinfecter ; sortir toutes les émotions qui n'ont pas été entendues ; puis refermer en mettant des mots sur ce vécu, en donnant du sens à ce qui s'est déroulé.

Susceptibilité

L'élastique n'est pas toujours accroché à un événement précis. Nous avons pu construire des habitudes comportementales, des croyances, en réaction à une ambiance, à une accumulation de petites remarques, à un fonctionnement familial quotidien et répétitif.

« Alors, on se la coule douce ? » David sirote un jus de fruits, confortablement installé dans une chaise longue. Cette remarque amicale, et somme toute anodine, le blesse pourtant profondément. Il se sent jugé par son copain, il culpabilise de ne pas avoir été vu en train de bêcher, planter ou désherber, bref de s'activer. L'ami, bien innocemment, a touché juste. Les parents de David ne manquaient pas une occasion de le traiter de fainéant. Il s'est senti « non conforme » pendant des années. Des reproches parentaux, il a déduit ne pas être le petit garçon attendu par ses parents. Il a trente-huit ans mais tout ce qui ressemble à un jugement le replonge dans cette enfance solitaire et incomprise.

Pour se libérer de cet élastique accroché au jugement, David doit dénoncer les reproches parentaux, comprendre que ceux-ci étaient injustes. Nous le verrons, la paresse est un équivalent de la dépression. Pour exister face à l'autorité de son père et à ses dénigrements incessants, David faisait tout simplement grève... David n'était pas « fainéant », il souffrait du manque de reconnaissance de son père. En considérant la souffrance et non le jugement, David peut aujourd'hui détacher l'élastique qui le ramène sans cesse à se sentir seul et incompris.

Transferts et projections

« Qu'est-ce que tu peux être pingre ! » Robert est très agressif avec Camille, sa belle-mère ; il l'accuse... de tout ce qu'il n'ose reprocher à sa propre mère. Camille ne comprend pas. Elle est très généreuse avec ses enfants, comme avec tout le monde d'ailleurs. Les insultes de Robert la blessent, mais elle encaisse sans rien dire. Elle ne veut pas faire de vagues. C'est pour cela que Robert l'a choisie pour se défouler. Il aime beaucoup sa belle-mère. Avec elle, il ose.

Que ce soit dans le couple ou dans l'entreprise, ceux qui nous entourent nous rappellent, par un détail, un trait commun ou un statut similaire, quelqu'un du passé. Nous attribuons aux gens d'aujourd'hui des caractéristiques appartenant aux gens du passé. C'est ainsi que nous nous retrouvons parfois à abîmer, voire détruire, des relations importantes pour nous. Nous déversons sur ceux en qui nous avons confiance les rancœurs et les sentiments issus de frustrations anciennes, mais indicibles aux personnages de notre enfance.

C'est le mécanisme du transfert. Trop souvent réduit à un sentiment d'amour envers son psychanalyste, le transfert est en réalité un processus complexe. Le patient projette sur son psy les images de son enfance, et ce d'autant plus facilement que celui-ci livre peu de lui-même. Il prête à l'analyste des sentiments, des pensées, des intentions, qui étaient celles (supposées) de ses parents (ou ses frères, sœurs, grands-parents...).

Le transfert n'est pas réservé aux psychanalyses, c'est un mécanisme psychique très répandu. Le transfert est une particularité de la projection. Il nous fait vivre dans un monde d'illusion et perturbe nos relations aux autres.

Stéphanie est infirmière. Voici ce qu'elle dit de sa surveillante : « Elle me déteste, elle me fait de l'ombre. En plus, elle porte le même prénom que ma sœur... Christiane a toujours été plus brillante que moi, elle est jolie, elle plaît à tout le monde, elle est à l'aise, moi je suis toujours à la traîne, je n'ose pas, je n'ai rien à dire, j'ai toujours été dans son ombre. »

Fantasmes paranoïdes

On peut se faire ses « paranos » tout seul (le mot parano est ici entendu dans son acception large de peur exagérée et paranoïde, de sentiment qu'autrui nous veut du mal. Il n'évoque pas le trouble paranoïaque, pathologie psychiatrique qui dépasse le cadre de cet ouvrage).

Christophe est un garçon gentil, plutôt timide et réservé. Mais quand il marche dans la rue, ou dès que son attention n'est pas occupée, des images de violence s'imposent à lui, des images isolées de couteaux, d'accidents, jusqu'à de véritables films. Poursuites, meurtres, incendies, Christophe a un imaginaire riche, mais les projections sur son écran intérieur incluent toujours beaucoup de sang et de drame. Il est parfois le héros courageux, mais plus souvent la victime molestée.

Tout un chacun voit se dérouler dans sa tête de multiples films, des scénarios divers mettant sa vie en images, ce sont les fantasmes. Les éléments de violence, les désirs agressifs sont en fait les nôtres, projetés sur autrui. Ce sont autant de reflets de nos émotions refoulées, de projections de nos propres affects, actuels ou passés. Ils servent tout à la fois à faire baisser la pression interne et à maintenir le déni.

Il est important de décoder ces bouteilles à la mer que nous envoie notre inconscient. **Derrière chaque fantasme paranoïde il y a une souffrance.**

Christophe a tant de rage en lui. Son enfance était un désert. Adolescent, il se rappelle être resté des heures allongé sur son lit à attendre que le temps passe. Jamais personne ne s'intéressait à lui. Pour tous, il était le garçon gentil. Ses sentiments d'impuissance et de rage ne s'exprimaient que dans les affiches qu'il collait sur les murs de sa chambre ou dans les musiques qu'il écoutait en poussant le volume à fond. Il était révolutionnaire, mais seulement dans la tête. Il n'a jamais osé militer. Il méprisait les adultes et particulièrement les riches. Il haïssait les gens. Aujourd'hui, quand Christophe rentre chez lui, il presse le pas. Il habite dans une cité. Il a peur de rencontrer une bande d'adolescents désœuvrés. Il craint leurs regards, leurs remarques, leur violence potentielle. Il leur prête la haine et le mépris qu'il avait lui-même adolescent. « Ils m'en veulent. » Christophe se met dans la tête de ces jeunes et leur attribue des pensées agressives.

Le nourrisson est naturellement égocentrique. En symbiose avec ce qui l'entoure, il est le centre du monde. Il n'est pas encore capable de se décentrer de lui-même et d'imaginer au comportement des autres une raison d'être en dehors de lui. Derrière l'égocentrisme de Christophe (il interprète les comportements des autres comme en relation à lui), il y a le besoin de se sentir important pour l'autre. Il a trop peu existé aux yeux de ses parents.

Reconnaître et accepter nos émotions véritables permet de cesser de projeter ainsi notre passé, nos affects, nos pensées, sur les autres, et d'avoir en conséquence des relations plus authentiques et plus riches.

Partager ses fantasmes paranoïdes, un exercice de grammaire relationnelle

Dès le début des années soixante-dix, Claude Steiner, un des pionniers de l'analyse transactionnelle, dirige des groupes de « grammaire relationnelle ». Assis en cercle, dans un cadre protecteur garanti par la promesse de confidentialité, les participants sont invités à formuler leurs sentiments et leurs fantasmes sur le mode suivant :
Quand... (situation ou action)
je me sens... (ressenti)
parce que j'ai le fantasme que tu...
       j'imagine que tu...
       j'ai l'impression que tu...

Chacun y va de son vécu : « J'ai peur de parler devant vous parce que je crois que vous allez me juger » / « Quand je parle et que tu regardes ailleurs, j'imagine que tu me trouves bête » / « Je suis en colère parce que tu m'as coupé la parole » / « Quand tu parles de cette fille, j'ai l'impression que tu cherches à me dire quelque chose sans oser me le dire en face, est-ce cela ? » / « Je te trouve très belle, et, quand je te vois, je me trouve moche alors je me sens jalouse. »

Cet exercice extrêmement simple est très difficile. Nous avons appris à taire nos émotions, nous n'aimons pas nous exposer en partageant nos fantasmes. Pourtant nous aurions bien besoin de vérifier auprès des autres nos « intuitions » ou nos certitudes. Nous n'en voyons pas la nécessité, tant nos projections paranoïdes confirment (bien naturellement puisque nous en sommes l'origine) nos idées négatives sur nous-mêmes. « Il me trouve bête, c'est normal, je n'ai jamais rien à dire, j'ai toujours été stupide. »

Il nous passe par la tête toutes sortes de choses irrationnelles... mais puissantes à saper notre moral.

Quels sont vos fantasmes paranoïdes ? Repérez-les et faites l'expérience de les exprimer.

« Quand tu sors sans rien me dire, je me sens désemparée parce que j'ai le fantasme que tu ne me trouves pas intéressant(e) et que tu en as marre de moi. »

« Quand tu pars dans ta chambre sans plus me regarder ni me parler, j'ai l'impression que j'ai dit quelque chose qu'il ne fallait pas. »

13

Évaluez votre quotient émotionnel

Le QE, quotient émotionnel, est la nouvelle clé du succès aux États-Unis. Ne le rangeons pas d'un revers de main en le classant phénomène de mode ou gadget américain. Sa naissance et son succès sont des indices d'une nouvelle conscience : la nécessité de développer notre potentiel humain. D'aucuns s'inquiéteront d'une utilisation abusive de tests quantifiant nos émotions. Il n'est pas question de mettre en chiffres ou de proposer une quelconque normalisation de nos vies émotionnelles. Le terme quotient émotionnel, faisant le pendant au fameux quotient intellectuel, est une astuce vendeuse. C'est un terme médiatique, et à comprendre comme tel. Le QI est très valorisé aux États-Unis. En France, il revêt moins d'importance que les diplômes (ce qui est loin d'être une meilleure sélection). Le concept de QE nous invite à prendre davantage en compte notre vie émotionnelle.

Cochez la ou les réponses qui vous semblent le plus proche de ce que vous vivez. Il n'y a pas de « correction », pas de chiffre associé à cette évaluation. Estimez vous-même votre position et les progrès que vous avez à réaliser. Ce test a pour but de vous permettre de vous poser des questions et de repérer vos progrès, non de vous classer dans une catégorie.

Il est, comme tout test, tout à fait réducteur ; additionner vos estimations pour chaque compétence n'aurait guère plus de sens que d'additionner le nombre de plantes vertes, de meubles, de livres, d'objets, de fruits et de légumes que vous avez chez vous.
Sur la flèche proposée après chaque question, déplacez le curseur en fonction de votre perception. Les flèches sont numérotées, elles seront rassemblées en fleur à la fin du test, de façon à vous permettre de vous faire une image visuelle de vos compétences en terme d'intelligence du cœur.

jamais   toujours

◊ **Vous êtes capable de rester conscient de votre respiration alors que vous poursuivez vos occupations :**
❑ toujours
❑ presque toujours
❑ parfois
❑ rarement
❑ jamais

1   jamais   toujours

◊ **Vous savez reconnaître en vous :**
❑ peur ❑ colère ❑ tristesse ❑ amour ❑ joie
❑ toutes vos émotions

2   aucune émotion   toutes mes émotions

◊ **Vous savez identifier le déclencheur de votre émotion :**
❑ toujours
❑ presque toujours
❑ parfois

❑ rarement
❑ jamais

3   jamais ⟶ toujours

◊ **Vous savez identifier les causes réelles de vos émotions :**
❑ toujours
❑ presque toujours
❑ parfois
❑ rarement
❑ jamais

4   jamais ⟶ toujours

◊ **Quand vous êtes triste :**
❑ je ne suis jamais triste
❑ je suis plutôt irascible, je me mets en colère pour des riens
❑ je m'enrhume
❑ je pleure tout(e) seul(e)
❑ je pleure dans les bras de quelqu'un qui peut m'écouter

5   jamais ⟶ je pleure dans les bras de quelqu'un

◊ **Quand quelque chose ne vous convient pas, vous le dites :**
❑ toujours
❑ presque toujours
❑ parfois
❑ rarement

❏ jamais

6   jamais ————————————————▶ toujours

◊ *Vous parlez de vos peurs profondes :*
❏ facilement et à tout le monde
❏ facilement mais à une ou à quelques personnes
❏ difficilement
❏ c'est impossible

7   impossible ————————————————▶ très facilement

◊ *Vous savez montrer votre joie : crier, rire, prendre dans les bras...*
❏ oui, facilement
❏ seulement avec certaines personnes
❏ je dis que je suis content(e), mais je ne suis pas démonstratif(ve)
❏ je suis gêné(e), je baisse les yeux
❏ pas du tout, alors je parle d'autre chose pour faire diversion

8   pas du tout ————————————————▶ oui, facilement

◊ *Pour mener à bien un travail, vous avez besoin qu'on vous stimule :*
❏ toujours
❏ presque toujours
❏ parfois
❏ rarement

Hyperémotivité et débordements

❏ jamais, je m'autodiscipline

9   *toujours* ——————————————▶ *jamais*

◊ *Il peut vous arriver de faire quelque chose qui va à l'encontre de votre estime de vous :*
❏ très souvent
❏ souvent
❏ parfois
❏ rarement
❏ jamais

10   *très souvent* ——————————————▶ *jamais*

◊ *Quand vous êtes seul de votre avis, en désaccord avec un groupe de personnes :*
❏ je ne suis jamais en désaccord
❏ je ne dis rien, je fais semblant d'être d'accord
❏ je ne dis rien pendant la réunion mais, dans les couloirs ou lors d'une pause, je vais exprimer mon désaccord à une personne que je connais mieux
❏ je deviens agressif, je peux les insulter
❏ je tente de les convaincre de mon point de vue
❏ j'écoute leurs idées et j'affirme les miennes

11   *je ne suis jamais en désaccord* ——————————————▶ *j'écoute et j'affirme mes idées*

◊ *Quand vous êtes face à une injustice*
❏ je passe mon chemin, je ne veux pas voir ça
❏ j'oublie vite, je me dis que c'est la vie, c'est triste mais on n'y peut rien

- ❏ je me sens triste et impuissant
- ❏ je suis en colère, j'en parle autour de moi
- ❏ je suis en colère et je tente de faire quelque chose

12 *je passe mon chemin* ⟶ *je suis en colère je tente d'agir*

◊ **Devant l'adversité, vous vous découragez :**
- ❏ très facilement
- ❏ assez facilement
- ❏ ça dépend
- ❏ pas facilement
- ❏ jamais

13 *très facilement* ⟶ *jamais*

◊ **Lorsque vous devez parler en public :**
- ❏ je suis paralysé de terreur et je recule
- ❏ je n'ai jamais le trac
- ❏ j'ai le trac et je prends sur moi
- ❏ je me dis que tout le monde a le trac et j'y vais
- ❏ j'accepte mon trac, j'en utilise l'énergie

14 *paralysé de terreur* — *jamais le trac* — *je prends sur moi* — *tout le monde est pareil* — *j'utilise le trac* ⟶

◊ **Quand un silence s'installe dans un groupe :**
- ❏ je ne supporte pas du tout, je fais n'importe quoi pour briser le silence
- ❏ je fais semblant d'être occupé à quelque chose

Hyperémotivité et débordements

❏ je suis mal à l'aise
❏ ça va, je laisse passer le temps
❏ je me sens bien, en communion avec les autres

15   *je ne supporte pas*   *je me sens en communion avec les autres* ⟶

◊ **Quand tout le monde est énervé, vous vous énervez aussi :**
❏ toujours
❏ presque toujours
❏ parfois
❏ rarement
❏ jamais, je sais résister à la contagion émotionnelle

16   *toujours*   *jamais* ⟶

◊ **Vous parlez de vous :**
❏ facilement et à toutes sortes de gens
❏ assez facilement mais seulement à certaines personnes
❏ je raconte ce qui m'arrive mais sans évoquer mon ressenti
❏ seulement quand je suis à mon avantage
❏ jamais

17   *jamais*   *toujours* ⟶

◊ **Vous dites bonjour :**
❏ machinalement, je suis indifférent
❏ si on me tend la main
❏ en cachant mes mains moites

❑ pour prendre le pouvoir, être le premier
❑ avec retenue
❑ avec chaleur, joie et empathie

18   indifférent   mal à l'aise   à l'aise   chaleureux et accueillant ⟶

◊ **Vous savez dire quelques mots gentils au guichetier :**
❑ toujours
❑ presque toujours
❑ parfois
❑ rarement
❑ jamais

19   jamais   toujours ⟶

◊ **Vous savez dire « Je t'aime » :**
❑ jamais
❑ rarement
❑ parfois
❑ presque toujours
❑ toujours

20   jamais   toujours ⟶

◊ **Si vous vous sentez intimidé devant quelqu'un :**
❑ je reste en retrait et silencieux
❑ je reste en retrait et le critique dans son dos
❑ je l'agresse

Hyperémotivité et débordements

❏ je prends sur moi, je vais le voir en tentant de dissimuler mes tensions
❏ je profite de cette occasion pour aller soigner l'enfant honteux en moi, après quoi je ne suis plus intimidé. J'ai confiance en moi et j'entre en contact facilement.

21   *je reste*   *je*   *j'agresse*   *je*   *je soigne*
     en   *critique*   *prends*   *l'enfant*
     retrait   *sur moi* *en moi et*
                                       et vais *vais*
                                       vers lui *vers lui*

(la flèche va dans le sens du contact progressif établi avec l'autre)

◊ **Vous recevez un compliment :**
❏ vous l'ignorez
❏ vous vous demandez ce que ça cache
❏ vous minimisez
❏ vous vous sentez redevable et faites un compliment en retour
❏ vous le recevez
❏ vous le recevez et remerciez

22   *vous l'ignorez*   *vous le recevez*
                                   et remerciez

◊ **Vous savez demander ce dont vous avez besoin :**
❏ toujours
❏ presque toujours
❏ parfois
❏ rarement
❏ jamais

23   *jamais*   *toujours*

◊ *Vous savez dire non à ce qui ne vous convient pas :*
❑ toujours
❑ presque toujours
❑ parfois
❑ rarement
❑ jamais

24 *jamais* → *toujours*

◊ *Quand vous êtes en conflit :*
❑ je fuis le problème
❑ je me soumets ou je cherche à dominer
❑ je vais chercher un médiateur
❑ je négocie

25 *je fuis* → *je négocie*

◊ *Vous avez conscience de l'effet de vos comportements sur les autres*
❑ toujours
❑ presque toujours
❑ parfois
❑ rarement
❑ jamais

26 *jamais* → *toujours*

◊ *Vous savez vous décentrer de votre propre point de vue et vous mettre à la place de l'autre*
❑ toujours
❑ presque toujours
❑ parfois

❏ rarement
❏ jamais

27 jamais ──────────────────► toujours

◊ *Quand on vous agresse :*
❏ je me sens systématiquement coupable
❏ je peux être violent
❏ je suis en colère et je le dis
❏ je ne dis rien, je passe mon chemin
❏ je tente de comprendre ce qui a amené la personne à m'agresser ainsi, je réagis avec empathie

28 je me sens coupable ──────────────────► je réagis avec empathie

◊ *Je sais identifier ce que les autres ressentent :*
❏ toujours
❏ presque toujours
❏ parfois
❏ rarement
❏ jamais

29 jamais ──────────────────► toujours

◊ *Quand vous écoutez autrui, vous ne pouvez vous empêcher de lui donner des conseils :*
❏ toujours
❏ presque toujours
❏ parfois

❑ rarement
❑ jamais

30   *toujours*   *jamais*
     ────────────────────────────────▶

◊ ***Quand quelqu'un pleure :***
❑ c'est intolérable, je sors de la pièce
❑ je cherche à le distraire
❑ je ne peux m'empêcher de pleurer aussi
❑ je cherche à le consoler
❑ je reste simplement à l'écoute de son émotion, en l'accompagnant dans mon cœur

31   *c'est intolérable*   *je l'accompagne*
     ────────────────────────────────▶

◊ ***Quand vous êtes amené à travailler en équipe :***
❑ j'évite le travail d'équipe
❑ j'ai tendance à m'isoler
❑ je suis le groupe, je me conforme à la majorité
❑ j'ai peur, mais je participe
❑ je prends des initiatives, je participe franchement, je coopère avec toute l'équipe

32   *j'évite*   *je coopère*
     ────────────────────────────────▶

Un quotient émotionnel ne peut se réduire à un chiffre, faites-vous une image de vos forces et de vos faiblesses en rassemblant en fleur les flèches ci-dessus. Reliez les curseurs :

Hyperémotivité et débordements   123

Voici un exemple de ce que
vous obtiendrez :

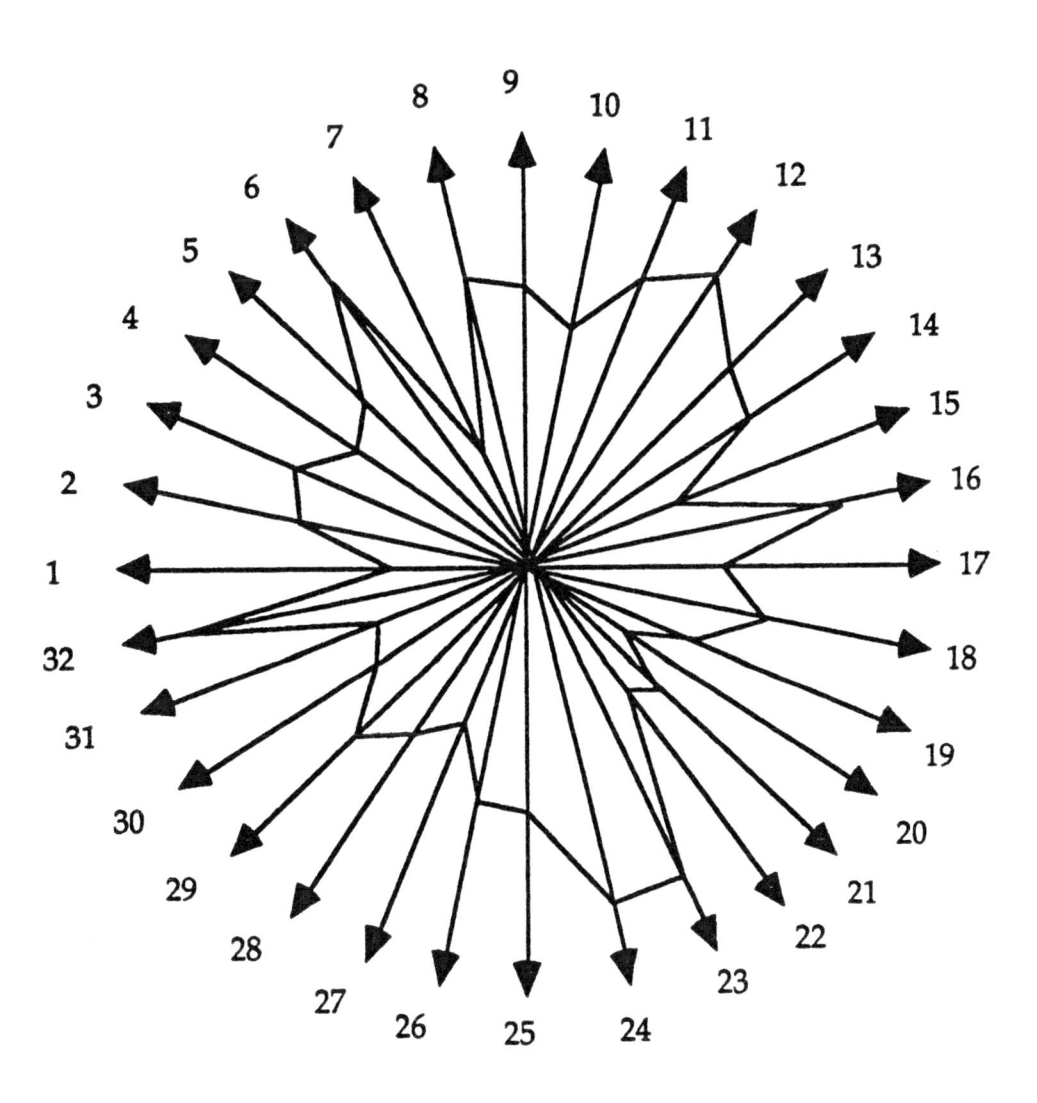

124 L'intelligence du cœur

Reportez vos curseurs sur cette rosace vierge, et reliez-les :

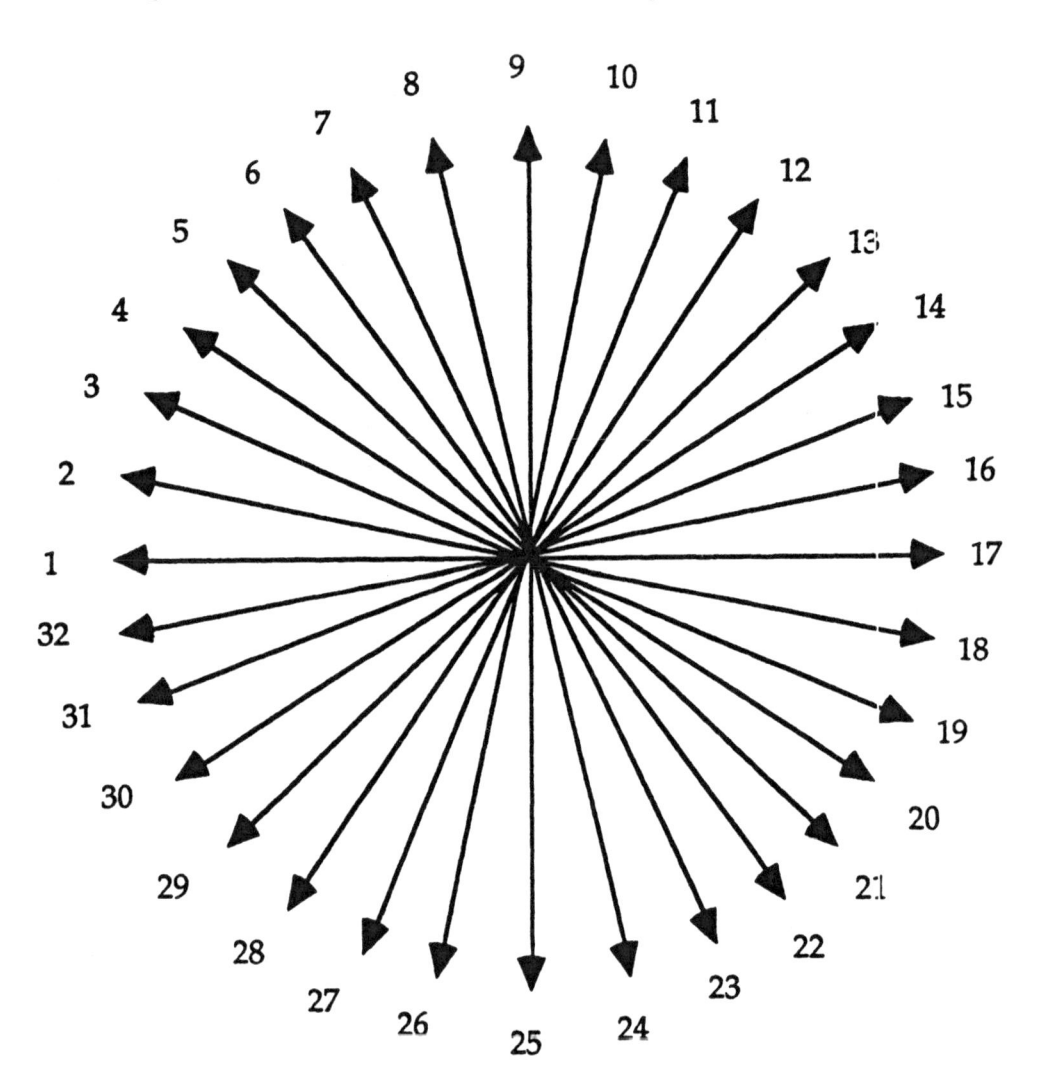

Observez vos richesses, quels sont vos atouts en matière de relation?
Repérez-vous des zones par trop étrécies dans votre personnalité?
Au vu de vos résultats, quelles compétences émotionnelles ou relationnelles désirez-vous développer?

Voici quelques repères :
Les flèches de 1 à 4 reflètent votre conscience de vous ;
De 5 à 8, elles mesurent vos facilités d'expression émotionnelle ;
de 9 à 13, elles disent votre niveau d'autonomie ;
de 14 à 17, votre confiance en vous ;
de 18 à 25, votre attitude face à autrui ;
de 26 à 31 votre capacité à écouter, à accueillir l'autre ;
et 32 explicite votre aptitude à évoluer en groupe.
Cela dit, ces séparations sont arbitraires, utilisez cette rosace comme un jeu. L'objectif de ce test est de vous amener à réfléchir sur vous-même en vous posant les questions, et non de vous évaluer.
Analysez les pointes, que disent-elles de votre façon d'être? Dans les résultats de notre sujet exemple, les plus hautes pointes sont sur les flèches 6, 11, 12, 16, 23, 24, et 32, toutes des réactions de l'ordre de la colère. Yvan a effectivement tendance à se montrer irascible, il s'extériorise facilement, il s'affirme. En revanche, il évite de sentir sa vulnérabilité et de la laisser voir aux autres, ce qui altère ses relations. Ses résultats les plus bas sont aux questions 1, 7, 15, 20, il n'est pas en contact avec lui-même, ne sait ni montrer ses peurs, ni rester en silence, ni surtout dire « Je t'aime ». Sa colère dissimule sa peur de l'intimité.

LES MULTIPLES VISAGES
DE LA PEUR

14

Face au risque

Pauline est allée chercher les vaches dans le pré avec sa petite sœur. Leur père a oublié de leur dire que le taureau y était. Elles passent la clôture et s'avancent vers les bovins. Le taureau les voit... et charge. La petite sœur a le temps de fuir et de se glisser hors du champ. Pauline, non. Elle se jette à terre et s'immobilise. Elle a six ans. Elle ne réfléchit pas, elle ne sait pas pourquoi elle fait ça, sa peur lui dicte le seul comportement qui peut la sauver. Le taureau s'arrête, la flaire. Pauline est paralysée par la terreur. Elle restera là jusqu'à ce que sa petite sœur soit allée chercher leur père.

La peur est la réaction de l'organisme face au danger. Elle sonne l'alerte dans l'organisme et mobilise nos ressources pour faire face à l'adversité. En état d'éveil maximal, le cerveau analyse la situation en croisant les multiples données. Il organise notre protection et choisit la meilleure attitude : fuir, combattre ou faire le mort.

Dans certaines situations, la peur démultiplie nos capacités. Nombre de comédiens disent avoir besoin du trac pour jouer intensément. Les athlètes offrent le meilleur d'eux-mêmes dans les compétitions, alors que le stress est au maximum. Pourquoi certains d'entre nous ratent-ils leurs examens ? bégaient en public ? sont paralysés devant un saut dans le vide, un rendez-vous amoureux ou un coup de fil pour annuler un dîner ?

Nous interprétons négativement nos battements cardiaques, nos mains moites et l'envie de courir... Nous cherchons à contrôler, nous usons notre énergie à tenter de réprimer notre effarement.

Même dans des situations de danger extrême, la peur (à condition de n'être ni majorée ni minorée) reste la meilleure conseillère. Malgré les idées communément admises, et relayées par le cinéma, ceux qui s'en sortent le mieux ne sont pas ceux qui se blindent, mais ceux qui écoutent leurs affects. Les volontaires des P.B.I., Brigades de Paix Internationales, s'engagent dans des pays en conflit où les droits de l'homme sont bafoués. Ils ne sont pas armés, ils ne prennent pas parti. Leur objectif ? Protéger des vies humaines, éviter l'escalade de la violence par leur simple présence. Leur rôle est d'être là, de regarder, de témoigner de ce qu'ils voient. Parce qu'il est bien plus difficile de commettre des exactions devant témoins, ils protègent par leur présence pacifique et non-violente. Malgré l'accord préalable des gouvernements, le danger est toujours très grand, et plusieurs volontaires sont morts. Jean-Jacques Samuel appartient aux P.B.I. Il a participé à une mission au Salvador. Il nous parle de son vécu : « Sans la peur, il n'y aurait pas de lutte. » Il forme des militants : « Il faut reconnaître, accepter d'avoir peur, sans se prendre pour un lâche, ni essayer en vain d'avoir l'air d'un héros. Sur cette base, il faut considérer la situation telle qu'elle est, sans se laisser entraîner par la pensée et l'imaginaire jusqu'à se couper du réel. Un moyen efficace peut être tout simplement de respirer consciemment. »

Les militants d'organisations populaires salvadoriennes sont aussi soumis en permanence au risque de torture et d'assassinat. Ils disent que la crainte favorise l'élaboration d'une tactique efficace. Car connaître sa propre peur permet de sentir celle de l'autre. Non pas de la fantasmer, ou de l'imaginer, mais de la voir, de la percevoir dans l'être réel en face de soi.

À condition de lui faire confiance, sans la minimiser ou en rajouter, la peur peut nous sauver la vie.

Les alpinistes décrivent cet état second dans lequel ils entrent lorsqu'ils passent des crevasses particulièrement dangereuses, lorsque le moindre faux pas peut être fatal.

Toutes les peurs sont-elles justifiées ? Il paraît inutile et bloquant d'être effrayé par son patron, de craindre le jugement, le qu'en-dira-t-on, l'avion, les souris et autres araignées. Un effroi excessif ou déplacé est un « élastique » ou un « racket », l'émotion n'est alors pas à ressentir ou exprimer mais à déraciner, en écoutant le traumatisme ancien ou l'affect sous-jacent.

Maîtriser la peur du danger

« Soyez dans vos doigts, dans vos mains, dans vos jambes, dans votre corps et avec le rocher ! » Le guide nous a entraînés dans une ascension de nuit, pour que le « mental » n'ait rien à se mettre sous la dent. L'impression est magique. C'est ma toute première grimpe. Moi d'ordinaire si peu téméraire, je me coule sur la paroi avec une aisance étonnante. Il fait bien trop noir pour que je puisse voir le vide en dessous de moi. Je n'ai que le contact de la roche sous mes doigts pour m'informer. **Le toucher calme la peur.**

Le trac ressenti devant un public est à transformer de la même façon. Le danger n'est pas réel, personne ne va vous dévorer. Mais le trac est tout de même adaptatif ; pour discourir devant cinquante ou deux cents personnes, il faut davantage de puissance que pour parler à son voisin. Sans trac, votre énergie risque d'être insuffisante pour passer votre message avec brio. Les grands orateurs, les acteurs, les chanteurs, y puisent un plus énergétique qui nourrit leur charisme. Le trac est bloquant quand, interprété négativement, nous cherchons à le contrôler, à le dissimuler. L'énergie expansive qu'il fournit en vue de l'action n'est alors pas utilisée, et l'énergie psychique utilisée par les tentatives de répression et de contrôle est telle que vous êtes « pompé ». Le trac est une ressource, ou plutôt une mise à disposition de vos ressources. Restez en vous, sentez le contact de vos pieds sur le sol. Prenez éventuellement un objet en main, ne le manipulez surtout pas. Contentez-vous de ressentir les sensations qu'il vous procure dans les doigts, dans la paume. Et maintenez-vous en contact avec votre public, ne laissez pas votre imagination s'égarer à interpréter ce que les gens qui vous écoutent peuvent penser... Regardez-les, appuyez-vous sur leurs regards pour parler. Soyez actif, soyez celui qui regarde plutôt que celui qui est regardé.

La peur anticipatoire

Bernard se réveille dans une chambre toute blanche, un bruit continu d'appareil électrique qu'il n'identifie pas berce son sommeil. Il tente un mouvement, la douleur le cloue sur place. Il cherche une sonnette. « J'ai mal », dit-il à l'infirmière qui apparaît à la porte. L'anesthésie s'estompe, Bernard n'a pas prévu d'avoir mal, il se sent démuni. « Ça va bien se passer », avait pourtant dit le docteur ! Bernard est entré en toute confiance à la clinique. Il n'a pas éprouvé le besoin de poser de questions au chirurgien. « Je lui fais une confiance totale, je n'ai aucune crainte, une petite semaine et voilà », avait-il dit à sa sœur qui s'étonnait de son peu de curiosité. Trois semaines plus tard, Bernard est toujours en clinique. Des complications postopératoires ont nécessité une réintervention, il a développé une surinfection, souffre beaucoup et a perdu confiance en son médecin.

Dans la chambre voisine, Émilie se remet. Pleine d'appréhension avant l'opération, elle a rencontré plusieurs fois le chirurgien pour lui poser toutes sortes de questions. En entrant au bloc, elle connaissait tout du déroulement prévu de l'intervention. Au réveil, elle s'est sentie rassurée de reconnaître les impressions anticipées. Grâce au travail préparatoire, à ses questions, elle se trouvait en terrain connu. La douleur fait moins mal quand on peut l'identifier, la nommer, en connaître les sources.

Le personnel soignant le constate au quotidien, des études systématiques l'ont confirmé, les malades montrant de la peur avant l'opération (quand cela ne dépasse pas certaines limites bien sûr) se remettent mieux et plus vite. Ceux qui « font confiance » restent passifs, ils attendent tout des soignants... et sont déçus si la douleur leur rappelle que leur corps leur appartient. **Anticiper permet de se préparer.**

Anxiété face à l'épreuve ou au changement

Un examen, un concours, une épreuve sportive, un déménagement, un licenciement, un nouveau travail, un rendez-vous important, une rencontre amoureuse... Le risque est psychologique, il n'en est pas moins présent. L'angoisse du futur semble être une émotion spécifiquement humaine ; elle est inhérente à la conscience de l'avenir, à la capacité de se représenter des possibles. Se tromper, faillir, échouer, ne pas savoir faire face, ne pas être apprécié, sont des peurs bien naturelles de tout un chacun.

Il y a une part normale d'anxiété devant les perspectives ouvertes par l'incertitude du futur. Ce qui permet de l'assumer, de la tolérer en soi sans être désireux de la supprimer à tout prix par des cachets, une cigarette ou un verre de vin, c'est la sécurité intérieure, la confiance en soi.

On me téléphone un vendredi soir pour me demander de participer à une émission de télévision le lundi suivant. Je ne suis jamais passée à la télévision. J'accepte bien sûr, une telle occasion ne se refuse pas, mais je suis terrifiée. J'ai deux jours pour me préparer. Tout d'abord faire le tri. En vrac je fais la liste. J'ai peur de :
1) ne pas savoir répondre,
2) ne pas être compétente,
3) dire des bêtises,
4) paraître idiote,
5) être nulle,
6) bégayer,
7) ne pas arriver à construire des phrases élégantes,
8) ne pas savoir quoi dire.
À chaque peur, son antidote.

1) Pour savoir répondre, j'ai besoin d'informations. Je me mets au travail et étudie mon sujet. Je réfléchis aux questions qu'on peut me poser, construis mon savoir, c'est-à-dire que j'élabore les informations à ma disposition pour en faire un ensemble cohérent et être capable de faire face aux diverses demandes de mes interlocuteurs.

2) Je me souviens de plusieurs situations dans lesquelles j'ai été oppressée par cette même peur d'être incompétente... et qui se sont révélées positives.

3) Face à la peur de dire des bêtises... je fais un travail intérieur d'acceptation de moi. Personne n'est à l'abri d'un faux pas. C'est un tout premier passage à la télévision, j'ai droit à l'indulgence.

Le samedi soir, j'appelle une amie, elle aussi invitée sur le plateau. Elle rit et me dit : « Non, je n'ai pas peur du tout, il n'y a pas de quoi, c'est une toute petite émission, diffusée un lundi matin à dix heures, personne ne nous regardera, ne t'en fais pas. » C'est sa stratégie, elle minimise l'affaire. Je continue mon travail intérieur. Mentalement, je m'imagine assise sous les projecteurs, devant les caméras. Je me vois parler avec les invités présents et conserver toutes mes compétences (2).

La peur de bégayer (6), de donner une pauvre image de moi (4), revient à ma crainte d'être jugée nulle.

Le sentiment d'être nulle vient de ma petite enfance. Mes frères me répétaient si souvent « T'es nulle » que, oublieuse de leurs raisons de me traiter ainsi (se protéger de l'envie envers une sœur aînée et donc forcément plus avancée qu'eux), je les croyais. Pour contrebalancer ce sentiment, il me faut faire le compte de mes ressources. Je recense mes succès et analyse mes échecs. Puis je vais voir la petite fille que j'étais et lui raconte ma vie. Je lui explique pourquoi elle se sent nulle et inintéressante, et combien c'est injustifié. Je lui donne de l'amour et de la confiance.

Le dimanche soir, je rappelle mon amie. Elle rit de mes préoccupations : « Tu as toujours la frousse ? Moi pas du tout, d'ailleurs je prends un Tranxène. J'ai eu le présentateur au téléphone, il m'a confié qu'il allait en prendre toute une boîte ! » Elle ne veut toujours pas reconnaître sa propre anxiété. Pour le présentateur, cette émission, la première d'une nouvelle série, constitue certes un enjeu, mais c'est un professionnel connu et reconnu. Il prend aussi du Tranxène ? On se fait parfois des idées sur les autres.

Finalement, devant les caméras, mon amie est restée figée sur son siège. Très tendue, elle avait du mal à sourire. Le présentateur était surexcité, sa tension s'exprimait par tous les pores de sa peau. Une fois sur le plateau, j'étais prête, relax... presque trop par rapport au stress ambiant ! Ma prestation n'a pas été excellente, mais elle a été bonne.

Plus tard, j'ai visionné l'enregistrement. Pour ne pas me critiquer, je me suis branchée sur mon cœur plutôt que sur ma tête, et j'ai regardé plusieurs fois de suite le film, avec tendresse, jusqu'à ce que je m'accepte totalement avec mes imperfections langagières ou d'attitudes. Avoir l'indulgence de l'intelligence du cœur face à soi-même n'est pas si facile !

Les étapes pour affronter l'anxiété anticipatoire

1. Reconnaissez votre peur, acceptez-la.
2. Parlez-en, partagez-la.
3. Décodez : de quels sentiments cette peur est-elle composée ?
4. Allez à la recherche de toute l'information dont vous pouvez avoir besoin.
5. Donnez-vous de la réassurance, remémorez-vous vos succès, faites la liste de vos qualités, aimez-vous. Parlez-vous avec respect et tendresse. Allez voir l'enfant en vous, guérissez-le.
6. Demandez un contact physique à quelqu'un. Si l'autre se tient dans votre dos et pose ses mains sur vos épaules, vous sentez la chaleur de sa poitrine et de son ventre dans votre dos. Il est derrière vous, vous pouvez faire face, il vous soutient. Mémorisez la sensation pour mieux la transporter avec vous lors de votre « épreuve ».

7. Laissez-vous de l'espace pour anticiper positivement. Voyez la scène, regardez-vous agir, vous comporter et être comme vous le désirez.

8. Agissez en gardant la conscience de votre idéal, de votre anticipation positive et du soutien de la personne que vous avez choisie.

9. Une fois le passage traversé, le succès obtenu et la peur dépassée, remémorez-vous celui que vous étiez précédemment. Voyez-vous avant le saut ou l'examen, dans la peur. Et dans votre peau d'aujourd'hui, partagez vos sentiments de fierté avec celui que vous étiez hier.

Cette neuvième étape est fondamentale pour avoir de moins en moins peur dans la vie, pour engranger des ressources positives et prendre confiance en soi.

De la peur au désir

Cinq heures du matin, quelqu'un frappe à la porte de ma chambre d'hôtel : « Debout, c'est l'heure. » Aujourd'hui c'est le grand jour : le saut à la corde du haut d'un pont. Douze personnes décidées à dépasser la peur et à se jeter, encordées, dans le vide à quarante mètres au-dessus du sol. La préparation a été sérieuse, progressive. Le premier jour, divers exercices ont testé notre confiance mutuelle. Le deuxième jour a été consacré à la préparation de l'ascension de nuit (précédemment décrite). Le troisième jour est arrivé. Nous marchons près d'une heure pour arriver sur le lieu du saut. L'angoisse monte en moi. J'ai peur des hauteurs, j'ai toujours haï les balancements et je déteste plus que tout perdre le contrôle, or il s'agit de se jeter dans le vide... et de laisser le travail à la gravité. Notre guide nous fait constater l'absence de danger. Quatre grosses cordes sont fixées en haut du pont, pas question de remettre sa vie à un unique élastique. Des cordes neuves sont utilisées pour chaque groupe. Si trois d'entre elles venaient à rompre, il en resterait encore une quatrième ! Pour plus de sécurité, deux sont arrimées en bas et deux autres sont maintenues par des

Les multiples visages de la peur

membres du groupe. Aucun à-coup n'est à redouter, le corps projeté dans le vide entre dans un mouvement de balancier. Après des aller et retour sous le pont, vous vous immobilisez à quelques mètres du sol. Vous êtes alors descendu et déposé à terre. Côté sécurité, pas de problème.

Après plusieurs échauffements, le guide demande : « Qui veut commencer ? » Les images se bousculent dans ma tête... Ma décision est prise, je m'avance vers le guide et lui annonce : « Je ne sauterai pas, j'ai peur. » Le guide est déçu, mais il accepte mon refus. Je descends sous le pont pour regarder les autres plonger dans le vide. Certains hurlent à la mort, et se posent en tremblant. D'autres serrent les mâchoires. Je me blottis dans les bras d'un ami. Il a aussi peur que moi, et lui aussi a décidé de ne pas sauter. Je lui demande simplement de mettre ses bras autour de mon corps et de me dire des choses gentilles. Peu à peu je m'affermis. Je continue de regarder les autres se jeter de là-haut. Moins préoccupée par ma peur, je peux observer. Chacun fait une expérience différente, et tous sont fiers d'avoir osé. Peu à peu je sens monter en moi le désir de sauter. Oui, le **désir plutôt que le défi !** Parce que j'ai **refusé le défi,** parce que je me suis donné la **permission** d'être moi, je ne suis plus sous pression. Je peux sentir monter en moi **l'anticipation d'un plaisir.**

Je monte alors sur le pont, me harnache, m'encorde et je saute... Après une milliseconde de panique liée à la perte des repères, je ressens vraiment un grand plaisir.

Dans notre monde de compétition, beaucoup ne se motivent qu'à coups de défis. Il leur faut des challenges ; mais les défis entretiennent beaucoup de tensions et de stress. La motivation est cherchée à l'extérieur parce qu'elle n'est plus à l'intérieur. Nous oublions que l'homme aime aller de l'avant, découvrir et même travailler. La croyance « Si je ne me force pas, je ne ferais rien » nous plonge dans une dynamique d'obligation qui nous coupe toute envie d'agir...

On dit que, derrière la crainte, il y a un désir. Cette phrase est souvent mal comprise ; avoir peur de son patron signifierait qu'on a envie de faire l'amour avec lui, appréhender de parler en public dissimulerait une envie d'être regardé... Non, mais en se libérant de la peur, on accède au désir. En levant la contrainte du « il faut », on peut sentir le « j'ai envie ».

Accompagner la peur de l'autre

Comment aider quelqu'un qui a peur ? Respectez son émoi. Ne tournez jamais la crainte en ridicule. Écoutez, sans chercher de solution. Ne tentez pas de le raisonner ou de lui donner des conseils. Ne cherchez pas à le rassurer, à lui enlever sa frayeur, laissez-le tout d'abord la vivre. Son premier besoin est de se sentir accepté avec son émotion. Faites confiance à ses capacités à trouver ses propres solutions. Ensuite, à l'aide de la reformulation et de questions ouvertes, aidez-le à mettre des mots sur ce qu'il ressent. La parole permet de se distancier de l'émotion brute. En les formulant, il prendra conscience des ressorts de son angoisse. Touchez sa main, son épaule... Puis, si vous êtes suffisamment intime, proposez-lui de vous positionner quelques minutes derrière son dos pour lui donner le soutien qui lui est nécessaire.

Proposez-lui de vous décrire le futur, tel qu'il l'imagine, jusqu'à ce que les images soient positives et qu'il se sente vraiment en confiance.

15

Timidité et peurs sociales

Parler en public, que ce soit pour faire un exposé, poser des questions au conférencier ou donner son avis en réunion, est une peur avouée par plus de la moitié des Français. Quoi de plus logique quand on pense à notre système scolaire ! La timidité est un trouble très répandu. Il y a les timorés, comme moi, et les faux timides. Ceux-là se dissimulent derrière une façade joviale, n'ont apparemment peur de rien ni de personne et se rassurent en donnant des conseils aux autres.

La timidité est répandue parce que la honte l'est, même si elle n'est pas toujours identifiée comme telle. La honte de soi est souvent reléguée dans l'inconscient. Elle se dissimule à coup sûr derrière l'agressivité ; les crises de rage permettent de mettre les autres à distance pour qu'ils ne découvrent pas notre secret. Elle est certainement présente à l'envers du T-shirt : « Je suis le meilleur », et derrière toute confiance en soi trop fortement affichée.

Tous les timides ont en commun un sentiment de honte fondamentale issu de l'enfance.

J'avais vingt ans quand une copine d'école m'a confrontée au vide de ma vie. « Tu es morte », m'a-t-elle asséné sans ménagement. Dur à entendre, mais vrai. Je ne sortais pas, ne voyais personne. Plongée dans les livres, j'étudiais. En sus de mes cours à l'université, je me passionnais pour la biologie, la chimie et l'astrophysique. J'accumulais des connaissances sur le vivant, mais j'évitais les gens. J'étais très mal à l'aise dans les contacts humains.

Cette nuit-là, je n'ai pas beaucoup dormi. Mais au petit matin ma décision était prise, j'allais vivre! Je me suis préparée à affronter une rentrée universitaire différente. Pourquoi avoir si peur des autres?

Une image négative

Je réfléchis. Je me vivais « moche, conne et idiote ». L'étais-je vraiment? D'où me venaient ces idées? Je cherchais en moi. C'était le jugement de mes frères plus jeunes. Mes frangins ne pouvaient pas être objectifs. Ils se défendaient de moi comme ils le pouvaient. Mais, tout au long de ces vingt années, j'avais accumulé nombre d'expériences négatives me prouvant que « décidément » je n'intéressais pas les autres. Je regardais chacune de ces situations. Les dés étaient pipés. En effet, convaincue que j'étais bête et inintéressante, je ne me mettais pas en avant! Je prenais peu la parole. Et quand je le faisais, je tentais d'étaler ma science pour me valoriser aux yeux d'autrui... Cette attitude était mal vécue, au lycée notamment. Le décalage entre moi et les autres était trop grand. Ils passaient leur temps à se réunir au café pendant que je lisais. Ils se moquaient de « l'intello », ce que j'entendais comme « la conne ». Bref, j'étais dans un circuit autorenforçant; mes croyances négatives sur moi entraînaient des comportements de retrait ou de surinvestissement du mental. Les autres réagissaient en me tenant à l'écart, en se moquant, en me dénigrant... Ce qui me confirmait dans mes croyances de départ.

Le jour de la rentrée, je décidai d'arriver largement en avance. J'entrai dans la bibliothèque, avisai un étudiant, pris mon courage à deux mains et m'avançai vers lui. Mon cœur battait mais je lui parlai. Le matin, je méditais pour me donner de la force. Le soir, je pleurais pour évacuer mes tensions. Huit jours plus tard, j'avais autour de moi un petit groupe d'amis. Après m'avoir présenté une copine, une étudiante a prononcé cette phrase banale, mais si forte pour moi : « Myriam t'a trouvée très sympa. »

Depuis, j'ai continué à prendre confiance en moi. Je suis progressivement devenue plus à l'aise dans les situations interpersonnelles ou de groupe. Aujourd'hui, j'anime des groupes et donne des conférences avec un immense plaisir. Quand je regarde des photos de moi adolescente, je mesure la distance parcourue. Je regarde cette jolie fille que j'étais sans le savoir et je lui transmets mentalement la confiance que j'ai acquise.

Quelles croyances vous enferment ? Nos croyances dirigent nos comportements. Les autres réagissent à nos attitudes et nous confirment dans nos idées. Toute croyance sur soi ou sur les autres est autorenforçante. On s'en libère en comprenant l'origine de la croyance, en la mettant en doute, et en modifiant nos comportements. Nous sommes celui que nous décidons d'être et non pas seulement celui que nous avons eu l'habitude d'être.

Êtes-vous libre de vous montrer tel que vous êtes ? Pouvez-vous, sans être inhibé, conduire, marcher, travailler, danser, jouer de la musique sous le regard de quelqu'un ?

Ceux qui ont eu la chance d'être regardés, appréciés et valorisés par leurs parents — et leurs frères et sœurs — alors qu'ils étaient petits peuvent ressentir du plaisir à être observés ; ils n'en marcheront, n'en conduiront, n'en travailleront, n'en danseront que mieux... Les autres se sentiront gauches, feront des erreurs ou s'arrêteront dans leur activité.

Pour guérir de la timidité, réparons le passé, donnons-nous intérieurement l'acceptation inconditionnelle dont nous avons besoin. Et osons faire face à nos émotions en allant vers les autres.

Phobies sociales

Êtes-vous toujours à l'aise pour rencontrer de nouvelles personnes ? manifester votre intérêt comme votre désaccord ? montrer vos sentiments ? dire « Je t'aime » ? Savez-vous demander un service à votre voisin ? dans un restaurant, renvoyer un plat ?

On nomme phobie sociale une peur persistante et irrationnelle devant une situation sociale. Peur d'être observé, d'être ridicule, de se conduire d'une façon humiliante ou embarrassante, ces peurs sont reconnues par celui qui les vit comme excessives, mais il ne peut les contrôler. Ces peurs le mènent à éviter autant que possible les situations qui les suscitent. Tout sujet à phobie sociale a peur que les autres ne s'aperçoivent de son trouble, et il le dissimule autant que possible par des rationalisations plus ou moins crédibles.

Adolescente, Caroline avait peur d'entrer dans les « jeanneries » et autres boutiques de vêtements de jeunes. Elle était intimidée par les vendeurs et vendeuses, jeunes et beaux. Elle craignait par-dessus tout qu'ils ne rient d'elle, qu'ils ne se moquent de son corps. Elle appréhendait aussi de ne pas savoir leur résister et d'acheter n'importe quoi, tant elle était incapable de dire non, d'affirmer ses goûts et ses désirs. Elle n'en parlait pas et disait à qui voulait l'entendre qu'elle n'aimait pas ce style de vêtements et achetait de préférence dans les grands magasins.

Peur de l'autre... ou de soi ? La honte

Rémi préfère les grandes surfaces, pour ne pas avoir à parler avec les commerçants. Il ne supporte pas les phrases toutes faites qu'on échange en se faisant servir. Il dit mépriser les banalités. En réalité, il ne sait pas quoi dire. Il juge inintéressants ces rituels mais, au fond, c'est lui qui se sent inintéressant.

En revanche, Marion est très à l'aise dans ces échanges légers. Pour elle, c'est après que ça se gâte. Dès qu'elle devient plus intime avec quelqu'un, elle a peur de le décevoir : « Il va se rendre compte que je ne suis pas celle qu'il croyait. » Malgré son désir de fonder une famille, elle met régulièrement un terme prématuré à ses aventures, de peur qu'on ne la découvre.

Comme Rémi, Marion a honte de sa personne. Mais d'où vient qu'elle se sente indigne d'être aimée ? Elle ne comprend pas, ni son père ni sa mère ne l'ont jamais dévalorisée. Rémi a été sans cesse exposé à des critiques, elle non.

Replongeant dans le vécu de son enfance, Marion se souvient que personne ne se préoccupait jamais de ce qu'elle ressentait. Sa mère lui laissait peu d'autonomie. Elle décidait ce qu'elle devait manger, ce qu'elle devait mettre, quand elle devait jouer dehors ou dans sa chambre... et ce jusqu'à l'adolescence. Marion a appris qu'elle n'avait pas le droit d'avoir des désirs propres. Puisqu'on ne la respectait pas, elle en a déduit qu'elle n'était pas respectable. Puisqu'on ne l'écoutait pas, elle en a déduit qu'elle était inintéressante.

La honte mène à l'isolement. Quand on a honte, on a envie de se cacher, de disparaître. On ne veut pas en parler, pourtant, c'est cela même qui permettra de s'en libérer. Parler serait pour Marion la première désobéissance à sa mère, une marque d'autonomie.

Dans un groupe de thérapie, une femme évoque son enfance pauvre à la campagne. Ses parents étaient agriculteurs ; chez elle, c'était sale, il y avait peu de meubles, pas de belle vaisselle. Elle avait honte d'eux, elle évitait d'en parler et n'invitait jamais ses copines chez elle. Elle enviait les familles riches... Une autre femme du groupe prend alors la parole : « Mes parents étaient riches, j'avais tout ce que je voulais, des tonnes de jouets, de beaux vêtements... on avait une très belle maison, de beaux meubles, de beaux tapis, des tableaux au mur... et j'avais honte d'eux. Je n'invitais personne chez moi, je ne voulais pas que les autres voient mes parents. » Tous les enfants pauvres n'ont pas honte de leurs parents, tous les enfants riches non plus. En réalité, ce n'est pas du statut social, de la saleté, ou de la laideur du mobilier que les enfants ont honte, mais du manque affectif. On n'a pas honte de ses parents quand on peut parler de ces choses avec eux, jouer, rire, pleurer et partager.

Le sentiment de culpabilité

Qui se sent coupable, la victime d'un vol ou le voleur ? La victime du viol ou l'abuseur ? La petite fille abusée ou le père incestueux ? La mère attentive à ses enfants ou la mère maltraitante? Partout c'est la même histoire, **la victime se sent coupable**. Le vrai coupable, lui, n'accède pas au sentiment de culpabilité. Un sentiment de culpabilité sain est la marque de l'attention au vécu d'autrui. Son absence permet le passage à l'acte violent. Les criminels, au moment de commettre leur méfait, refusent de ressentir ce que peut vivre leur victime. Autrement leur geste serait interrompu.

Pourquoi les victimes se sentent-elles coupables? C'est injustifié. Leur sentiment de culpabilité est fait du retour sur soi de la colère ressentie, mais inexprimable, envers l'agresseur, et de la honte d'avoir été fragile et agressé, d'avoir été humilié.

Quand une victime accède à la fureur d'avoir été molestée, elle ne ressent ni honte, ni culpabilité déplacée. Elle peut projeter sa colère sur le coupable, le laisser porter la honte.

Ce n'est pas facile quand dans son enfance on a intégré la honte et la culpabilité comme des parties de soi.

Lorsqu'une frustration est imposée à un enfant, lorsqu'une blessure, une offense lui est faite, il est naturel et sain qu'il montre sa rage. Si, comme c'est souvent le cas, les adultes n'acceptent pas cette colère, ne l'écoutent pas et pis lui disent qu'ils lui ont fait mal « pour son bien » et qu'il leur doit reconnaissance, l'enfant est contraint de considérer ses parents comme bons. Il devient donc évident que c'est lui qui est mauvais. Ce que d'ailleurs les adultes, ses parents, mais aussi ses professeurs, renforcent en lui disant : « Tu es méchant, insupportable, infernal... » Pour l'enfant c'est clair, lorsqu'il est frustré, lorsque ses besoins ou désirs ne sont pas entendus, il est inutile de dire sa contrariété, c'est lui qui est mauvais. La honte prend son origine dans ce retournement contre soi du vécu de la frustration. Puisque les adultes dont il dépend ne le trouvent pas digne d'être écouté, respecté, aimé, il intègre un sentiment d'indignité.

Précisons les mots. La honte implique l'idée d'un défaut dans l'être, la conscience que quelque chose ne va pas en soi. Dans la culpabilité, quelque chose ne va pas dans mes comportements. J'ai fait quelque chose de mal, j'ai transgressé une règle, une loi, j'ai peur de la punition. Dans le langage courant, les deux mots sont fréquemment employés l'un pour l'autre.

Le sentiment de culpabilité comme défense

Le sentiment de culpabilité peut aussi être utilisé comme moyen de défense contre d'autres affects plus intenses et intolérables. C'est un racket fréquent.

Catherine a un cancer du foie. Évoquant sa maladie elle dit : « Je me sens coupable, je poignarde ma mère, elle aurait pu finir sa vie en paix... » Catherine fuit la souffrance intérieure en se mettant dans la tête des autres. Au lieu de se dire « Je suis malheureuse », elle dit : « Je rends les autres malheureux. » Lorsque je la confronte à cette distorsion, elle me rétorque :

« Mais alors, je vais pleurer tout le temps.
— Si tu pleures, tu crains de ne plus pouvoir t'arrêter ?
— Oui.
— C'est vrai qu'il y a sans doute beaucoup de larmes en toi. Mais pleurer est la seule façon d'être authentiquement en contact avec toi-même, donc la seule chance de ramener ta force à l'intérieur de toi. Derrière les sanglots, il y a ta puissance, tu en as besoin. »

Pleurer ne convient pas à l'image que Catherine se fait d'elle-même, une femme forte et parfaite en tout point. Une image à laquelle elle tient d'autant plus qu'elle tente de contrebalancer son image intérieure de honte d'elle-même.

Pour se libérer des sentiments irrationnels de honte et de culpabilité :

1. Reconnaître la ou les frustrations, voire la perte, qui peuvent être à l'origine du vécu coupable ou honteux.
2. Exprimer les émotions.

Quand on est en contact avec ses émotions vraies, quand on exprime ce que l'on sent au profond de soi, la honte n'a plus de prise.

La terreur dans le sang

Certaines personnes ont été si abîmées dans leur enfance que toute leur vie sociale en est inhibée. La peur, l'épouvante marquent toute leur vie relationnelle.

La maltraitance est encore trop peu reconnue. Lorsque les victimes en parlent, leurs interlocuteurs cherchent souvent à les faire taire : « Oublie, vis ta vie, détache-toi... ta mère a fait ce qu'elle a pu, à ton âge il faut pardonner... » Même des psychothérapeutes abondent parfois dans ce sens, enfermant la personne encore plus profondément en elle.

Ces hommes et ces femmes se sont construits avec la peur. Ils l'ont toujours connue. Enfants frappés, mutilés, mais aussi ignorés, humiliés, rabaissés, ou tellement envahis qu'ils n'ont pas eu la permission d'être eux-mêmes, ils ont intégré la terreur, la violence et l'indifférence d'autrui comme des éléments normaux de leur vie.

Certains restent paralysés d'effroi toute leur vie. Quelques-uns en ont conscience, d'autres non. Ceux-là vivent à petit régime, choisissent toujours la voie de la sécurité dans leur existence ou deviennent alcooliques ou toxicomanes, s'anesthésient pour ne pas sentir le vide et l'horreur.

Leur besoin premier est d'être entendus, crus dans leurs souffrances incroyables. Eux-mêmes ont parfois du mal à se fier à leur vécu. Ils s'en veulent de ne pas être capables « comme les autres » de tirer un trait sur leur enfance. Tout ce que vous tentez de construire sur une base branlante sera précaire. Pour redonner des fondements solides, il faut avec patience éclairer le passé, le comprendre, mettre des mots sur l'indicible et l'épouvantable. Il faut autoriser la personne à crier sa souffrance, lui donner d'être entendue, pour que l'enfant en elle ne croie pas que c'est sa faute, qu'il est méchant, qu'il n'est pas celui que ses parents attendaient, qu'il est bête, laid ou fou.

16

Angoisses et phobies

Phobies, angoisse, anxiété, crises de panique, troubles obsessionnels compulsifs et état de stress post-traumatique appartiennent à la même classe des « troubles anxieux ». Tous ces troubles recouvrent cependant des réalités individuelles très disparates.

Certains vivent dans un état d'anxiété généralisée, appréhendent en permanence le pire. Ils sont tendus, se plaignent de douleurs musculaires et de problèmes digestifs. Fatigués, ils sont pourtant incapables de se détendre, ils dorment mal. D'autres réservent leur angoisse à des situations spécifiques : dormir avec quelqu'un ou la porte ouverte, s'affirmer, demander, sortir... Certains tentent de dissimuler leurs peurs. Battements des paupières intempestifs, tics, transpiration, mains froides ou moites, les trahissent. D'autres encore ne ressentent tout simplement pas l'angoisse, ils l'ont enterrée. Si ce n'est qu'ils ne peuvent s'arrêter de s'occuper, travaillent tard, se rongent les ongles, grignotent ou fument. La nuit, ils ronflent. Personne ne les dirait angoissés. Eux-mêmes n'en sont pas conscients.

De l'anxiété à l'angoisse

Il n'y a pas de différence clairement établie par les professionnels entre anxiété et angoisse. Cependant, l'usage semble réserver le terme d'angoisse à une anxiété paroxystique accompagnée de troubles physiques. Anxiété et angoisse s'inscrivent donc dans un continuum.

Une certaine anxiété avant un examen, avant une épreuve, un changement important ou face à un avenir incertain est naturelle et utile, nous l'avons vu. Elle devient pathologique quand elle est excessive, déplacée ou s'installe de façon chronique. L'anxiété est en ceci différente de la peur que son objet est vague et inconsistant. Ce n'est plus tant une émotion avec un déclencheur, un début, un déroulement et une fin, qu'une humeur qui s'installe et colore le vécu. La disparition du danger calme la peur, mais pas l'angoisse.

Sensation d'étouffement, palpitations cardiaques, bouffées de chaud et froid, fourmillements, tête vide, transpiration, mains moites, peur de mourir, Guillaume a des crises incoercibles. Elles surgissent quand il cherche à s'affirmer.

L'angoisse est un mélange d'émotions. Elle se développe lorsqu'il y a opposition entre deux parties de soi, l'une qui tente de se conformer pour être aimée, et l'autre qui cherche l'autonomie. Le conflit s'installe devant l'impossibilité de satisfaire simultanément les besoins de sécurité et de liberté, de protection et de création. En d'autres termes, l'angoisse est le reflet d'une ambivalence ingérable : une peur et un désir ; une peur et une colère ou encore entre deux désirs contradictoires...

Ne se laisse piéger dans ce genre de conflit que celui qui n'a pu construire un sentiment solide de sécurité intérieure.

L'angoisse est évidemment d'intensité très variable. Elle est différente dans son vécu — angoisse d'anéantissement, de morcellement, de dévoration, de destruction, de castration, d'infériorité — en fonction de l'âge auquel les émotions ont été bloquées, et de la nature du traumatisme. Car elle est déclenchée par des événements d'aujourd'hui, mais prend racine dans l'enfance. Les pires angoisses sont suscitées par la séparation, l'indifférence parentale, l'abandon ou l'obligatoire soumission à des parents violents, méprisants, sexuellement abuseurs, et/ou eux-mêmes très angoissés.

Cependant aucun petit d'homme ne peut faire l'économie des traversées d'angoisse qui jalonnent son développement. Chaque étape vers l'autonomie, dire non, marcher tout seul, aller à l'école... marque un éloignement de sa maman. Les séparations, le partage obligé par la naissance d'un petit frère, font partie de sa croissance. Il apprend à juguler ses angoisses grâce à l'amour inconditionnel de ses parents.

Quelques stratégies pour maîtriser l'angoisse

1. Respirez !
Il est impossible de ressentir la peur quand on respire profondément en étant détendu. Installez-vous confortablement, la poitrine bien ouverte, inspirez calmement jusque dans votre bas-ventre. La peur est associée à un état de tension et à une respiration accélérée.

L'expression d'une peur inappropriée est inutile, elle ne peut que renforcer l'angoisse. Mieux vaut donc éviter de crier, trembler et pleurer. Prenez plutôt un papier et un crayon et dessinez, écrivez tout ce qui vous passe par la tête.

2. Derrière l'angoisse, cherchez la colère. Vivriez-vous en ce moment frustration ou injustice ? Auriez-vous du ressentiment contre quelqu'un ? Il peut s'agir de la réactivation d'une colère ancienne.

Faites ce que probablement vous avez le moins envie de faire à ce moment-là, tapez avec vos poings sur des coussins disposés à vos côtés.

3. Exprimez encore et toujours : écrivez, peignez, dessinez, sculptez, jouez de votre instrument de musique préféré, chantez... créez !

L'acte créatif, l'expression de soi, libère de la pression anxieuse. Claire se surprend à écrire de superbes poèm' elle ne se savait pas ce talent. À un certain moment de sa psychothérapie, alors que l'angoisse l'étreignait et la réveillait la nuit, des vers résonnaient dans sa tête, elle a pris un crayon et a couché sur le papier les mots, les émotions, qui lui venaient. Elle ne redevenait sereine que lorsque le poème était écrit. D'autres se mettent à peindre, à dessiner ou expriment sur des tapisseries leurs affects refoulés.

Les peintres, les musiciens, les écrivains parlent de l'angoisse qui précède, et pour d'autres préside à, l'acte créatif. Comme si l'énergie s'accumulait, se construisait, avant de prendre forme et d'aboutir dans une création.

4. Pour vous calmer, comptez vos respirations de 1 à 10, et recommencez. Évacuez les pensées parasites, restez attentif au comptage.

5. Pour vaincre l'angoisse liée à une situation spécifique, au cours d'une relaxation, visualisez-vous avec toutes vos ressources.

6. Pour vous libérer d'une angoisse plus profonde, allez voir l'enfant que vous étiez, rassurez-le, aimez-le.

Phobies

Il existe trois grands types de phobie : les phobies sociales dont nous avons déjà traité, l'agoraphobie, et les phobies simples, focalisées sur un objet, souvent un animal, une hauteur ou un espace clos.

L'agoraphobie est une peur panique des places publiques. Endroits bondés d'où on ne peut s'échapper (transports en commun, foules, grands magasins), lieux isolés où l'on craint de ne pouvoir trouver de secours (tunnels, ponts, ascenseurs). Dans un désir d'éviter les situations de panique, l'agoraphobe réduit peu à peu le périmètre de ses sorties, et cherche à se faire accompagner. Le trouble peut s'aggraver jusqu'à obliger la personne à rester confinée chez elle et à ne pouvoir sortir qu'en compagnie d'une personne proche, souvent la mère.

Ce n'est peut-être pas un hasard si l'agoraphobie survient fréquemment vers vingt ans, à l'âge de l'autonomie. Elle semble être associée à une séparation dans l'enfance, une perte soudaine qui n'aurait pu être gérée. La peur de perdre de nouveau rend très dépendant. Les agoraphobes ont du mal à s'affirmer, à dire non à leurs parents. À la fin de l'adolescence, la perspective d'une vie indépendante réactive les sentiments de panique liés à la perte subie trop tôt et sans accompagnement émotionnel. À cela s'ajoute une rage terrible contre le parent coupable de cet abandon précoce. Cette colère reste indicible, de peur de perdre de nouveau cette personne dont on a tant besoin. Une façon de faire « payer » la personne est de l'obliger à nous accompagner partout, de peser de tout son poids, pour vérifier l'importance qu'on a pour elle et se venger par la même occasion du préjudice subi. Une personne de substitution peut être élue, le conjoint plutôt que la mère, par exemple.

La situation de l'agoraphobe est d'autant plus complexe que le parent choisi pour l'accompagner est souvent très fusionnel, ayant lui-même des besoins affectifs inassouvis. Le gain affectif de celui-là, c'est l'agoraphobe qui porte la totalité de la « maladie », cependant il s'agit d'un trouble « à deux ». L'accompagnant tire des bénéfices inconscients de cette situation de dépendance de son protégé : il n'est pas confronté à sa solitude, il se sent utile aujourd'hui et s'en sert pour se déculpabiliser de l'abandon ancien. Certains se dissimulent ainsi leur propre anxiété, en protégeant quelqu'un qui a plus peur qu'eux.

Pour se libérer de ses terreurs, l'agoraphobe a besoin de se guérir de son angoisse de séparation (et pour cela, il doit la reconnaître), d'exprimer les émotions refoulées d'angoisse, de fureur et de tristesse, et d'apprendre progressivement à s'affirmer comme une personne indépendante.

Peur des espaces clos, des avions, des ascenseurs, ou phobies du dentiste, des microbes, des serpents, des araignées, du sang... Les objets des phobies sont multiples, mais le processus reste similaire. Il s'agit soit d'un « élastique » pur, soit d'un « élastique » associé à une substitution d'affect (ce que nous avons appelé racket).

Julie a la phobie des araignées. Elle se souvient. Petite, elle devait avoir quatre ans, elle regardait à la télévision un documentaire sur les animaux de Frédéric Rossif. Elle était sur le canapé, sa mère faisait tranquillement la vaisselle à deux pas de là. Sur l'écran apparut un gros plan d'araignée. Les pattes noires et velues bougeaient comme si elles allaient sortir de l'image. Julie regardait, fascinée, terrorisée, n'osant hurler. Elle est restée devant le poste. Elle n'a rien dit à sa mère, qui ne lui a d'ailleurs rien demandé. Mais depuis, les araignées les plus inoffensives lui rappellent ce sentiment de terreur sur le canapé; son corps réagit avant même qu'elle ne réfléchisse; elle se fige et ne respire plus.

La phobie de Julie est un simple **élastique**; un objet d'aujourd'hui, ressemblant à un objet d'hier, réveille des émotions du passé.

Lucie a la phobie de conduire une voiture. Elle se paralyse avec l'idée qu'elle risquerait d'écraser quelqu'un. En fait, elle associe l'idée de conduire avec l'autonomie, un espace que sa mère n'a jamais eu. Conduire, c'est sortir du rôle classique de la femme, celui dans lequel sa mère est restée toute sa vie. Conduire, c'est dire non à maman et la dépasser. Lucie est incapable de remettre sa mère en cause, de s'affirmer face à elle. C'est symboliquement vrai, si elle conduisait, elle pourrait écraser sa mère ! L'émotion réprimée de Lucie est la colère. Cette colère est irrecevable, elle la transforme en peur et la déplace sur une action : conduire une voiture. Son psychisme n'a pas choisi cette phobie au hasard. Selon son habitude (et son art, il faut le dire) il montre tout en dissimulant. La phobie de Lucie est une métaphore de son conflit.

Pour que l'émotion indicible reste bien dissimulée dans l'inconscient, le travail de camouflage est double : un déplacement, projection sur un objet ou une action, plus une substitution.

Différentes techniques peuvent être employées pour guérir d'une phobie :

1. Une option est de revenir mentalement à la situation d'origine et de la modifier en apportant soutien et confiance

à l'enfant que nous étions. Dorothée était phobique des animaux morts. Petite, son frère agitait devant elle des pattes de faisans fraîchement tués. Elle était terrifiée, son frère se moquait de sa peur... Depuis, elle ne peut faire cuire du poisson autrement qu'en filet ! En se replaçant petite fille, elle s'est vue s'affirmer face à son frère.

2. Bernadette avait la phobie des souris. Elle ne se remémorait pas d'événement spécifique à l'origine de sa terreur. Je me suis installée à son côté pour lui conférer un sentiment de sécurité et lui ai proposé de visualiser une souris à l'autre bout de la pièce. Je l'ai invitée ensuite à modifier la couleur de l'animal, ainsi que sa taille. Après l'avoir vue verte, rose, et parée de tous les dégradés de bleu ; après l'avoir rendue minuscule, microscopique puis géante à volonté, fait reculer ou avancer à son gré, elle a repris conscience de son pouvoir sur la souris... Elle est repartie avec des doutes sur l'efficacité d'une technique si simple... et est revenue un mois plus tard lors de la deuxième session du stage en nous racontant son aventure de la veille. Elle s'était trouvée nez à nez avec une jolie souris grise dans son jardin. À sa grande stupéfaction, au lieu de se sauver, la souris est restée un long moment immobile sur le chemin à la regarder. Comme pour tester sa nouvelle confiance ! nous a dit Bernadette, qui n'a pas eu peur un instant.

3. Avec Sara, j'ai utilisé un autre stratagème, un outil de kinésiologie, pour l'aider à se débarrasser de sa terreur des ascenseurs. Vous trouverez cette technique dans le livre très clair du Dr Roger Callahan, *Cinq minutes pour traiter vos phobies*.

La guérison des phobies complexes et notamment de l'agoraphobie peut demander (ou permettre) une réorganisation de la personnalité. Les phobies simples, ou « élastiques », sont aujourd'hui faciles à guérir. Il est dommage que cette connaissance ne soit pas plus répandue et que tant de gens continuent d'en souffrir alors qu'il suffit réellement de quelques minutes pour s'en dégager.

17

Chocs et traumatismes

Paris, métro Saint-Michel, le 25 juillet 1995. Une violente déflagration, du sang partout, des corps à terre, des cris, des hurlements. C'est la stupeur, le choc, l'horreur. Une bombe, posée par un terroriste, vient de sauter. Bilan, sept morts, un huitième qui décédera quatre mois plus tard, deux cents blessés... et combien de traumatisés ? Un hôpital a ouvert ses portes pour l'écoute psychologique de ces témoins impuissants, violemment perturbés dans leur équilibre émotionnel.
 Inondations, tremblements de terre, éruptions volcaniques, incendies, désastres naturels, guerres, violences de tous ordres vous transforment à jamais. Dans les équipes de premiers secours, il y a maintenant des psy, chargés d'accompagner les gens dans leur détresse. Du point de vue psychique, les désastres occasionnés par d'autres humains sont plus difficiles à gérer que ceux imposés par la nature. Perdre une jambe en sautant sur une mine antipersonnel est plus dur à vivre que de perdre la même jambe dans une avalanche. Le sentiment d'injustice s'ajoute à la détresse de la perte. Être impliqué dans une guerre, interné dans un camp de concentration, être victime de torture, d'un assaut criminel, d'un viol, occasionnent des chocs graves. Le travail psychique d'intégration est maintenant reconnu et il existe des psychologues spécialement formés en victimologie, une spé-

cialité universitaire donnant lieu à diplôme. Il faut dépasser la sidération, puis arriver à revivre, à repartir, à reconstruire.

Le traumatisme ne se réduit pas à un événement ponctuel dépassant les capacités émotionnelles de la personne. La terreur éducative, la maltraitance banale répétée jour après jour provoquent de semblables dégâts psychiques.

Les symptômes de choc traumatique sont variés. Il est fréquent que les victimes ne reconnaissent pas d'emblée le lien entre l'événement traumatique et leurs troubles d'aujourd'hui. D'autant que ceux-ci surviennent souvent à retardement. Les rescapés rencontrent : difficultés à se concentrer, insomnies, cauchemars, anxiété, dépression, culpabilité... Avec une tendance paradoxale à l'insensibilité. Les émotions plus « normales » sont peu exprimées, voire peu ressenties. Parfois des sentiments de détachement, voire d'étrangeté colorent le quotidien. Vis-à-vis d'autrui, une personne traumatisée a tendance à se méfier du monde en général, comme si l'agression pouvait venir de chacun ; elle peut avoir des difficultés à prendre plaisir à l'intimité, à la tendresse et à la sexualité. Dans les cauchemars, mais aussi en état d'éveil, les images du passé s'imposent, éludant la réalité.

Il arrive que l'impossibilité de gérer le traumatisme oblige une personne à se scinder pour garder intacte une partie d'elle-même. Un morceau d'elle reste mort, brisé à vie, l'autre survit. Elle se réalise professionnellement, mais sa vie affective est morte, ou le contraire.

Quand la personne a exprimé ses émotions, pleuré, hurlé sa douleur devant quelqu'un, les images récurrentes n'apparaissent plus. La présence d'un tiers, ami ou thérapeute, est nécessaire pour rétablir la communication, réintrojecter, en lieu et place de la terreur, sécurité, amour, tendresse, confiance. Revivre un événement douloureux jour après jour seul dans sa chambre ne guérit pas. Le revivre devant un spectateur impassible, parent, ami ou thérapeute, ne guérit pas non plus. Ce qui guérit, c'est le lien de confiance perçu au moment de l'expression de la douleur. Il ne s'agit pas de revivre ce qui a déjà été vécu dans le passé, mais de revivre ou même de vivre les affects associés à l'événement dans un cadre protecteur, avec un soutien, une présence affectueuse et acceptante.

Pour dépasser un traumatisme, il est aussi important de lui trouver un sens. Répondre au pourquoi. Quelles étaient les causes extérieures, comment est-ce arrivé, quels étaient les mécanismes psychiques probables de l'agresseur... Mais aussi, et peut-être surtout, répondre au « pourquoi moi ? » La réponse n'est pas forcément à rechercher en soi. On peut invoquer des raisons personnelles, transgénérationnelles, historiques, universelles ; des causes dans le présent, le passé ou même le futur, des causes physiques, psychiques, sociales, ou spirituelles, ces dernières incluant tout ce qui nous dépasse.

18

Peurs de la mort

Il est une peur parmi les peurs que nous évitons d'affronter parce que c'est une situation à laquelle nous répugnons à nous préparer : la mort. Elle frappe inexorablement, et quand elle veut. Elle touche de son doigt des personnes âgées qui l'appellent de leurs vœux, mais aussi des gens dans la pleine force de l'âge et parfois (trop souvent) des enfants. Nous sommes impuissants devant elle. Avoir peur de la mort ne nous aidera pas à l'éviter, mais a le pouvoir de nous freiner dans la vie.

Dans notre société, la mort est un sujet tabou. Dans ce monde de lumières, de brillant, on refuse la souffrance, la vieillesse et la mort. On se trouve donc bien démunis lorsqu'elles surviennent. Il est devenu rare de mourir chez soi. Les hôpitaux accueillent les personnes en fin de vie. Malgré le nombre de décès qui ont lieu dans les établissements hospitaliers, la mort y conserve un statut à part. Elle est plus souvent considérée comme un échec que comme une réalité humaine à accompagner. À part la récente création de quelques services de soins palliatifs, visant à soulager la douleur et à accompagner la personne jusqu'au bout de sa vie, il ne faut pas se voiler les yeux, le déni de la mort est encore massif. Quand un homme est mourant, il est fréquent que les médecins n'entrent plus dans sa chambre, que les infirmières l'évitent, que les aides-soignantes et les agents hospitaliers y passent le strict minimum... On entend des justifications telles que : « Il faut le laisser se reposer », « Il n'y a plus rien à faire », « Je suis là pour guérir, pas pour regarder mourir ». Parfois, plus authentiquement certains, ou plus souvent certaines, osent dire : « J'ai peur », « Je ne saurais pas quoi lui dire », « Je suis mal à l'aise ». La famille souvent n'est pas plus présente. Bref, trop de gens meurent dans l'isolement, sans personne pour leur tenir la main lors de ce passage, sans avoir pu parler de leurs peurs, de leurs désirs, de leurs regrets... sans avoir pu échanger leurs sentiments avec quiconque sur ce moment si fondamental de la vie. Il m'est arrivé d'intervenir dans un hôpital où j'ai appris que même l'aumônier évitait les chambres des mourants. Pourtant parler avec une personne proche de la mort est une expérience importante. Et tous ceux qui l'osent le disent : on en sort revigoré.

Face à cette ultime épreuve, l'être humain est nu, il pose les masques, dépose les armes, il se livre tel qu'en lui-même, en toute authenticité. Est-ce cela qui fait peur ? S'il était auparavant rigide et distant, il peut devenir tendre. S'il était autoritaire, il peut devenir acceptant. Et ce, non pas par faiblesse, mais tout simplement parce qu'il se rend compte que tout cela n'a plus d'importance. À quoi bon les jeux de pouvoir ? Les véritables enjeux vitaux apparaissent. L'homme proche du départ prend souvent conscience de ses besoins ainsi que de ceux d'autrui. C'est une possibilité. Il ne le fait pas toujours. Certains meurent sans avoir réussi à dire un mot d'amour à leurs proches. Mais leur a-t-on donné l'opportunité de le faire ? Leur a-t-on vraiment parlé ? L'approche de la mort est une occasion de guérir les blessures du passé, de faire le bilan de sa vie et de réparer ce qui peut l'être. Pour cela on a besoin d'être écouté, entendu, accompagné dans ses émotions. Souvent, celui qui a le plus peur n'est pas celui qui part. Il est urgent d'apprendre à dominer ses angoisses pour oser entrer en relation avec les personnes en fin de vie.

En fait, plus que de la mort, la plupart des gens ont peur des émotions. Ils sont inquiets à l'idée de ne pas savoir faire face aux émotions de l'autre, d'être démuni devant trop de souffrances, trop de terreur... Ils ont peur de ne pas savoir gérer leurs propres émotions. De plus, on dit « la peur de la mort », comme si c'était un fait établi : tout le monde a peur de la mort et tout le monde a la même peur. En réalité, sous ce vocable, se dissimulent des expériences bien différentes.

La peur de la séparation

La peur de la mort la plus fréquente dans notre société, est sans doute celle de la séparation. Mourir, c'est quitter ceux que l'on aime. « Je ne supporte pas l'idée d'être séparée ni de mes filles ni de mon mari. » Juliane est atteinte d'un cancer et veut vivre. Ou, plus exactement, elle ne veut pas mourir. La douleur lui est égale, elle ne se pose pas la question de l'au-delà. Ce dont elle a peur, c'est de la séparation. Ses filles sont sa vie, elle ne veut pas les quitter. Cette crainte est exacerbée par la présence de la maladie, mais Juliane a toujours eu du mal à se séparer. Petite, elle s'est sentie abandonnée lorsque sa mère l'a laissée chez des parents pendant deux mois, sans rien lui avoir annoncé. Elle avait quatre ans. Aujourd'hui, c'est elle qui part, mais c'est elle qui a peur d'être abandonnée. De ses filles, elle dit : « Elles se débrouilleront toujours. » Un mort ne peut plus ressentir quoi que ce soit, mais la peur de Juliane ne s'embarrasse pas de logique.

La peur d'Adrienne est différente. Elle va mourir et a peur pour ses enfants. Ils n'ont que deux et quatre ans. « Que feront-ils sans moi ? Que deviendront-ils ? Je n'ai pas le droit de les laisser. » La peur l'a incitée à parler avec le père, avec le parrain et la marraine, elle a donné ses consignes, elle a dit au revoir, elle est partie tranquille. Une peur réactive et authentique est constructive.

La peur de l'inconnu

Que se passe-t-il derrière ? La mort, et après ? Il y a une part naturelle de peur de l'inconnu, celle qui nous incite à réfléchir et à nous préparer. Quand ce n'est pas le cas, c'est que la peur naturelle se double d'un manque de confiance en soi. « Saurais-je faire face ? »

Tant que nous n'avons pas fait nous-mêmes le voyage, nous ne pouvons pas être certains de ce qui se passe après la mort. Mais de plus en plus de livres relatent les expériences d'hommes et de femmes revenus après quelques minutes de mort clinique. Ces récits corroborent les traditions (livre des morts tibétains, livre des morts égyptiens...) et les dires des clairvoyants. Nous avons tous des croyances, plus ou moins conscientes, sur ce qui se passe après. Mais une croyance est insuffisante pour calmer la peur de l'inconnu. Pour aborder le passage avec davantage de sérénité, nous avons besoin d'évoquer la mort, d'y réfléchir, pour sentir émerger des convictions.

La peur de l'anéantissement

Après la mort, le corps se désagrège, part en poussière, chacun retourne au néant... Josépha n'en supporte pas l'idée. Elle a la hantise de ne plus exister. Elle a eu tant de mal à se construire une personnalité, avec des parents qui ne la regardaient pas, ne lui parlaient pas, qu'à l'idée de disparaître... trop de terreurs d'enfant resurgissent. La relaxation mais aussi la colère l'ont aidée à diminuer cette anxiété. La colère permet de se sentir exister.

La peur de la souffrance

Maxime est terrorisé par la perspective de la douleur. Il a vu souffrir son père. La peur de Maxime est tout à fait irrationnelle. Il n'est ni malade ni en danger. Mais, depuis le départ de son père, la peur de la mort est là, sournoise. Il a peur de ne pas être à la hauteur, de pleurer, de geindre, de ne pas avoir le courage d'affronter la douleur. Il est difficile quand on souffre, quand on pleure, de conserver une belle image de soi. La peur de souffrir rejoint la peur de la perte de contrôle. Nous avons tous des seuils de douleur très différents. On ne peut juger la réaction de quelqu'un face à l'intensité de sa souffrance, et il serait temps que nous cessions de nous fixer des objectifs si durs.

Pour rendre la souffrance supportable, il ne faut ni la combattre ni tenter de lui résister, mais au contraire se laisser aller dans le sens du courant, et surtout ne pas se taire ! Crier, geindre, ou, plus efficace encore, chanter pour accompagner la sensation.

La peur de la dépendance

Dans sa vie, Huguette s'est toujours prise en charge, elle s'est occupée des autres mais n'a jamais rien demandé à personne. La perspective de la dépendance la terrorise. Peut-être parce que cela rappelle les premiers mois du nourrisson. Il est vrai que ça s'est plutôt mal passé pour Huguette. Officiellement, elle avait une mère parfaite, aimante, attentive... Mais en réalité cette mère la laissait dans son berceau sans réagir à ses cris, s'abritant derrière ses théories éducatives « on ne doit pas prendre un bébé, sinon il gardera l'habitude des bras » (sic). Huguette a vite compris que ses besoins ne seraient pas entendus, surtout s'ils rentraient en compétition avec les désirs de sa mère. Pis, elle n'obtenait satisfaction qu'en allant à l'encontre de ses pulsions. Sa mère la nourrissait quand elle était silencieuse et calme et non quand elle criait ! Huguette a appris à se taire quand elle avait faim. Pour un petit bébé, c'est une adaptation qui demande une énergie folle. Plus tard, il fallait continuer à se conformer, à être sage, et surtout ne pas avoir de besoin. Huguette a peur de reconnaître ses besoins d'attention et de contacts affectifs, en toutes circonstances, elle veille à « se débrouiller toute seule » et à « ne dépendre de personne ».

La peur de la dégradation

Sylvie s'inquiète de l'image qu'elle donnera aux autres. Elle a peur de la dégradation physique. Gérard a peur de perdre ses capacités mentales. Quand le personnage fait office d'identité, quand le paraître prime sur l'être, il est difficile d'accepter de se montrer dans sa simple réalité humaine d'être souffrant. Quand on n'a pas été accepté inconditionnellement enfant, quand on a dû mettre un masque sur ses sentiments réels, quand on a appris à investir l'apparence plutôt que l'authenticité, on a du mal à être simplement soi-même.

La peur de l'inachèvement

Pour Thierry, le plus terrible est l'impression d'inachèvement : « Je n'ai pas fini, il me reste tant de choses à faire. » La solution : vivre conformément à ses aspirations sans remettre au lendemain. Achever au fur et à mesure tout ce qui peut l'être et ne pas laisser de non-dits dans nos relations. Cette peur indique probablement qu'il y a quelque chose en ce moment dans notre vie que nous n'avons pas encore réalisé, alors que nous pensons que nous aurions déjà dû le réaliser... tout en le remettant à plus tard plus ou moins consciemment. C'est aujourd'hui qui est inachevé.

La peur du jugement

Pesée des âmes, rencontre avec saint Pierre, l'idée du jugement traverse la plupart des cultures. Pour se rassurer quant au sentiment d'injustice ? Toujours est-il que certains sont plus que d'autres oppressés par cette idée. Ce qui ne les engage pas forcément à être plus droits dans leur vie, loin de là. C'est un point sur lequel les religions ont fait fausse route. On n'apprend pas par la peur. Quentin a peur du jugement. Il n'est pas très à l'aise avec sa conscience. A-t-il peur du jugement de Dieu ou du sien propre ? Quentin a toujours besoin d'être parfait. Il est sévère à l'égard des autres et exige beaucoup de lui-même. Au fond de lui, il a un sentiment confus, et plus ou moins inconscient, de culpabilité. Il ne s'est pas senti accepté inconditionnellement dans sa famille.

On attendait de lui qu'il soit parfait. S'accepter même imparfait, s'aimer dans les errements et les souffrances, c'est la condition pour pouvoir être fondamentalement fier de soi. Courir après un idéal, tenter de coller à une image, est source d'un sentiment d'insatisfaction profonde.

Peur de la peur

Et enfin, la peur d'avoir peur. Elle rejoint la peur de toutes les émotions. C'est la peur de sentir, de se sentir démuni, incompétent. Du coup, nous préférons éviter d'y penser, et nous nous rendons incompétents et démunis. Au seuil du passage, c'est la peur des émotions qui empêche une personne d'évoquer l'imminence de son départ. Alors elle peut avoir tendance à se dissocier, à se couper de la réalité, s'enfonçant dans un déni, voire un délire. Lorsqu'elle peut en parler et être écoutée, la personne en fin de vie peut élaborer son émotion et en être apaisée. Si l'effroi est parlé, entendu, partagé, il peut être traversé. C'est du moins ce que nous enseigne le travail auprès des mourants. La plupart des humains ont peur de la mort, mais cette peur prend un visage différent pour chacun. Pour combattre ces multiples formes d'anxiété :

1) Apprendre à s'aimer et reconstruire la confiance en soi par un travail d'élucidation des pressions parentales sur l'enfant que nous étions, un travail de réappropriation de ses émotions vraies.

2) Mener la vie de son choix, être pleinement soi-même, exprimer ses besoins et ses sentiments.

Peur de la vie

On dit parfois que la peur de la mort est à la racine de toutes les peurs. À la lumière de mon expérience de thérapeute, je dirais plutôt que la peur de la vie est à la racine de nos peurs de la mort et de toutes nos peurs — des serpents, du futur, de l'inconnu, de l'autre et de l'intimité. C'est la peur de sentir trop de vie en soi, d'éprouver des émotions interdites.

Il arrive même que certains aient davantage peur de vivre que de mourir, préfèrent se tuer que de divorcer, avouer un secret, ou dire NON à leurs parents.

« J'ai envie de me suicider. C'est trop dur. Je n'y arriverai jamais », dit Véronique, au bout du rouleau.

Gérard, lui, craque devant la difficulté de s'affirmer : « Je ne peux pas me mettre en colère contre ma mère, plutôt mourir. »

Le suicide est un acte de désespoir et un message. Malheureusement il est rarement entendu comme tel. Les parents se sentent parfois coupables... rarement responsables. Quelque chose a pourtant dû manquer dans l'enfance de ces personnes qui n'ont pas pu intégrer le sentiment d'avoir suffisamment de valeur pour autrui pour continuer de vivre.

Angoisse existentielle

Qu'est-ce que la vie ? Qu'est-ce que l'humain ? Dieu existe-t-il ? Quelle est ma place dans l'infini ? Où va l'univers ? Quel est le sens de tout cela ? Quel est le sens de ma vie ? Qui suis-je ? D'où viens-je ? Où vais-je ? Toutes ces questions sont profondément humaines puisque nous sommes apparemment les seuls, sinon dans l'univers, tout au moins sur terre, à pouvoir nous les poser. Ces questions sur les fondements mêmes de nos existences font notre richesse intérieure, elles nous poussent à aller de l'avant, à chercher, à grandir en conscience. Nous considérons parfois comme existentielles des peurs plus triviales. Il nous semble que la terre pourrait s'arrêter de tourner si nous rations un examen de passage, si l'homme de notre vie nous quittait, si nous n'obtenions pas l'avancement tant attendu... Ramenons-les à de justes proportions. Méditer sur la taille de l'univers, sur notre destination ou la fabuleuse organisation de la vie peut nous aider à nous montrer moins dépendants de nos examinateurs, de nos amours ou de nos patrons.

Non seulement l'angoisse existentielle n'est pas à combattre, mais elle est à accepter en soi, à regarder en face pour être vraiment humain. L'accès à la conscience nous replace dans l'univers à une place bien insignifiante, quoique privilégiée. La conscience de notre finitude, de la présence de la mort dans nos actes du quotidien peut donner à ceux-ci une dimension plus vaste. L'angoisse existentielle nous invite à chercher du sens. Elle ouvre sur la spiritualité. Elle nous convie à ne pas oublier de fonder notre vie sur des valeurs. Tous les humains font face aux mêmes questions. La même angoisse nous relie.

DE LA VIOLENCE
ET DU POUVOIR

19

Du pouvoir à la puissance

Un samouraï cherche des réponses à ses questions sur le sens de la vie. Il parcourt des lieues pour rejoindre, en haut d'une montagne isolée, un moine réputé immensément sage. Arrivé devant lui, il lui demande : « Ô moine, enseigne-moi l'enfer et le paradis. » Le moine, sans le regarder, lui jette : « Enseigner à un être orgueilleux tel que toi ? » De rage, le samouraï lève son sabre : « Tu vas voir ce qu'il en coûte de m'insulter ! » Au moment où le sabre va s'abattre sur sa tête, le moine dit tranquillement : « Ça, c'est l'enfer. » Le bras du samouraï se pétrifie, le sabre interrompt sa course. Balbutiant, l'homme risque : « Tu veux dire que tu as risqué ta vie pour m'enseigner cela ? » Le moine le regarde : « Ça, c'est le paradis. »

Le samouraï est dans le pouvoir, le moine est dans la puissance. Le samouraï a été envahi par ses pulsions, une phrase a suffi à le plonger dans l'enfer de la violence. Le moine n'a pas eu peur, il est resté puissant et a montré au samouraï sa vérité : « Ça, c'est l'enfer. » La prise de conscience du samouraï le délivre de sa violence et lui fait accéder au paradis.

Pulsions ?

« Mais vous ? Vous n'avez jamais envie de tuer ? » répétait à l'envi Henry Adolphe Busch aux policiers. Il a étranglé sa tante de cinquante-quatre ans, une amie de sa tante, une vieille dame de soixante-quatorze ans et, selon toute vraisemblance, huit autres femmes, prostituées ou dames âgées.

Interrogé sur ses motivations : « Pourquoi avez-vous étranglé votre tante ? »

Il répond : « Je ne sais pas. Nous regardions ensemble la télévision. Je me suis levé pour aller chercher des cigarettes dans un meuble. En passant derrière elle, j'ai vu son cou. J'ai mis mes mains autour de ce cou et j'ai serré jusqu'à ce qu'elle meure. Je l'ai tuée parce que j'avais envie de tuer. Vous n'avez jamais envie de tuer ?

— Si, lui a répondu un jour le sergent qui l'avait arrêté. Quand je me dispute avec ma belle-mère, et qu'ensuite je passe derrière elle et que je vois sa nuque, moi aussi j'ai envie de l'étrangler. Seulement, moi, je ne le fais pas. »

Chacun dans sa vie s'est senti au moins une fois animé d'une pulsion destructrice envers l'autre, d'un désir de le soumettre, de le molester... Nous avons tous eu des envies de meurtre, des envies de faire disparaître le responsable de nos souffrances, d'éliminer un rival... Nous vivons tous des pulsions de haine, de racisme, de fascisme... Mais, dans l'immense majorité des cas, nous ne passons pas à l'acte.

Nous sommes parfois tentés de permettre à la tension psychique de s'échapper un peu. Nous n'allons pas jusqu'à tuer... mais il nous arrive d'infliger des blessures morales sinon physiques. D'autant que la colère nous offre une couverture. « Tu comprends, j'étais furieux... » Étonnamment, dans une société qui réprime les affects, l'émotion passe pour une excuse. Être fâché vous ôte la responsabilité de ce que vous dites et faites ! Même en cour d'assises, plaider le passionnel vous gagne la sympathie des jurés. Non, la colère ne doit pas constituer une justification de la violence. Comme le samouraï lève son sabre plutôt que de regarder en lui la racine de sa colère, la violence infligée à autrui est un processus passif, un refus ou une incapacité d'accès à la responsabilité de ses sentiments, de ses comportements ou de ses pensées.

Le violent ne veut en général assumer aucune responsabilité, ni quant à l'origine du problème, ni quant à ses besoins, ni quant aux moyens qu'il utilise pour régler le différend. Pour lui, c'est toujours l'autre le responsable. C'est l'enfant qui a provoqué, c'est l'autre qui s'est montré menaçant, qui a regardé de travers. « Travaillant à Sarcelles et dans les autres banlieues de la région parisienne, je n'ai vu et entendu partout que des *victimes*, que des gens qui estimaient faire de leur mieux et pour le plus juste. Personne ne s'est revendiqué comme bourreau et oppresseur et, au contraire, chacun se justifiait de ses actes et accusait *les autres* », dit Charles Rojzman. Personne n'aime à se voir violent.

Agressivité ou destructivité ?

On entend parfois dire que la violence est inévitable, parce que l'agressivité est naturelle à l'humain. L'agressivité est considérée par la plupart des spécialistes comme une dimension innée, du fait qu'il est nécessaire de protéger sa vie. Il n'en faut pas plus à certains pour opérer un glissement sémantique et en déduire que la violence est innée et naturelle à l'homme. Le raisonnement est un peu court, et le concept d'agressivité utilisé un peu allégrement. Il faut dire que le même mot sert à parler d'un enfant qui se bat avec les autres, d'un patron dur en affaires, d'un commercial mordant, d'un automobiliste belliqueux. En revanche, vous noterez qu'on peut tuer froidement, et commettre une agression sans agressivité aucune. Comment donc s'y retrouver ?

Dans son livre *La passion de détruire*, Erich Fromm opère une distinction entre l'agressivité défensive, qui est un processus adaptatif inné au service de l'individu et de l'espèce, et la destructivité, cruauté spécifique de l'espèce humaine. Fromm nomme la première : agressivité biophile (*bio* = la vie, *philia* = qui aime). C'est la pulsion qui aime la vie, qui la protège, et donc qui ne la détruit pas. Le mot agressivité dérive du latin : *ad-gredior* (participe passé : *ad-agressus*), aller vers. C'est l'allant d'un être, son élan vital. L'agressivité biophile est naturelle. En revanche, la destructivité ne l'est pas. Cette dernière est pratiquement inexistante chez la plupart des mammifères, elle n'est ni phylogénétiquement programmée, ni biologiquement adaptative. C'est elle que je nomme violence. Il est inconcevable qu'un être humain adulte ayant toujours été accepté, aimé, respecté, ait envie de briser son semblable. Par contre, un homme blessé et humilié s'insensibilise pour ne pas trop souffrir et accumule en lui de la rancune. Il peut être tenté plus tard d'agresser à son tour pour tenter de libérer sa rage et parce qu'il est devenu insensible à la souffrance d'autrui.

L'agressivité biophile est l'énergie mise au service des besoins d'affirmation de soi, d'amour et de réalisation. Elle sert la défense de soi, de ses limites, de ses valeurs. Elle se distingue de la destructivité notamment par sa durée, en ce sens qu'elle s'interrompt dès que le phénomène qui l'a déclenché est résolu. La rage destructrice prend son origine dans notre histoire personnelle, elle est dirigée contre des personnes de substitution et est, en conséquence, insatiable. Les pulsions agressives sont saines. Les envies de détruire, de faire mal, de tuer, ne sont pas des pulsions, mais des impulsions-réactions à ces pulsions frustrées. La violence et la tentation du pouvoir sur autrui sont issues de l'impuissance.

L'agressivité des petits

On voit une certaine agressivité chez le jeune enfant. Il pousse, frappe, mord, arrache un jouet des mains d'un autre. Cette « violence » est normale, elle participe au développement. Les spécialistes s'accordent à situer le point culminant de ces pulsions incontrôlées aux alentours de deux ans[1],

---

1. *Enfant d'abord*, n° 196.

quand l'enfant construit son sentiment d'identité propre, ses frontières. Les comportements agressifs sont des réactions à des pulsions que l'enfant ne sait pas encore élaborer. « C'est mon ballon, ma pelle, c'est ma poupée, tu n'y touches pas, pousse-toi, c'est mon espace » signifie « J'existe, je suis une personne, tu en es une autre, je cherche à définir les limites de ce qui est moi et non moi. » Affirmation de soi, réaction à la menace de la frustration, protection contre la douleur de la privation, c'est une agressivité biophile qui s'exprime encore maladroitement. Parfois, mordre son petit frère ou le copain de crèche signifie : « Je n'ai pas assez d'espace, tu prends ma place, je ne reçois pas suffisamment d'attention, papa est triste, maman ne m'aime pas comme je suis... » Le petit de deux ans ne peut encore maîtriser ses impulsions à faire mal, en fait, il n'est pas encore vraiment conscient de ce qu'il inflige à autrui, car il n'est pas encore capable de se décentrer suffisamment de lui-même pour se mettre à la place d'autrui. Il expulse ses rages et ses peurs, et ce faisant teste ses capacités à blesser... et son pouvoir à mobiliser les adultes.

Accédant au langage, l'enfant apprend à mettre des mots sur ses frustrations ou ses envies. D'autre part, ses comportements agressants rencontrent des obstacles, les parents sont mécontents, ses victimes pleurent ou lui répondent par des coups. Il se fait à l'idée de l'existence de l'autre, différent de lui. Il apprend à prendre en compte autrui et sa réalité, à se dire et à négocier. Cette gestion positive de son agressivité n'est possible que s'il a sa place, si aucune menace ne pèse sur lui, s'il est accompagné dans ses émotions, et s'il n'est pas rendu insensible par l'insensibilité de ses parents envers lui.

Quand les réponses parentales sont elles-mêmes violentes : « Tu as frappé, je te frappe, tu as mordu, je te mords » ; si l'enfant est puni pour ses actes agressifs sans avoir de possibilité d'en parler et de mieux comprendre ce qui s'est passé en lui, il n'apprend pas à identifier ses sentiments et à les gérer. De plus, il intègre un sentiment d'impuissance qui peut faire le lit d'une violence ultérieure (dirigée contre autrui ou retournée contre lui-même).

Le langage de la violence

Pour éviter la violence, pour la faire cesser, il est nécessaire d'instaurer le dialogue, de mettre des mots à la place des coups. La non-violence passe donc par le langage, mais quel langage ? Car chacun sait combien un mot peut déclencher la furie de l'autre, combien une phrase peut enfermer autrui plus sûrement que des barreaux. Il y a un langage de la violence. C'est un langage qui juge, dévalorise, nie l'existence de l'autre, méconnaît toute émotion. Le nazi Eichmann, emprisonné à Jérusalem, a dit dans sa confession avoir utilisé le *Fachsprache* ou « langage du métier », un langage niant la responsabilité, « c'était les ordres des supérieurs, la ligne politique ». Et il y a le langage de la non-violence, celui qui écoute et respecte, celui qui reconnaît l'autre, qui partage des émotions, exprime des besoins.

Le langage de la violence est celui que nous avons tous (ou presque) appris. Car on apprend à parler le langage de ses parents, et pour la plupart des parents d'hier c'était celui des jeux de pouvoir. Ils avaient toujours raison, et savaient mieux que nous ce qui était bon pour nous. Il va sans dire que tout ce qu'ils faisaient était pour notre bien, même lorsque cela nous faisait souffrir. Nos émotions avaient peu de poids. La colère surtout était bannie, et il était particulièrement mal venu de se fâcher contre ses parents. Nous avons donc appris cette langue du pouvoir sur l'autre et, une fois adultes, nous avons tendance à la manier à notre tour. Sa particularité est le déni des émotions pour faire une large place au jugement. Le langage de la non-violence devra donc permettre de reconnaître et partager des émotions ainsi que d'éviter tout jugement. Nous en découvrirons la grammaire et le vocabulaire dans les chapitres « L'art d'être heureux... » et « Empathie... ».

20

Les racines de la violence

Contrairement à une idée communément admise, la violence n'est directement liée ni à l'injustice, ni à la blessure, ni à la frustration, mais à l'impuissance à gérer ses affects devant ces situations difficiles, à exprimer ses besoins et à recevoir satisfaction. La distinction est d'importance. **C'est l'impuissance qui préside à la violence.**
Quand les émotions ressenties à l'occasion de la blessure, de l'injustice ou de la frustration sont exprimées et entendues, la personne qui les subit peut restaurer son intégrité. La violence n'est pas colère, elle est l'échec de la colère.
Quand on n'a pas la possibilité de s'affirmer, d'être entendu, de résoudre un problème, on se sent impuissant et de plus en plus dépendant d'autrui. On se sent petit, on a de plus en plus peur. À la douleur s'ajoute le ressentiment. Trop de besoins non satisfaits, mais surtout l'absence de pouvoir réel sur sa vie, font le lit de la violence. La haine est accumulation de *sentiments* d'injustice, de détresse, de frustration qui n'ont pas pu trouver d'issue.

Impuissance à être entendu

La violence sévit maintenant jusque dans les écoles. Hier encore obéissants, les enfants osent aujourd'hui s'attaquer aux représentants de l'autorité. Un proviseur agressé, un professeur molesté, c'est alarmant. Et les gens glosent sur la dégradation de la société et la perte des valeurs. On accuse le chômage, les parents démissionnaires. On va leur envoyer des policiers. « Il faut mettre des limites à ces jeunes ! » Des limites, ils en ont plutôt trop. Ce qui leur manque, c'est davantage de respect, de pouvoir, de justice et de perspectives d'avenir. Leur violence tente d'attirer l'attention des adultes sur leur désespoir. Crieront-ils assez fort pour qu'on les entende enfin ?

On conspue la violence des jeunes contre les adultes, on oublie un peu vite le nombre d'enfants mutilés dans leur âme par des parents ou des enseignants peu scrupuleux. Combien ont reçu des coups à la maison mais aussi à l'école ? Combien ont été humiliés devant leurs camarades ? Combien ont été abusés sexuellement dans le silence le plus complet par un professeur pédophile ? Les jeunes qui cassent et frappent ont-ils toujours été respectés par les adultes ? Toutes ces souffrances qu'on n'a pas voulu entendre sont devenues haine. La violence des enfants est une réaction à la violence institutionnelle qui leur est faite, elle est aussi expression de la rancune contre des parents qui ne savent pas être parents, contre la société qui a réduit leurs parents à une forme d'esclavage, les invitant à être des rouages inconscients d'une civilisation de plus en plus anonyme et privée de sens.

Quand les mots ne passent plus, quand les besoins deviennent tels qu'ils ne sont plus gérables, la violence représente une ultime tentative de porter un message, un effort désespéré en vue de provoquer un contact, de combattre la terrible impuissance à se faire entendre. Le livre, *Les étymologies surprises*, de René Garrus nous rappelle d'ailleurs que les mots « attaque » et « attachement » sont parents.

Dans les lycées comme dans les banlieues, la répression policière ne supprime pas la destructivité, au mieux (au pire) elle la refoule. Tant que les affects ne sont pas entendus et reconnus, réprimer ne fait qu'augmenter la frustration, donner de l'énergie à la rage. C'est comme fabriquer une bombe à retardement. Tout humain a besoin d'être écouté et d'avoir réellement du pouvoir sur sa propre vie.

Ce n'est pas seulement la misère — bien qu'elle soit intolérable — qui fait exploser les banlieues sinistrées par le chômage, mais le sentiment d'injustice et l'absence de communication, le manque de reconnaissance et de valorisation. Ce ne sont pas les cités les plus pauvres (autour de Valenciennes, de Calais...) qui voient le plus de violence, mais celles qui côtoient les villes les plus riches de France (Paris, Lyon, Grenoble...). « Comme si le déclencheur de la délinquance urbaine était avant tout la distance sociale[1] », là où les sentiments d'injustice et d'impuissance sont exacerbés.

De nombreuses actions ont échoué à ce jour parce qu'elles ne tenaient pas compte de l'importance des facteurs irrationnels et affectifs. Rétablissez la communication, la haine diminue. Dans les quartiers sensibles, Charles Rojzman, animateur et directeur du cabinet Transformations, thérapie sociale, en fait l'expérience tous les jours. Dans ses groupes réunissant les jeunes, les postiers, les policiers, les concierges... il permet aux émotions de se dire, à la colère de s'exprimer, à la peur de se montrer. Le résultat paraît magique à celui qui ne connaît pas le cœur humain et son besoin de reconnaissance. Ces gens que l'on croyait voués à se haïr se mettent alors volontiers et spontanément à coopérer.

La répression émotionnelle

Régulièrement, on interroge les voisins d'un meurtrier pour obtenir souvent cette même réponse : « Je n'aurais jamais cru ça de lui, c'était un garçon gentil, jamais un mot plus haut que l'autre... Il a perdu le contrôle de lui-même. » Personne n'a jamais cherché à écouter ce qui se passait derrière son sourire, jusqu'à ce qu'il hurle sa détresse par un acte définitif, l'homicide. Lui-même a appris depuis toujours à ne pas montrer, voire à ne pas ressentir ses émotions. La

---

1. A.N.V. (Alternative non-violente).

plupart des gens qui, un jour, passent à l'acte ne montrent pas leurs sentiments. Ils ne savent plus pleurer, ils ne savent pas confier leurs doutes et leurs peurs, souvent aussi ils ne savent pas dire non. Un beau jour, les murs construits pour contenir la peur ou la rage s'écroulent, et le sang éclabousse une victime probablement innocente.

Dans un grand hôpital provincial, un nourrisson est trouvé mort sur le carrelage près de son berceau. Son père l'a projeté à terre et achevé à coups de pied. Né avec une malformation, il venait d'être opéré. Nous tentons de comprendre cet acte avec le personnel du service. Que s'est-il passé dans la tête de ce papa ? S'agit-il d'une blessure narcissique ? D'une incapacité à assumer la paternité d'un enfant malformé ? Les infirmières ont remarqué que l'homme avait des séquelles de poliomyélite. A-t-il voulu tuer son fils pour lui éviter de vivre son calvaire ? En ce cas, pourquoi des coups si violents ? Sentiment d'injustice, d'impuissance devant Dieu, le destin... ? La souffrance était si intolérable qu'il a tué son propre enfant, cause apparente de son malheur. Personne ne s'est mis à l'écoute de ce père pour lui permettre d'exprimer ses émotions par des mots et des larmes plutôt que par des coups. Personne ne l'a aidé à regarder en lui l'origine de sa souffrance.

Les personnes violentes se sentent le plus souvent démunies devant leurs propres comportements. Il est fréquent qu'elles ne sachent pas pourquoi elles ont frappé. Elles se sont senties envahies d'une force qui les a dépassées. Elles se réfugient derrière des interprétations, des justifications, « Il m'a provoqué, il m'a énervé, c'est un nul... » En réalité, les racines de la violence sont à rechercher plus loin dans l'histoire de la personne.

Colères anciennes

Françoise est facilement violente contre sa fille aînée : « Je lui tombe dessus pour un rien, je sais bien que ce n'est pas juste, mais elle m'énerve, je ne peux pas m'en empêcher ! »

En revanche, avec le petit, elle n'est qu'amour et tendresse. Elle se justifie : Karine est difficile, pleure facilement, et se montre très jalouse de son frère. Jalouse à juste titre puisque Françoise avoue avoir du mal à s'occuper d'elle !

Dans sa propre enfance, Françoise était bien habillée, soignée. Mais d'affection entre ses parents et elle, point. Devenue adulte, elle a pu en donner à son fils, mais pas à sa fille. Pourquoi cette différence ? Karine est la fille aînée, comme elle. Elle lui ressemble trop. Elle est blonde, comme elle, exigeante, comme elle. Françoise lui refuse les câlins et la frappe. Elle la traite ainsi qu'elle l'a été. Françoise sait qu'elle a souffert de solitude dans son enfance, mais elle n'en veut pas à ses parents. Pour survivre, Françoise a dû refouler la conscience du manque. Or, si elle ne dénonce pas comme injuste cette indifférence à ses besoins d'affection, si ses parents ne sont pas responsables de leur défaut d'affectivité, elle ne peut s'en prendre qu'à elle-même, c'est elle qui est mauvaise. Toute la rage qu'elle a dû ravaler alors qu'elle était toute jeune explose maintenant sur plus petit qu'elle, sa propre fille. Au tour de Karine d'être la « mauvaise ».

La destructivité est issue du refus de considérer en soi la réelle cause de ses frustrations. Il est tellement facile de faire porter à l'autre toutes les responsabilités.

« Je tape de temps en temps, ça défoule, et puis ça ne lui fait pas de mal, ça lui apprend à vivre », dit Hervé qui frappe son fils « pour lui faire entrer les choses dans la tête ». Se défouler n'est pas libératoire. L'agression ne réduit pas les tensions. Ça soulage... au dire de certains, mais seulement très momentanément. La soupape de la Cocotte-Minute laisse sortir un peu de pression, mais le feu est toujours sous la marmite fermée, la vapeur continue de s'accumuler, il faudra bientôt de nouveau soulever la soupape...

Personne n'est parfait, accompagner un enfant est difficile, souvent éprouvant, exaspérant parfois... mais ne banalisons pas la violence et l'injustice sous peine de les voir perdurer. Se défouler sur une personne de substitution est toujours inutile et toxique. En revanche, dire ses souffrances et sa colère à ses propres parents permet de se libérer du poids du passé. On est surpris de la tolérance que l'on acquiert alors envers ses enfants, d'une part parce qu'on n'a plus besoin de se décharger d'un trop-plein de frustration, d'autre part parce qu'on peut davantage s'identifier à leur vécu.

La longue dépendance de l'enfant

Quiconque voit naître un enfant est frappé par sa vulnérabilité. Totalement impuissant à subvenir à ses besoins les plus élémentaires, il dépend du bon vouloir des adultes qui l'entourent. L'humain naît immature. Pendant longtemps, il ne peut se nourrir ni marcher seul. Cette longue période de dépendance peut le marquer toute sa vie. Naturellement, elle engendre chez les parents attention, compassion et maternage. Cette période de dépendance permet (ou devrait permettre) à l'enfant d'apprendre qu'il peut faire confiance. Les parents sont-ils toujours attentifs et maternants ? Ils en sont parfois empêchés par les souffrances encore actives de leur propre enfance.

Danièle me confie « Mon médecin m'avait dit d'attendre trois heures entre chaque tétée, de ne lui donner plus souvent sous aucun prétexte. En général, ma fille commençait à pleurer au bout d'une heure et demie. Je la promenais, je lui chantais des chansons, mais j'attendais, les yeux rivés sur la montre. J'avais peur de la faire mourir si je lui donnais le sein avant; c'était horrible, mais comment aurais-je douté ? C'était le meilleur pédiatre de l'époque, le plus réputé, il faisait autorité... » Danièle appliquait la règle. Sa propre enfance l'a destinée à être insensible aux hurlements de son bébé... Élevée par des parents très autoritaires, elle a tant appris à se soumettre, qu'elle se serait sentie coupable de ne pas appliquer à la lettre les directives de son docteur. Elle n'a jamais été écoutée dans ses besoins et sentiments, ses parents eux-mêmes ne l'avaient pas été, parce que leurs parents eux-mêmes... Elle est sourde aux besoins de son enfant, comme ses parents l'ont été. Les pleurs de son bébé font resurgir sa propre détresse. Il lui faut fuir ce sentiment pour éviter de prendre conscience de la souffrance de sa propre enfance, il lui faut infliger à sa fille la même maltraitance.

On peut penser qu'il n'est pas si grave qu'un bébé ait à attendre sa tétée une demi-heure. C'est dramatique. Parce que le nourrisson intègre dès les premières heures, les premiers jours de sa vie, un sentiment d'impuissance qui colorera toutes ses expériences futures.

Quand on a un nourrisson dans les bras, il est fréquent d'entendre : « Profitez-en bien. Petits, ils sont à vous. Quand ils commencent à marcher, c'est fini. » Les plus grands, on ne peut plus en faire ce qu'on veut, ils ont leur *petit caractère*. Ces réflexions ne sont pas anodines. Elles signifient que l'enfant est aimé en tant que prolongement de ses parents, et non pour lui-même.

Les enfants sont forcés de se soumettre, ils apprennent à réprimer leurs émotions, à faire taire leur être intérieur... jusqu'à ce qu'ils se retrouvent eux-mêmes en position de dominer, que ce soit à l'école, ou comme « chef » dans une entreprise. Mais jamais ils n'auront autant de pouvoir que sur leurs propres enfants.

Fantasmes de toute-puissance

Combien de films, de bandes dessinées, de dessins animés sont écrits sur ce thème : un homme veut prendre le pouvoir sur le monde et le détruire. Comment se fait-il que ce fantasme de toute-puissance soit si répandu ? Le problème n'est pas le fait de quelques isolés ou malades, ces fictions ont des millions de spectateurs.

Le fantasme de toute-puissance est une tentative maladroite et mortifère de restaurer son identité blessée par la terrible impuissance ressentie enfant. Pour recouvrer une illusion de puissance, l'ancien enfant blessé peut s'identifier à une personne ou à un groupe qui a le pouvoir, ou devenir violent.

La rage est une émotion des plus difficiles à réguler car elle est énergisante, voire enivrante. On se sent fort. Il peut y avoir une certaine jouissance à dominer autrui. Dès que l'on est en situation de pouvoir, le glissement vers la violence est facile. La fureur accumulée dans l'enfance peut enfin s'extérioriser. Le processus doit rester inconscient. Le violent ne veut pas voir que sa rage vient de lui. Il accuse l'enfant (la femme, le juif, le tibétain, le tutsi...). Il se justifie en prêtant à sa victime ses propres sentiments de honte et de méchanceté. Il doit « corriger » ce mauvais garnement, bouter dehors cet étranger, nettoyer la planète de ce sous-homme.

« Il n'est en aucune façon exagéré de dire que tout tyran, sans exception, préfère voir tuer et torturer des milliers et même des millions d'hommes et de femmes plutôt que lever le refoulement des mauvais traitements et de l'humiliation de son enfance : sentir sa rage et son impuissance face à ses parents, les mettre en question et condamner leurs actes » (Alice Miller).

Plus d'une semonce assenée à nos enfants, plus d'une querelle cherchée au conjoint sont des tentatives de vengeance de ce qui nous est arrivé petit.

Quand l'agresseur est le plus fort, la victime doit se soumettre en ravalant sa colère. Ce n'est que lorsqu'elle se trouve à son tour en position de dominer quelqu'un, qu'elle peut en profiter pour libérer sa rage sans prendre de risque. La personne choisie pour assouvir la vengeance peut avoir des caractéristiques communes avec l'objet de ressentiment, mais n'importe quel être montrant une vulnérabilité peut faire l'affaire. On comprend que tant de violence s'exerce sur les femmes, culturellement soumises, les minorités, socialement handicapées, et les enfants, biologiquement dépendants.

21

Une histoire de pouvoir

Le déni des émotions a partie liée avec le pouvoir et la soumission. Comme Pierre Tap dans *La société pygmalion?* le souligne, « le malheur de notre espèce n'est pas l'excès d'agressivité mais un dévouement fanatique ».

L'obéissance

Rappelons le travail de Stanley Milgram[1] sur l'obéissance. La petite annonce dans le journal parle d'une étude sur la mémoire et l'apprentissage. Aux volontaires, l'expérimentateur présente l'expérience comme visant à mesurer l'effet de la punition sur l'apprentissage. À la suite d'un tirage au sort truqué, le sujet se retrouve « moniteur ». Son « élève » est sanglé sur un siège, une électrode fixée au poignet. Le moniteur va lire des couples de mots que l'élève doit répéter et associer correctement. Le moniteur reçoit la consigne d'infliger une décharge électrique de plus en plus sévère à chaque erreur commise. L'élève est un compère, il ne reçoit bien sûr pas de choc, mais mime la douleur avec conviction, frappe sur la paroi qui le sépare du moniteur,

---

1. *Soumission à l'autorité*, Stanley MILGRAM, Calmann-Lévy, 1974.

pousse des hurlements de détresse et supplie qu'on arrête l'expérience lorsque le moniteur peut l'entendre. Trente manettes sont disposées en ordre croissant, assorties des mentions : choc léger, modéré, fort, très fort, intense, extrêmement intense, attention : choc dangereux, et enfin deux manettes étaient dites : XXX. Le but de cette mise en scène est de découvrir quand et comment le sujet va désobéir, rompre avec l'autorité qui lui enjoint de continuer en dépit de l'impératif moral dictant de ne pas faire de mal à un être innocent et sans défense. Milgram demande à des psychiatres, des étudiants et des adultes des classes moyennes, de toutes professions, après leur avoir décrit le dispositif expérimental, de faire des prévisions sur le comportement des sujets. Les personnes consultées prédisent une désobéissance quasi unanime des sujets. Mais le fait est que, lors des premières expériences menées à l'université Yale, aucun participant ne refuse de désobéir avant trois cents volts, choc déjà important et douloureux. Les expérimentateurs, surpris par ces résultats, suspectent que les sujets sont impressionnés par l'aura de l'université. Ils décident de déménager leurs locaux à Bridgeport. Leur laboratoire apparaît alors sans aucun caractère officiel. Las! deux personnes seulement refusent d'administrer le moindre choc.

Toutes expériences confondues, soixante-cinq pour cent des sujets ont été obéissants jusqu'au bout. C'est-à-dire qu'ils ont infligé à un étudiant des chocs dangereux, uniquement parce qu'un homme en blouse blanche le leur demandait au nom de la science! N'ironisons pas trop sur les Américains. L'expérience a été rééditée chez nous... les Européens atteignent brillamment les quatre-vingt-cinq pour cent d'obéissants! Nous sommes obéissants jusqu'à la nausée.

Milgram était loin de s'attendre à de tels résultats : « Jusqu'où peut aller une telle obéissance? Dans le cadre de l'expérience, nous avons tenté à plusieurs reprises d'établir une limite. Les cris de douleur de la victime ont été insérés dans le déroulement des tests : ils se sont révélés insuffisants. L'élève a invoqué le mauvais état de son cœur. Nos sujets ont continué à obéir aux ordres. Il a supplié qu'on le libère et ses réponses ne se sont plus inscrites sur l'écran de signalisation : peine perdue. Au départ, nous n'avions pas pensé recourir à des procédés aussi radicaux pour provoquer le refus d'obéissance, et chacun d'eux n'a été utilisé qu'après l'échec flagrant du précédent. Notre ultime tentative de limitation a été la variante *Contact* au cours de laquelle le sujet devait appuyer sur le bras de l'élève et le poser de force sur la plaque électrifiée. Mais le tout premier sujet qui y a participé a pressé le poignet de l'infortunée victime dès que l'expérimentateur le lui a demandé et il a continué jusqu'au niveau maximum. Un quart de nos sujets se sont conduits de façon analogue dans cette variante. » Atterrant !

En réponse à un questionnaire envoyé par Milgram un an après sa participation à l'expérience, un sujet écrit : « Ce qui m'a terrifié, c'est de constater que j'avais en moi une telle propension à l'obéissance et à la soumission totale à une idée-force, en l'occurrence l'intérêt d'une expérience sur la mémoire, même après m'être rendu compte que sa réalisation ne pouvait s'opérer qu'au prix de la transgression d'une autre valeur morale, c'est-à-dire l'interdiction de faire souffrir un innocent sans défense. Comme me l'a dit ma femme : "Tu es un véritable Eichmann !" J'espère désormais être mieux en mesure de résoudre les conflits de valeurs morales que je serai appelé à affronter. »

Que se passe-t-il exactement dans ces expériences ? Les gens en profitent-ils pour libérer des pulsions agressives ? Non, Milgram l'a testé en laissant les gens libres d'infliger les chocs qu'ils désiraient, tous sont alors restés sur les décharges les plus faibles. Aucun des sujets n'était particulièrement agressif ou violent, nombre d'entre eux se disaient incapables de faire du mal à une mouche, certains étaient impliqués dans des associations humanitaires. Beaucoup étaient tendus pendant l'expérience et exprimaient leur répugnance à faire souffrir ainsi... mais ils continuaient, s'estimant « contraints » par une volonté supérieure. Stanley Milgram conclut : « À une très grande majorité, les gens font ce qu'on leur dit de faire sans tenir compte de la nature de l'acte prescrit, et sans être refrénés par leur conscience dès lors que l'ordre leur paraît émaner d'une autorité légitime. »

Cette faculté de se dépouiller de son humanité pour commettre les pires exactions est alarmante. Elle est à l'origine des atrocités commises pendant les guerres. Elle est une des causes de la collaboration massive au nazisme. Une série de documentaires sur l'holocauste a été récemment diffusée sur Arte. On y entend des gardiens des camps, des surveillants, de « simples » exécutants... D'une voix atone, ils décrivent le « travail » qui était le leur. « J'appuyais sur cette manette. Alors le gaz arrivait par ces tuyaux que vous voyez ici. Par une petite fenêtre on pouvait voir ce qui se passait, les gens mouraient. On pouvait entendre des cris, puis un râle. » Aucune émotion ne semblait transparaître. Certains ont dit que c'était horrible... mais ils ont continué. Hitler a largement utilisé cette faculté de soumission, il lui a suffi de peu de personnes pour exterminer des millions de gens. L'holocauste était issu de la folie d'un homme. Certains se sont inscrits facilement dans son prolongement parce qu'ils y trouvaient le bénéfice d'une vengeance inconsciente, leur sadisme trouvant un cadre pour s'exprimer. Mais il serait abusif de leur faire porter la seule responsabilité. La réalité est que, sans la soumission à l'autorité de milliers d'Allemands et de Français, l'horreur n'aurait pas pu avoir lieu. L'obéissance est la force des sociétés hiérarchiques. On l'obtient en dressant les enfants dès leur plus jeune âge, au prix de l'étouffement de leurs émotions primaires.

Parmi les défis auxquels l'éducation d'aujourd'hui doit faire face, on trouve l'enseignement du respect de l'autre et non plus de la soumission, l'apprentissage de l'empathie plutôt que de l'obéissance. Se libérer de la violence demande une révolution importante des mentalités.

Civilisation?

Pour Sigmund Freud, le père de la psychanalyse, « la guerre accompagne inévitablement la civilisation ; l'agressivité naturelle de l'homme est si fortement frustrée et refoulée que, périodiquement, les mesures palliatives ne réus-

De la violence et du pouvoir

sissent plus à s'opposer à la pression intérieure et une période apparaît pour permettre le déchaînement général ». Cette vision pessimiste de l'humain présente la guerre comme une conséquence inéluctable du progrès. Freud associe la violence à l'effort de civilisation. Est-ce juste ? Prenons le Moyen Âge. Dans les récits, on découvre que, dès qu'ils étaient en mesure de le faire, c'est-à-dire en position de pouvoir sur un tiers, l'immense majorité des hommes s'adonnaient facilement à la torture, au viol, au meurtre. Le sadisme était fort répandu. Était-ce parce qu'ils étaient civilisés ? Ou parce que l'oppression et leur souffrance étaient grandes ? Si la démonstration est exacte, les débordements violents sont consécutifs au refoulement des affects. Doit-on en déduire que la violence et la guerre sont inévitables ? Ne pourrait-on concevoir une civilisation respectueuse des besoins humains ? Une société dans laquelle l'agressivité serait gérée plutôt que refoulée ?

Le mot civilisation a pour synonymes : progrès, évolution, avancement, raffinement, lumière. Une civilisation digne de ce nom ne devrait-elle pas développer le civisme, c'est-à-dire le respect de l'autre et de la communauté ?

L'enfant imite le comportement de ses parents. Il apprend naturellement le respect et même la politesse, si ses parents le respectent et sont polis en s'adressant à lui. Si le respect devient un devoir, c'est qu'il est obtenu par la menace. Crainte n'est pas respect ; l'éducation par la peur et le devoir, « *il faut* respecter ses parents... les lois... », n'éveille pas le civisme mais une civilité servile, qui s'éteint sitôt que le gendarme s'endort. On a vu le manque dramatique de sens civique des Parisiens à la veille de l'amnistie présidentielle lors des dernières élections de 1995. Dès lors qu'il n'y avait plus de sanction, le stationnement est devenu totalement anarchique. C'était le règne du chacun pour soi. Des ambulances se sont trouvées bloquées, des camions de pompiers n'ont pas pu avoir accès aux immeubles en feu, des gens sont morts parce que certains avaient trouvé bon de garer leur voiture sur un emplacement d'ordinaire interdit. Sommes-nous civilisés ? En tout cas, la preuve est faite, s'il en était besoin, que la peur de la sanction contient les débordements mais n'éduque pas.

Des études dans les crèches ont montré sans équivoque que les bébés sont fondamentalement sensibles les uns aux autres. Lorsqu'ils sont dans des conditions suffisantes de calme, de confort et de sécurité, ils sont portés à coopérer et à s'entraider. Lorsque des adultes un peu trop pressants interviennent pour les « aider » à interagir ou leur demander de se prêter des jouets, la situation dégénère. En ce sens, Freud avait raison, les tentatives de « civilisation » aboutissent systématiquement à des conflits. Les enfants s'agressent, s'arrachent les objets... Peut-être parce que, insécurisés par des adultes trop interventionnistes, ils refusent de faire sous contrainte ce qu'ils auraient fait spontanément. Les grands oublient parfois que pour tout humain, même minuscule, la liberté est plus précieuse que tout.

J'ai aimé cette réponse de Gandhi à la question d'un journaliste : « Que pensez-vous de la civilisation occidentale ?

— Ce serait une bonne idée. »

Ne peut-on rêver comme Martin Luther King à un monde vraiment civilisé, humain et solidaire ? Le rêve est pourtant réaliste. Il suffit d'apprendre à maîtriser nos pulsions et à leur trouver des moyens d'expression « biophiles » plutôt que de les réprimer.

La haine ne se guérit pas par le commandement « Aimez vous les uns les autres », mais par l'expression de la colère.

UNE SAINE COLÈRE

22

Affirmer son identité, défendre son intégrité

Daphné a été heureuse en amour pendant deux ans. Brutalement, son amoureux lui annonce qu'il la quitte : « Tu comprends, je t'aime, mais je ne suis pas capable de vivre avec toi, un jour ou l'autre j'aurais envie d'une autre femme, je ne veux pas te faire de mal, je préfère te quitter maintenant. »

Elle comprend. Elle souffre. Elle se pose cent et une questions sur sa responsabilité. Elle doute d'elle, de sa capacité à aimer, à être aimée. Elle se sent humiliée et coupable. Elle souligne : « Je suis en mille morceaux, mais je ne lui en veux pas. »

Cette dernière phrase m'indique la route à suivre : « Regarde l'état dans lequel tu es ! Il est normal qu'être quittée par l'homme que tu aimes soit douloureux, mais si tu te sens "en mille morceaux", c'est qu'il y a quelque chose qui cloche. Tout allait bien entre vous, tu ne trouves pas ça injuste qu'il stoppe la relation aussi brutalement et pour des raisons aussi bizarres ?

— Si, mais...
— Tu n'avais rien senti venir ?
— Depuis deux mois il était différent.
— Tu lui en avais parlé ?

— Non. Je n'ai pas osé, je me suis dit que je me faisais des idées. C'est maintenant que ça me revient, des détails...
— Écoute ce que tu sens.
— Oui, je suis en colère, ça ne tient pas debout, et puis il m'annonce ça comme ça, sans me demander mon avis. On est deux dans une relation tout de même ! Il me dit qu'il veut me quitter pour mon bien. Il pense à ma place, je n'existe pas !
— Pourrais-tu lui dire ta colère ?
— Ça ne servirait à rien.
— Si, bien sûr, à affirmer ton identité, tes limites, à ne pas te sentir détruite par l'impuissance. Dire ta colère, c'est exister dans la relation. »

Forte de sa séance, Daphné a parlé à Marc. Devant sa détermination, il a fini par avouer qu'il aimait une autre femme. Il l'avait rencontrée trois mois auparavant, et vivait avec elle depuis une semaine ! Daphné a souffert de l'apprendre, bien sûr, mais cette discussion lui a permis de mettre enfin des mots sur ce qu'elle ressentait confusément. Au lieu de se détruire en se demandant ce qu'elle avait bien pu dire ou faire de mal, elle voyait les véritables raisons de la désertion de son compagnon. Marc était non seulement un séducteur invétéré, cela il le lui avait dit, mais il lui avait menti et l'avait manipulée. Elle n'avait plus rien de commun avec cet homme.

Reste, bien sûr, qu'elle s'était laissé abuser. Pour être certaine de ne pas revivre la même chose avec un autre homme, il lui fallait regarder en elle. De façon générale, Daphné a du mal à se positionner vis-à-vis de ses amants. Ses amis apprécient sa tolérance, mais en amour, quand la tolérance n'est pas assortie de respect de soi, on prend des risques. Daphné sait s'affirmer dans sa profession, mais pas face à un homme. Tout au fond d'elle, il reste une petite voix, issue de la solitude de son enfance, qui lui dit : « Tu n'es pas intéressante, tu n'es pas digne d'être aimée. » Alors, elle retient ses frustrations, pardonne, elle prend même en charge les difficultés de ses amants à aimer et à montrer leurs sentiments... Exprimer aujourd'hui sa colère à Marc est un premier pas pour se centrer en elle, au lieu d'être si attentive aux besoins et désirs de l'autre.

Les non-dits

L'évitement systématique du conflit mène à une dépersonnalisation, rarement consciente. Une femme peut aller jusqu'à se sentir en « parfaite harmonie » avec son conjoint, alors qu'elle est intérieurement profondément en colère contre lui. Elle éprouve parfois des angoisses, se sent déprimée, a mal au dos, ou a des problèmes digestifs, mais elle ne pense pas à associer ces troubles aux sacrifices qu'elle fait pour protéger l'autre ou maintenir la paix. Plus d'une femme a vu des angoisses ou des dorsalgies qu'elle croyait chroniques disparaître après un divorce ou un travail psychothérapeutique lui permettant de s'affirmer. Tout symptôme s'inscrit aussi dans une dynamique relationnelle. Exprimer sa colère, c'est dire les conséquences de son comportement sur nos émotions. Il ne s'agit en aucun cas d'affronter, ce n'est pas une guerre. **On confond trop souvent conflit et querelle. Le premier est confrontation de deux univers, la seconde est tentative de prise de pouvoir de l'un sur l'autre.** Le but reste l'harmonie, qui nécessite l'ajustement de deux personnes entières ; elle ne naît pas de la fusion de l'un dans l'autre. Il y a forcément des frictions dans une relation si les deux protagonistes veulent s'y inscrire en tant qu'être complet. Comment s'affirmer, dire sa colère, sans se quereller ?

Il est fondamental de dire les choses le plus vite possible. C'est dès le début d'une relation qu'il est important de préciser ses limites. Les fossés se creusent vite entre deux personnes. Les non-dits ont tôt fait d'en faire des précipices, qui deviennent trop difficiles à franchir. Ne vous racontez pas d'histoires, ne cherchez pas à protéger les autres, n'ayez pas peur d'ennuyer avec vos questions. Si elles ennuient, c'est qu'il y a anguille sous roche !

« Ma femme est jalouse, elle m'énerve, m'accable de

questions, elle me soupçonne de sortir avec ma secrétaire, j'ai beau lui dire qu'il n'en est rien, elle continue, c'est maladif, me confie Paul.

— Elle n'a pas de raison d'être jalouse ? » Je sais que Paul a une maîtresse depuis un an... Mais il est vrai que ce n'est pas sa secrétaire !

« Non, elle se trompe, elle voit le mal là où il n'est pas. »

Paul ne supporte pas d'être soupçonné. Il jure à sa femme qu'il ne la trompe pas *avec sa secrétaire*... En traitant sa femme de malade, il évite de se confronter à sa vérité. Malheureusement sa femme le croit, se culpabilise et s'excuse auprès de lui de sa jalousie excessive !

Si vous avez un doute, faites-vous confiance ! On peut en général se fier à ses sensations, elles sont souvent justes. En revanche, faute d'informations permettant de les décoder, nos interprétations peuvent être erronées. C'est pourquoi une accusation risque de tomber à côté. Mieux vaut montrer ses besoins, dire ses sentiments, faire entendre sa colère, pour comprendre et connaître la vérité.

Les frustrations, les malaises, les besoins dont nous ne sommes pas conscients, modifient notre rapport au réel. Une expérience a montré, par exemple, que des enseignants corrigent plus sévèrement leurs copies quand il fait trop chaud dans la pièce. Ils ne sont pas conscients d'être gênés par la chaleur. Les non-dits n'altèrent pas seulement la relation de couple, mais toute la vie affective, professionnelle et sociale.

Il y a aussi de grandes chances pour que les enfants en subissent les conséquences. La moindre assiette renversée, ou chambre pas rangée, mettra le parent en rage. Ce n'est pas toujours facile de dire sa colère à sa femme ou à son mari, mais décharger son énervement sur les enfants est dommageable pour eux à long terme. On risque d'induire un indéfinissable (puisqu'ils ne sont coupables de rien) sentiment de culpabilité qui les empêchera plus tard de s'affirmer. Mieux vaut leur offrir un modèle positif de règlement de conflit en leur montrant comment on dialogue entre époux. Et si une fessée « défoule » et libère un peu de pression, elle est toxique non seulement pour l'enfant, mais pour le parent qui la donne, car elle autorise la négation de la véritable origine de sa colère.

Désir et plaisir

On ne peut désirer l'autre que lorsqu'on est deux. Quand chacun tente de devenir ce qu'il imagine que l'autre attend de lui, quand chacun se perd lui-même pour se conformer à une image, quand les conflits sont systématiquement évités, l'individu n'existe plus, le désir se meurt. Ce n'est peut-être pas par hasard que beaucoup de couples se réconcilient sur l'oreiller après avoir déclenché une dispute. Est-ce à dire que le manque de désir qui s'installe peu à peu dans les couples pourrait être lié à de la colère non exprimée? Oui, d'expérience de thérapeute, c'est souvent le cas. Cependant, les sentiments de rancœur ne sont plus conscients, puisque refoulés.

Vous vous changez pour l'autre? Vous choisissez vos vêtements en fonction de lui (d'elle)? Vous n'allez plus voir que des films qui lui plaisent? Vous ne cuisinez que ce qu'il (elle) aime? Vous devenez un prolongement de lui (d'elle). Comment avoir du désir pour lui (elle) puisqu'il (elle) est devenu une partie de vous? D'autant qu'à vous conformer ainsi, vous niez une partie de votre personnalité, et accumulez inconsciemment du ressentiment; une distance se crée, mais celle-là n'est pas propice aux rapprochements amoureux. Une certaine modélisation est inévitable dans un couple qui s'aime. D'une part on a envie de faire plaisir à l'autre, d'autre part, par un processus sur lequel nous reviendrons, la synchronie (voir chapitre « Empathie et résolution de conflits ») vient encore emmêler les choses. En effet, deux personnes vivant ensemble vont avoir tendance à se mettre au diapason, au rythme l'une de l'autre. S'affirmer dans ses désirs, conserver des différences de goût, rester soi-même dans la relation ne va pas de soi. Une attention particulière, ainsi que des mises au point régulières sont nécessaires.

23

Gérer la frustration

Vous admirez un objet en vitrine, hors de portée de votre bourse; vous voulez arrêter de fumer; vous faites un régime amaigrissant; la femme de vos rêves vous repousse; l'homme de votre vie est marié; le poste que vous convoitiez est attribué à un autre... Comment gérez-vous la frustration?

La privation, la non-satisfaction de nos désirs, la frustration de nos attentes engendrent de la colère. Celle-ci vise à rétablir l'unité menacée par la perspective du manque. Le petit se met en colère contre le parent qui le prive. Il projette sur l'adulte la douleur du manque. Si celui-ci sait contenir les affects de son enfant, c'est-à-dire s'il reste proche de lui, disponible, rassurant et affectueux, l'enfant se reconstitue dans son identité, accepte peu à peu de faire face à ses sentiments agressifs. Il peut tolérer en lui sa négativité sans se sentir méchant. Au contraire, si le parent se fâche, il terrifie l'enfant qui reste démuni devant ses frustrations. L'enfant intègre le sentiment d'être mauvais, avec en sus la peur d'être détruit par son agressivité. L'adulte qu'il deviendra ne saura pas gérer ses haines et ses rages, il aura du mal à affronter la frustration, et s'en protégera par tous les moyens. L'une de ses défenses sera le renversement de la négativité contre l'objet du désir. Mélanie Klein dans son ouvrage *L'Amour et la Haine* décrit bien ce processus par lequel nous nous protégeons du retour d'agressivité contre nous-mêmes en nous détournant dédaigneusement de la source de convoitise. C'est ainsi que nous pouvons nous trouver pleins de mépris pour ces êtres que nous désirons mais qui nous sont inaccessibles. Attention, cela ne veut pas forcément dire que toutes les personnes que vous haïssez sont des amours inconscientes! « Prétendre qu'on ne peut haïr que là où l'on a aimé, c'est transformer l'élément de vérité contenu dans cette affirmation en une simple absurdité. » (Erich Fromm, *La passion de détruire*, p. 46)

Le combat intérieur pour maîtriser le désir est autrement plus difficile que l'évitement de la tentation. Il demande d'affronter en soi l'agressivité sans être détruit par elle. Éviter la tentation est une option (de plus en plus difficile à mettre en pratique dans notre société de consommation qui fait partout une promotion agressive de ses produits. Fuir la tentation, s'en défendre en dénigrant l'objet désiré souligne une gestion encore incertaine de la frustration, car l'objet continue d'être désiré... La rechute n'est pas loin. Une des causes d'échec des régimes et autres tentatives d'arrêt de dépendances, est que les émotions sous-jacentes ne sont pas prises en compte. **Nous décidons avec la tête, mais si nous n'écoutons pas le cœur, c'est le ventre qui prendra le pouvoir.** Gérer vraiment la frustration, c'est regarder l'objet du désir et traverser en conscience toutes les émotions qui se présentent, sans s'y accrocher, sans leur laisser le pouvoir, simplement en les regardant, en les acceptant comme telles.

24

L'expression positive de la colère

La colère est donc une émotion secondaire à une blessure, un manque, une frustration. Elle est affirmation de sa personne. Elle sert au maintien de l'intégrité tant physique que psychique. Une colère saine est sans jugement sur autrui. Elle s'exprime à partir de soi, et utilise le « Je » plutôt que l'accusation « Tu es... ».

Quand tu... (énoncez précisément le comportement),
je... (dites votre émotion),
parce que... (partagez vos attentes, vos besoins, les raisons de votre émotion),
et je te demande de... (quel est votre besoin actuel?),
de façon à ce que... (fournissez une motivation).
Par exemple :
Quand vous m'appelez « mon petit »,
je me sens mal à l'aise,
parce que j'ai besoin de sentir votre estime, vous êtes mon patron,
et je préfère que vous m'appeliez par mon nom,
j'aurais davantage de plaisir à travailler avec vous.

Ou encore, comme Milena qui, à vingt-huit ans, a confronté par écrit (et avec succès) un père qui l'avait violée à partir de l'âge de douze ans et jusqu'à dix-sept ans :

Une saine colère

Quand tu *as abusé de moi alors que j'avais douze ans, et jusqu'à dix-sept ans,*
je me suis sentie *abîmée, blessée, trahie, détruite. Je suis d'autant plus furieuse que tu étais mon père,*
j'aurais attendu *de toi le respect de mon corps et de mon âme, et la protection qu'un père doit à ses enfants.*
Je te demande *de reconnaître ma souffrance, ma détresse, et combien ton acte m'a abîmée en tant que femme.*
Je te demande *de t'excuser de ce que tu as fait et que nous parlions ensemble de ce que tu pourrais faire ou me donner en guise de réparation.*
Ainsi *nous pourrons peut-être communiquer de nouveau.*

1. Soyez attentif à ne pas énoncer de jugement :

Spécifiez le plus précisément possible le comportement de l'autre, évitez les « tu es... », les définitions qui enferment l'autre dans un schéma, les généralisations : « tu fais *toujours* ça ».

« Je me suis senti rejeté » n'est pas non plus un sentiment, c'est un jugement. Vous êtes-vous senti triste ? Honteux ? En colère ?

« Je me suis senti agressé » est un jugement.

Le jugement est à proscrire parce qu'il suscite culpabilité, colère et autres complications émotionnelles indésirables.

2. Ne confondez pas sentiment et pensée.

« J'ai ressenti *que* tu ne t'intéressais pas à moi », n'est pas l'expression d'un sentiment. Chaque fois que vous serez tenté de mettre un *que* après *j'ai ressenti* vous énoncez votre pensée et non votre émotion.

3. Soyez précis dans vos besoins et attentes, n'accusez pas mais parlez de vous, de vos espérances, de ce que vous auriez voulu.

4. Choisissez un moment propice. Demandez à l'autre s'il est disponible pour entendre (ou, si c'est trop difficile, faites comme Milena, écrivez).

5. Affirmez votre besoin en restant bien ancré en vous, ne déviez pas, soyez attentif à ne pas vous mettre à protéger l'autre.

6. Vérifiez votre phrase : avez-vous spécifié de façon suffisamment précise le comportement dérangeant ? Votre sentiment est-il clair ? Ou avez-vous cherché à l'atténuer ou à le transformer pour qu'il soit plus acceptable ? Émettez-vous un jugement ? Votre besoin, votre demande est-elle explicite ?

7. Répétez votre phrase, jusqu'à trois fois. Si l'autre ne répond toujours pas, changez de stratégie. Il ne peut probablement pas vous entendre parce qu'il a lui-même trop mal, ou des difficultés à affronter des sentiments trop intenses. Si vous tenez à la relation, écoutez-le à l'aide des outils que vous découvrirez dans le chapitre « Empathie ».

Ces messages-Je sont difficiles parce qu'ils nous obligent à prendre la responsabilité de nos besoins et sentiments. Non manipulatoires, ils ne peuvent exprimer que des colères forcément justes puisque fondées sur l'expression d'un ressenti et non sur une accusation. Ils invitent à renoncer aux jeux de pouvoir.

8. Ne vous mettez pas en tête de *changer l'autre*. Vous n'avez pas de pouvoir sur la façon dont il (ou elle) choisit de gérer sa vie. Ses comportements le concernent... tant qu'ils ne vont pas à l'encontre de vos droits ou de vos besoins. On déduit trop souvent de la fameuse phrase « on ne peut pas changer les autres », qu'on ne peut rien leur demander. C'est faux. On ne peut changer les autres dans leur personne, mais si on sait les respecter dans leur être, ils sont souvent prêts à modifier leurs comportements pour la relation.

Retenir n'est pas toujours réprimer

Le stage a débuté en retard. Le formateur est lent, Gisèle s'ennuie. L'homme est décidément piètre pédagogue, Gisèle souligne les erreurs qu'il commet et lui fait remarquer les incohérences de son discours. Elle est furieuse et elle le dit. Elle reste toutefois au cours, espérant une amélioration. Lors de la pause, tout le groupe vient la remercier, elle a parlé pour eux, elle a dit ce que tout le monde pensait mais n'osait pas exprimer. Elle se sent soutenue. Cependant, dès qu'ils rentrent de nouveau dans la salle, plus personne ne dit mot. Cette formation leur est imposée par la direction. Gisèle, responsable d'elle-même, sait qu'elle a le choix : soit elle quitte la formation, soit elle reste et se tait. Elle pèse le pour et le contre, consciente des enjeux, elle décide de rester. Elle s'est respectée dans ses sentiments, elle assume la responsabilité de son comportement. En accord avec elle-même, elle fait face à la situation avec détermination et retient sa colère. Elle a dit ce qu'elle avait à dire. Tout au long de la journée, elle a su résister aux provocations de l'enseignant, quelque peu décontenancé par son changement d'attitude. À la stupéfaction de ses collègues, elle n'a plus réagi, restant calme, souriante, prenant ce qu'il y avait à prendre. À partir du moment où elle a décidé de rester, elle sait qu'elle est responsable d'être là, elle ne peut plus l'accuser, lui faire porter le chapeau de son insatisfaction. Pour s'aider et se faire un bouclier contre les piques qu'il continue de lui lancer, elle se met à lui envoyer mentalement des « bulles d'amour ». En revanche, au moment de remplir la feuille d'évaluation, à la question : désirez-vous poursuivre cette formation ? Elle répond NON. À son grand étonnement, tous les autres ont écrit : OUI, bien qu'ils aient assuré à Gisèle qu'ils trouvaient ce formateur incompétent ! Mais comme il est protégé par le directeur... Gisèle démontre une grande maîtrise de ses pulsions. Elle n'a pas refoulé sa colère mais elle l'a gérée et retenue. Elle sait se respecter et respecte les autres.

De la rancœur au pardon

La rancœur est faite d'une accumulation de non-dits. Pour s'en libérer, il n'y a pas trente-six mille solutions, il faut s'exprimer, parler. Le ressentiment est un toxique qui empoisonne davantage celui qui le porte que celui qui est à l'origine de l'offense. Paradoxalement, conserver du ressentiment épargne votre colère à votre adversaire. Pour garder actif le souvenir de la blessure, il faut continuer de souffrir ! Et pour entretenir la rancœur, il faut de l'énergie, tant physique (que de tensions) que psychique. Ne vous serait-elle pas plus utile pour construire votre vie, aimer ou créer ?

Qu'est-ce qui nous fait conserver si longtemps nos rancœurs ? Elles sont aussi des défenses. Le désir de vengeance et le ressentiment évitent de sentir la douleur. « Je ne peux pas rester comme ça avec ma souffrance, il faut qu'il paye ! » Ce sont donc des rackets.

Bénédicte n'arrive pas à se séparer de Kevin. Elle a peur d'affronter la solitude. Elle lui en veut de continuer à être amoureux d'elle, elle lui en veut de ne pas réussir à le quitter, elle lui en veut de sa dépendance... elle lui fait payer. Elle l'humilie devant ses amis, lui lance des piques, le plaque au milieu d'un repas au restaurant. Elle lui fait aussi payer au sens propre, en gaspillant la lumière — c'est lui qui règle la facture d'électricité. Elle se fait offrir des vêtements de luxe, casse « sans faire exprès » verres et vases. Elle est consciente du processus, mais n'arrive pas à le stopper. « Il faut que ça lui coûte cher. » Kevin s'étonne un peu de la facture, sans se rendre compte de la dynamique sous-jacente. Mais il fait la sourde oreille, il n'ose en parler ouvertement de peur qu'elle ne le quitte... Il est complice, il préfère accepter la rancune que dénoncer le problème et risquer une issue qui lui paraît insurmontable.

Ce qui signifie que, pour s'en libérer authentiquement, il s'agit d'abord de reconnaître la souffrance dans toute sa réalité, et de traverser les émotions qui s'y rattachent. Le pardon vient en point d'orgue d'un travail intérieur de conscientisation des faits, des responsabilités et des affects.

Il faut se détacher de la rancune pour vivre libre, mais un pardon trop rapidement consenti peut être une esquive. Quand j'entends par exemple : « J'ai pardonné à mes parents, je ne leur en veux pas. » J'ai des doutes sur la véracité du pardon. Surtout si la personne continue d'être déprimée, d'avoir peur de l'autorité, ou d'échouer dans ses relations sentimentales. Ce genre de pardon constitue une fuite de la vérité, une façon de se dérober devant l'émergence de sentiments agressifs. Je préfère nettement : « J'ai parlé à mes parents de mes frustrations, de mes souffrances d'enfant. Ils m'ont écouté, on a parlé. Ils m'ont parlé d'eux. Ma colère contre eux est tombée. » C'est possible, plus souvent qu'on ne le pense. L'expression des sentiments rétablit la communication.

Il ne peut y avoir de véritable pardon sans justice. Le pardon passe par l'expression de la souffrance et l'affirmation de la colère.

Les étapes du pardon

1. Exprimez vos sentiments. Dites à votre agresseur combien vous avez souffert devant son comportement. Partagez éventuellement vos « fantasmes paranoïdes », c'est-à-dire les raisons que vous imaginez (par exemple : « Je pense que tu as fait ça parce que tu ne m'aimais pas »).
2. Donnez la parole à l'autre, vérifiez vos intuitions, vos conclusions. Son comportement était-il dirigé contre vous ?
3. Obtenez que l'autre reconnaisse votre sentiment. Pour que vous puissiez pardonner, il est important, voire nécessaire, que l'autre reconnaisse la réalité de votre douleur.
4. Demandez réparation.

Accueillir la colère des autres

Écoutez! Écoutez le besoin de la personne sans chercher à la calmer. Le seul fait de se sentir acceptée dans son émotion la calmera bien plus efficacement que toutes les paroles d'apaisement que vous pourriez prononcer — lesquelles, interprétées comme un refus d'entendre sa colère, peuvent au contraire la majorer.

Acceptez l'émotion, reformulez ce que vous percevez de son ressenti. Tentez de vous associer à son vécu. Soutenez l'expression de sa colère en renforçant : « C'est vrai que c'est injuste », « Je comprends que vous soyez en colère »...

Si ce sont vos comportements qui font l'objet de la colère, ne vous justifiez pas. Commencez par accepter l'émotion de l'autre. Elle ne vous concerne peut-être pas, alors il est inutile de vous perdre en discussions stériles.

Si vous êtes réellement en cause, la situation est différente. Vous avez fait une erreur ? Reconnaissez-le. La personne s'est sentie blessée ? Compatissez. Reconnaissez l'importance de sa blessure. Excusez-vous. Proposez réparation.

« La colère est un formidable outil de croissance et d'épanouissement », rappelle Harriet Goldhor Lerner, dans *Le pouvoir créateur de la colère*.

Pour ne pas dévier d'une colère saine, restez en contact avec vous-même et continuez de vous poser ces questions : Qui suis-je ? Qu'est-ce que je veux ? Quel est mon besoin ?

AIMER, LA JOIE

25

Amour, toujours ?

Soudain le reste du monde s'efface, ils sont seuls dans cette cantine bondée et bruyante. Elle ne voit que lui, comme si les lumières s'étaient éteintes pour ne plus éclairer que son visage. Elle n'entend que sa voix, comme si le brouhaha ambiant avait fait place au silence, comme si tous s'étaient tus autour d'eux. Instant magique, leurs yeux se disent des milliers de choses. Leurs bouches continuent d'échanger des banalités, ils ne se connaissent que depuis quelques minutes, réunis par le hasard de la distribution des places à table. Mais leurs cœurs se reconnaissent. « C'est ça le coup de foudre ! se dit-elle. Comme dans les livres. » Pendant une semaine, ils ne se sont plus quittés. Pas de distance entre eux, ils étaient reliés l'un à l'autre comme par un fil invisible, attirés l'un vers l'autre, aimantés. Ils se retrouvaient entre les cours comme par magie. Leur relation baignait dans l'évidence, chacun sentait ce que l'autre vivait...

C'est le coup de foudre, mais est-ce l'amour ? Certains coups de foudre débouchent sur un amour profond et une relation durable, d'autres sur une aventure d'un jour.

Le mythe du coup de foudre

L'impression de se connaître depuis toujours est très troublante. Pour se l'expliquer, certains invoquent la réincarnation. En fait, notre cerveau semble lire l'inconscient de l'autre. Il détecte une problématique que nous connaissons, complémentaire de la nôtre, et qui va nous permettre de rejouer certains aspects de notre histoire. Ce sont donc plus souvent deux blessures que deux âmes qui s'appellent.

Pourquoi choisir quelqu'un qui va rouvrir nos plaies ? Pour cicatriser correctement, une plaie a besoin d'être nettoyée en profondeur. Nous avons oublié la blessure, mais l'écharde de la frustration est encore là, enfoncée dans la chair. Relation après relation, nous provoquons les naufrages, en choisissant toujours le même type de personne (indisponibles, froids, dissimulateurs...), en répétant les mêmes comportements erronés (faire plaisir, dissimuler ses faiblesses, taire ses doutes et ses peurs...). Chaque nouvel échec est l'occasion de se dire : « décidément, je ne suis pas digne d'être aimé », une déduction qui vient tout droit de la petite enfance...

Pour ne pas se dire « mes parents étaient incapables de m'aimer », l'enfant préfère penser « je suis incapable d'être aimé ». L'enfant devenu adulte va porter cette croyance et aura sans cesse besoin de la valider. Sa vie, ses expériences amoureuses s'en chargeront. Tant que nous n'identifions pas ce besoin d'amour, de reconnaissance, d'attention, comme venant de l'enfance, tant que nous ne voulons pas découvrir notre histoire, et remettre en cause l'attitude de nos parents ou de nos frères et sœurs face à nous, nous répétons.

Pour aimer librement, oser l'intimité, nous devons nous dégager des sentiments inconscients de honte et d'indignité.

Passion et dépendance

La passion ne débute pas toujours par un coup de foudre. On peut éprouver de l'hostilité, voire du mépris envers celui dont on va par la suite tomber amoureux fou.

Les modalités et les conditions des rencontres sont variées. Mais une chose reste semblable, parce que physiologique... l'état amoureux. Le coup de foudre, la passion, sont des états physiologiques tout autant que psychologiques. Les scientifiques nous expliquent que l'état amoureux est similaire à celui obtenu sous amphétamines. Les circuits nerveux sont saturés d'endorphines, ces molécules proches de la morphine sécrétées dans nos cerveaux. L'adrénaline stimule l'excitation sexuelle, le temps de la passion est très sexuel. Ivres de désir, on peut faire l'amour dix, vingt fois par jour, rester ensemble au lit soixante-douze heures d'affilée... À long terme, l'hypophyse est saturée d'adrénaline, la libido chute, les envies compulsives des premiers jours s'apaisent. Certains ne supportent pas cette diminution et changent de partenaire pour revivre l'excitation forte des premiers temps. Véritables drogués de l'amour, ils ont besoin sans cesse de nouveaux partenaires.

Après le choc amoureux, vient une période d'euphorie. On a une envie irrépressible d'exprimer sa joie, de crier son amour à la face du monde. Le néocortex est stimulé par les catécholamines, les inhibitions naturelles sont supprimées, un amoureux ose tout faire. C'est aussi un temps de dépendance. Au contact de l'amant, on se sent empli de joie et de sérénité... Sans lui, c'est l'angoisse. L'absence de l'aimé crée une baisse du taux d'endorphines dans le cerveau. On est en manque, exactement comme un drogué. La séparation ne nous rend pas seulement triste, le malaise est physique. Irritabilité, anxiété, énervement, ennui, désintérêt pour le monde extérieur, repli, prostration, troubles de l'appétit, du sommeil... L'autre réapparaît, les synapses (les connexions nerveuses) se rechargent en substances morphiniques, la joie revient. Dans la passion, la bienheureuse béatitude alterne avec la souffrance vive. La dépendance amoureuse rappelle la dépendance à la mère des premiers mois de la vie. Remontent alors les conflits, les émotions refoulées, les souffrances liées à cette période. L'aimé, homme ou femme, incarne maman. Il est tour à tour la bonne mère, lorsqu'il est présent et donnant, et la mauvaise, lorsqu'il est absent et frustrant.

Si les émotions de la passion sont souvent violentes, intenses dans le positif comme dans le négatif, c'est qu'elles réactivent le vécu archaïque du nourrisson. Les passions ont en général une durée limitée ; il est rare que les amants réussissent à devenir compagnons de vie. Les passionnés se regardent dans les yeux, vibrent et respirent à l'unisson. Cet état de fusion les empêche de se détacher suffisamment pour regarder ensemble dans la même direction.

L'amour longue durée, c'est la difficile histoire entre sécurité et liberté, entre appartenance et personnalisation, entre fusion et séparation, entre lien et autonomie.

« J'en pince pour toi »

L'amour est-il un sentiment ou une émotion ? Le même mot recouvre les deux dimensions. L'émotion d'amour est intense, violente, elle déclenche des sensations physiques fortes, le cœur/ muscle est sollicité, on le sent qui vibre, frémit, se pince... (Est-ce de là que vient cette expression « J'en pince pour toi » ?)

Le sentiment d'amour se construit jour après jour, il se nourrit de l'émotion d'amour mais ne se réduit pas à elle. On se sent content, heureux avec l'autre dans une relation qui n'a plus besoin de la présence permanente. Le lien est là, on est prêt à traverser ensemble les difficultés de la vie. La félicité s'inscrit dans la durée. Dans le couple, complicité et solidarité deviennent plus importants qu'érotisme et séduction. Les palpitations cardiaques font place à des vibrations plus subtiles. Comment les décrire ? Certains évoquent un feu dans la poitrine, des picotements, une sensation de vague qui monte, vous envahit, et s'efface doucement en vous laissant plein et serein. L'émotion d'amour est très présente au début d'une relation, dans la découverte de l'univers de l'autre, et le feu de la passion. Elle surgit de nouveau lors de retrouvailles après une séparation, quand un proche est en danger... mais aussi à l'occasion d'un bouquet de fleurs, d'une attention tendre, et chaque fois que l'on prononce ces mots délicieux : « Je t'aime ».

Aimer, la joie

L'amour maternel, comme le paternel, est aussi un sentiment qui s'étaie sur une relation tissée jour après jour.

Le sentiment d'amour s'installe progressivement, il a besoin pour durer d'être ponctué d'émotions tendres.

26

Aimer, un verbe actif

J'aime les gâteaux, j'aime les femmes, j'aime ma femme, je t'aime, j'aime courir, j'aime lire... Que de confusions naissent de ce que nous n'avons qu'un vocable pour désigner l'amour. Mais peut-on enfermer l'amour dans une définition ? Les mots sont insuffisants pour décrire toutes les subtilités de ce sentiment qui nous relie aux autres et au monde.

Qu'est-ce qu'aimer ?

Céline vient me voir parce qu'elle souffre beaucoup dans sa relation à l'homme qu'elle aime. Elle a trente-huit ans, il est temps pour elle de faire un enfant, mais son compagnon refuse de s'engager. Ils sont ensemble depuis sept ans. « Ensemble » est un bien grand mot, ils ont toujours eu des logements séparés et Yussef a passé deux de ces sept années dans son pays. Ils passent de bons moments l'un avec l'autre, il lui dit qu'il l'aime... mais il est toujours parti et ne veut pas d'une vie en commun.

Je demande à Céline : « Qu'est-ce qu'aimer ? »

Du tac au tac elle me répond : « C'est prendre soin de l'autre.

— Il prend soin de toi ?

— Non... (elle pleure)... Jamais personne n'a pris soin de moi. »

Céline avait des parents toujours très occupés avec cinq enfants et beaucoup de travail. Mise en pension dès l'âge de dix ans, elle a vécu loin de sa famille. À la question qu'elle posait souvent : « Dis maman, tu m'aimes ? » sa mère répondait : « Bien sûr que je t'aime », tout en continuant d'éplucher poireaux ou pommes de terre. Mais elle ne la regardait pas, elle n'avait pas de temps pour jouer, elle ne faisait attention ni à ses sentiments, ni à ses besoins. Céline a appris qu'aimer rimait avec distance. Si elle est restée si longtemps avec Yussef sans oser manifester ses besoins d'une plus grande proximité, c'est qu'elle est habituée à recevoir peu depuis toujours.

Aimer, c'est prendre soin

Erich Fromm le pose clairement, et je le rejoins : « L'amour est une sollicitude active pour la vie et la croissance de qui nous aimons. Là où manque ce souci actif, il n'y a pas d'amour[1]. » Ce qui signifie qu'au moment où nous frappons un enfant, par exemple, nous ne l'aimons pas. Au moment où l'on blesse, humilie, trahit une personne, on ne l'aime pas.

Ce soir, Étienne est prodigieusement énervé. Son fils Fabrice, sept ans, refuse d'aller se coucher. Il l'attrape par les cheveux et lui donne une fessée. À l'instant où Étienne agrippe Fabrice, il le hait. S'il était resté dans l'amour, il aurait peut-être crié : J'en ai marre, j'ai besoin de calme ! » mais il n'aurait pas cherché à soumettre Fabrice, et il n'aurait pas pu le frapper. Il est difficile d'admettre que nous puissions haïr nos enfants. Nous les aimons, et nous tenons à notre image de « bons parents ». On se cache alors derrière ces justifications, c'est « pour leur bien », « par amour » que nous les châtions.

Les seules interventions brutales réellement motivées

---

1. *L'Art d'aimer*, p. 44.

par l'amour sont celles destinées à sauver un enfant d'un danger. Vous l'attrapez brusquement pour lui éviter d'être heurté par une voiture... Regardez en vous. Est-ce le même état interne que lorsque vous voulez à toute force qu'il mange ses épinards ou vous obéisse ? N'enseignons pas à nos enfants qu'aimer c'est être froid, frapper, crier sur l'autre, ignorer les sentiments, se montrer distant, dur, ou inaccessible. Apprenons-leur que l'amour vrai est fait d'empathie et de partage, d'attention et de respect, d'intimité et de tendresse, de proximité affective et de gratitude.

La leçon du Petit Prince

L'amour entraîne la responsabilité. Comme le renard l'explique au petit prince, apprivoiser, c'est créer des liens, et « Tu deviens responsable pour toujours de ce que tu as apprivoisé[1] ».

Responsable ? Le mot dérive du latin *respons*, qui signifie répondre de. **Aimer, c'est répondre de la relation.** Plus concrètement, cela signifie être attentif aux besoins psychiques de l'autre. Non pas les prendre en charge, mais les respecter, les écouter et leur donner réponse. **Aimer, c'est faire attention à notre façon de traiter l'autre.**

La communication et l'écoute mutuelle sont des conditions nécessaires à l'éclosion et surtout à l'entretien d'un amour authentique.

L'amour est indissociable du respect. Il n'est pas compatible avec l'humiliation. Je me souviens d'avoir été profondément choquée par l'attitude d'un homme vis-à-vis de sa femme lors d'un repas. Devant tout le monde, il l'a traitée de « conne », puis de « pauvre idiote ». Comme je lui exprimais mon malaise devant cette façon d'insulter sa femme, il me répondit que c'était affectueux ! Il lui parlait toujours comme cela et cela ne voulait pas dire qu'il ne l'aimait pas... En réa-

---

1. *Le Petit Prince*, Antoine de Saint-Exupéry, Gallimard, coll. Folio Junior, p. 74.

lité, il ne l'aimait pas, mais ne le savait pas encore. Il avait eu du désir pour cette femme, il avait éprouvé une certaine forme d'affection, il avait pris l'habitude de vivre avec elle, elle lui était familière. Plus tard, il est tombé amoureux d'une autre femme. Pour la première fois de sa vie, à soixante et un ans, il a connu l'amour. Ses insultes envers son épouse lui sont alors apparues pour ce qu'elles étaient, des manifestations de frustration et de colère.

Le mot respect est dérivé du latin *respicere*, qui signifie regarder. Le respect n'est pas un devoir moral, mais un mouvement intérieur spontané qui signe l'amour. C'est la capacité à voir la personne telle qu'elle est, c'est être conscient de son unicité, c'est désirer la voir s'épanouir selon ses propres désirs et voies, et non selon nos projets. Sinon, ce n'est plus de l'amour, c'est de l'exploitation. On peut faire des projets avec les autres, pas sur les autres. « Je veux qu'il fasse du football, me dit Pierre à propos de son fils. Il n'aime pas ça, mais je le force, j'aurais tellement aimé en faire à son âge. » L'exemple paraît caricatural, il est pourtant authentique. Combien de parents veulent ainsi diriger l'avenir de leurs enfants ? Roger a tout fait pour inciter sa fille à entrer dans la fonction publique comme lui. Yves continue d'avoir du mal à admettre que son fils devienne archéologue plutôt que professeur de mathématiques ou comptable.

Dans un couple, les mêmes tendances de contrôle sur la vie de l'autre peuvent se profiler. Olga en a assez de vivre en vase clos dans la maison, elle veut se réaliser socialement, s'inscrire dans le monde du travail... Leurs enfants ont cinq et neuf ans. Mais Patrick a peur de la voir s'émanciper. Il tente de la dissuader pour la conserver à son service. Elle s'occupe de lui sur le plan matériel puisqu'elle assure la totalité de la charge ménagère, mais aussi, et probablement surtout, elle est au service de ses besoins affectifs. Tant qu'Olga est dépendante de lui financièrement, Patrick peut se permettre de dépendre d'elle émotionnellement.

Dans le couple de Roland et Sabrina, c'est elle qui freine. Il voudrait monter son entreprise, elle le persuade de rester dans la fonction publique. Elle met en avant la sécurité financière, au-delà de cela, elle a peur qu'il ne prenne trop d'autonomie, de confiance en lui... Pourquoi? Elle s'estime si peu que la perspective de voir son mari s'épanouir en dehors d'elle la terrifie. Elle a peur de ne plus être à la hauteur.

Tant que nous avons besoin de l'autre pour combler nos manques, ce que nous appelons amour est mâtiné de Canada Dry — ça ressemble à de l'amour, ça a le goût de l'amour, mais ce n'est pas de l'amour. Aimer, c'est s'ouvrir à la réalité de l'autre, tel qu'il est, sans chercher à le rendre conforme à nos attentes, c'est l'encourager dans sa voie, même si elle n'est pas la nôtre, tout en respectant et exprimant nos besoins propres, bien entendu.

La gratitude est aussi une facette incontournable de l'amour vrai. Comme le respect, ce n'est pas non plus un devoir moral, mais un élan issu de l'intérieur. Quand on est heureux avec quelqu'un, on ressent de la gratitude à son égard. Non pas tant pour tel geste ou telle parole, mais tout simplement parce qu'il existe et nous offre de vivre tout ce bonheur.

27

Vers une relation longue durée

Pour qu'une relation s'inscrive dans la durée, non seulement sans se scléroser, mais en continuant d'être un lieu d'épanouissement mutuel et une source rafraîchissante pour les deux partenaires, il lui faut rester saine, fluide et tout à la fois solide et souple. En fait, comme pour le roseau, sa souplesse fait sa solidité.

Qui dit relation dit (au moins) deux personnes. Le lien implique l'altérité. Et l'altérité amène immanquablement le conflit. La communication et le partage des émotions sont les ingrédients obligés d'une relation saine. Les aptitudes à s'écouter, à apprendre l'un de l'autre, à résoudre les conflits font la qualité du rapport. Aimer ne veut pas dire se confondre l'un dans l'autre. Un couple vivant est une relation qui permet à chacun de devenir chaque jour davantage lui-même. L'altérité du compagnon nous confronte à nous-mêmes, à nos limites, à notre éducation, à nos sentiments refoulés. Quand on a envie de fermer son cœur à l'autre, quand on l'accuse de tous les maux, c'est qu'on bute sur ses propres émotions inconscientes. Conserver le cœur ouvert chaque fois qu'on peut avoir envie de le fermer est un moyen non seulement de protéger la relation, mais de grandir personnellement.

Quand on exprime les choses, on peut toujours trouver un terrain d'entente. Seuls les non-dits creusent des précipices infranchissables. Résoudre les conflits, les petits autour de la moutarde ou du dentifrice comme les grands autour de l'éducation des enfants, de la sexualité ou du lieu de résidence, fait partie de la relation. Les conflits ne perturbent pas le lien, ils le nourrissent, tout comme les nœuds du bambou qui ralentissent sa croissance mais lui confèrent davantage de solidité. Ce qui tue le couple, c'est le jeu de pouvoir.

Exprimer ses sentiments et ses besoins

Si vous ne pleurez pas la mort de votre père avec votre compagne, si vous ne partagez pas vos peurs avec votre conjoint, si vous retenez une émotion, dissimulez un sentiment, vous creusez un fossé entre vous. N'a-t-on pas droit à un « jardin secret » ? Un tel espace est certes nécessaire à un enfant pour se construire une personnalité autonome, bien distincte de ses parents et dans laquelle ceux-ci n'interfèrent pas. Les parents ont aussi un jardin secret pour leurs enfants, leur intimité sexuelle. En dehors de cela, les secrets sur les souffrances, la maladie, les morts, les fausses couches, les actes délictueux d'un membre de la famille, les tromperies d'un parent, les tares d'un ancêtre, tout ce qui est habituellement considéré comme ne regardant pas les autres (et encore moins les enfants...) sont toxiques pour la relation.

Tant de choses peuvent faire obstacle à l'amour, en fait **toute émotion non exprimée est susceptible d'interférer avec la libre circulation de l'amour.**

L'empathie

L'empathie est la capacité à percevoir ce que l'autre ressent. Pour aimer vraiment et intensément, il est important de cultiver la capacité à s'identifier. Attention, il ne s'agit pas de se projeter dans l'autre, c'est-à-dire de lui attribuer notre propre ressenti, mais de se mettre vraiment dans sa peau quelques instants. Lorsque vous percevez ce que peut vivre votre conjoint alors que vous l'humiliez... vous cessez tout simplement. Cela veut dire qu'il faut aussi pouvoir être capable par moments de faire passer les intérêts et les émotions de l'autre avant les siens propres, de penser à ce que peut ressentir l'autre. Un chapitre entier sera consacré plus loin à cette dimension fondamentale de l'écoute qu'est l'empathie.

Partager

Le partage est le symbole du lien. Un compagnon est étymologiquement celui avec qui vous partagez le pain. Mais au quotidien, il ne suffit pas de manger à la même table pour se sentir lié. La relation se crée et s'entretient par le partage d'émotions...

On s'ennuie lorsque le cœur dissimule. Plus nous tenterons d'offrir de nous une image idéale à notre conjoint, plus nous l'éloignerons. De nombreuses liaisons extraconjugales ont pour origine le désir de trouver une oreille à qui se confier. L'amant, la maîtresse écoute, c'est quelqu'un à qui on peut dire tout ce qu'on ne dit pas à son mari ou sa femme.

D'aucuns vous diront que « pour éviter l'ennui, introduisez de la variété ». Je pense qu'il est inutile de chercher à l'extérieur ce qui doit venir de l'intérieur. Sortir beaucoup, voir du monde, du pays, varier les expériences, peut permettre de ne pas voir les difficultés de la relation, de ne pas se rendre compte qu'on n'a plus rien à se dire. Ce qui inscrit le couple dans la durée, c'est le partage émotionnel. Quand les échanges sont fluides, le mouvement est à l'intérieur, il n'a pas besoin d'être à l'extérieur. Le couple le plus aventurier n'est pas forcément celui qui fait le tour du monde. Celui qui ose sonder les profondeurs des inconscients va plus loin, sans bouger de chez lui. **La révélation des sentiments crée l'intimité, et c'est la plus fabuleuse de toutes les expériences.**

28

Ouvrir son cœur, l'intimité

Je définirais volontiers l'amour vrai comme la capacité à vivre l'intimité. L'intimité est un espace relationnel dans lequel on se permet un échange direct, sans masque, authentique et spontané d'énergie, de caresses, de sentiments, et de pensées. L'intimité implique une grande ouverture et réceptivité à l'autre. Nos abysses nous intimident, ils font pourtant notre spécificité et notre beauté.

Pour beaucoup de gens, intimité est associée avec secret. Ils hésitent à se montrer dans la nudité de leur âme. La honte est là, ancienne. On se dissimule, sans même y prêter attention, à ses proches et même à son conjoint.

Se donner la permission d'aimer et d'être aimé

« Je n'aime personne, sauf mes enfants. Je ne sais pas aimer », constate Julie avec désespoir. Julie a peur de l'intimité, sauf avec ses enfants, parce qu'ils sont dépendants d'elle. Avec eux, elle peut se risquer à ressentir de l'amour. Avec les autres, elle a des relations plutôt superficielles. Elle juge facilement, méprise les gens pour les écarter d'elle.

Même dans son couple, elle s'installe dans une dynamique de reproches permanents pour maintenir son mari à distance respectable. Souvent, depuis le début de sa thérapie, elle s'est demandé si elle l'aimait vraiment. Elle est attachée à lui, mais le sentiment amoureux est absent. Julie ne se donne pas le droit d'aimer.

Il (elle) vous reproche de ne pas l'aimer? Trouvez le grain de vérité. Pouvez-vous tout lui dire? Partager vos pensées, vos sentiments? Lui montrer vos émotions? Votre tendresse? Vous abandonner à la sienne?

Rosalie refuse de dire « Je t'aime » à son fils. Elle a pourtant quatre-vingts ans, elle sait le dire à ses petits-enfants, mais elle ne l'a jamais dit à son fils. Il a soixante et un ans, et il doute toujours. Il a du mal à se faire de véritables amis, il est profondément triste et s'enferme en lui-même. Pour éviter la dépression, il s'absorbe dans son travail et collectionne des objets coûteux. Aux autres, Rosalie confie son amour pour son fils, mais à lui jamais. Elle refuse en arguant : « Il le sait bien. » Mais au fond d'elle, elle sait pertinemment que c'est faux. En réalité, elle a peur de l'intimité avec lui; elle refuse de faire face aux sentiments intenses qui l'envahiraient si elle prononçait les mots « Je t'aime » avec son cœur en le regardant dans les yeux. L'émotion d'amour lui est intolérable, elle lui fait peur parce qu'elle lui a tant manqué. Toute petite elle a vécu l'abandon; puis elle a subi la sévérité extrême d'un père qui la terrorisait et qui, bien sûr, ne lui a jamais dit qu'il l'aimait. De plus, montrer son amour à son fils risquerait de réveiller sa culpabilité. Quand il était petit, elle l'a frappé, enfermé, rabaissé. Elle lui a fait si mal, qu'elle refuse de le reconnaître. Aujourd'hui, Rosalie critique les attitudes dépensières de son fils, elle déplore son isolement, sans vouloir prendre conscience de sa part de responsabilité, et surtout sans oser lui donner ce qui le guérirait : un mot d'amour et des excuses pour ce qu'elle lui a fait subir.

Il n'est jamais trop tard pour se donner la permission d'aimer. Dans mon cabinet, je vois quotidiennement des parents de soixante, soixante-dix, quatre-vingts ans, pleurer devant leur fils ou leur fille pour la première fois de leur vie et leur dire « je t'aime ». Cet acte de courage est toujours récompensé. Le pardon est immédiat. La relation devient plus authentique, plus solide. Quelle réconciliation !

Il n'est jamais trop tard pour se réconcilier

L'amour est plus fort que les années. La mère de Rose est en maison de retraite, les médecins ont diagnostiqué une maladie d'Alzheimer. À soixante-dix ans, elle perd les pédales. Rose va la voir tous les samedis, mais sa mère ne la reconnaît même pas. La visite hebdomadaire est une corvée. D'autant que Rose a le sentiment de n'avoir reçu de sa mère que des coups et des critiques. Elle est partie de chez elle très tôt pour ne plus subir cette dévalorisation permanente, cette souffrance physique mais surtout psychique, de ne jamais se sentir acceptée. Je l'invite à regarder son enfance, à oser penser l'injustice et à ressentir de la colère envers cette mère qui aurait dû l'aimer. Le samedi suivant, elle dit à sa mère à quel point elle a pâti dans son enfance, mais aussi par la suite dans sa vie d'adulte, de ces humiliations, de ces coups et de ce manque d'amour. Sa mère semble ne rien entendre, parle d'autre chose, persiste à ne pas la reconnaître. Mais le samedi suivant, un miracle attend Rose. Sa maman l'accueille bras ouverts. Elle l'appelle par son prénom, la prend contre elle et en pleurant lui dit : « Merci, Rose, je me rends compte que je n'ai jamais aimé aucun de mes quatre enfants, je veux vous aimer maintenant. Je t'aime, Rose. » Depuis ce jour, la mère de Rose se porte plutôt bien, elle a récupéré sa mémoire et le contrôle de ses sphincters, elle a davantage d'autonomie que les autres pensionnaires. C'est la seule dans le service à montrer une évolution si favorable.

« Il existe un remède universel... l'amour », disait le Dr Roger Fix lors d'un congrès médical.

« Je t'aime »

Si votre petite Flora vous demande : « Tu m'aimes, maman ? » alors que vous êtes en train de faire la vaisselle ou de pianoter sur votre ordinateur, interrompez votre geste pour lui répondre en la regardant, et en le ressentant : « Je t'aime, Flora. »

Si vous n'avez pas encore la capacité de vous arrêter pour lui donner de l'attention, dites-lui : « Je prépare le dîner (ou je travaille encore une demi-heure...), je suis à toi tout de suite après. » Et lorsque vous avez terminé, allez la voir et dites-lui en la regardant dans les yeux et en le ressentant dans votre cœur : « Je t'aime, Flora. »

Évitez absolument de dire « Je t'aime » en faisant autre chose ! Vous lui enverriez deux messages contradictoires, et c'est le message non verbal qu'elle retiendra !

Prenez le temps d'être disponible. Souvenez-vous que **les seules vraies urgences sont affectives**. Une émotion doit avoir priorité sur le reste.

À vos enfants, donnez ne serait-ce qu'une demi-heure par jour de jeux et de câlins. Et attention, le temps passé avec eux sur les devoirs, les leçons et toutes ces choses importantes *pour vous*, ne comptent pas dans le temps *pour eux*.

29

Rire avec ou rire de...

« J'ai l'impression que je n'ai pas droit au bonheur, me confie Thérèse. Même quand tout va bien, dans les moments où tout le monde s'amuse, je suis mal à l'aise, je n'arrive pas à me sentir heureuse. Mon mari me reproche de ne pas savoir rire. »

L'aptitude à ressentir et exprimer la joie est fonction de l'intensité et de la fréquence des câlins partagés. Un bébé rit quand on le chatouille, quand on joue à cache-cache. Son visage explose de joie dans le contact. Un bébé rit avec vous. La plupart des adultes aiment les bébés. On peut les embrasser, les caresser, les chatouiller, faire tout ce qu'on n'ose plus faire avec les adultes mais dont on a tant envie et besoin. Le rire d'un tout-petit n'est jamais moqueur. C'est un si beau rire, un rire pur, un rire de complicité, d'intimité. Les bébés ne rient pas des gens, ils rient avec les gens. Ce qui les fait éclater de rire, c'est la relation. Ils adorent le jeu de coucou, les papouilles, les regards qui se cherchent.

Un peu plus grands, les enfants rient de courir ensemble, de se fuir et de s'attraper, de se chamailler, de se chercher et se trouver. Ce sont des rires de partage, des rires avec. Adolescents, ils rient encore, de tout et de rien, ils partent dans de grands fous rires communicatifs. Ils rient d'être en bande, ils rient d'être ensemble. Ils éclaboussent de leur complicité les grandes personnes qui ne savent plus s'amuser. Celles-là, pour se défendre, jugent « bête » le rire des jeunes. Les adultes souvent ne savent plus rire ensemble, de rien, juste de complicité, d'intimité. Il leur faut des blagues, ils rient des autres ou d'eux-mêmes.

On entend dire que les enfants sont durs, méchants les uns avec les autres, qu'ils ne ratent pas celui qui est plus petit, plus roux, plus mal habillé, plus gros que les autres. Ils se moquent de la brebis différente. Mais est-ce là l'attitude naturelle d'un enfant heureux et à l'aise en lui-même? Ce type de comportement n'apparaît pas dans des milieux acceptants. On se moque pour se défendre, pour protéger son identité. Si celle-ci est solide, on n'éprouve pas le besoin de rabaisser les autres. Se moquer implique une distance à autrui, c'est une défense contre d'autres sentiments, la gêne devant la souffrance, la timidité devant la différence, la peur de l'intimité, le besoin de contrôler devant la perte des repères. S'amuser aux dépens d'autrui, c'est se placer en situation de supériorité, donc se sentir plus fort, se rassurer sur soi. Beaucoup de boute-en-train, de comiques, de gens qui font rire les autres sont des personnes vraiment très insécurisées quant à leur identité et à leur capacité à être aimées.

Raconter des blagues dans une soirée est une façon d'éviter l'intimité. On « rigole bien ». En fait, les histoires drôles permettent de ne pas parler de soi, de ne pas faire face au silence qui, peut-être, risquerait de s'installer, de ne pas se confronter au peu de sens de sa vie, au peu de choses intéressantes sur soi à échanger. Ce rire-là n'est pas un rire de joie. Si l'humour, les jeux de mots et les blagues non dévalorisantes sont des sources de plaisir et de connivence, leur utilisation abusive est un paravent. Et, s'il y a un humour sain, il y a un humour malsain. Les blagues dites cochonnes ou les blagues méchantes et dévalorisantes pour une partie de l'humanité (les femmes, les homosexuels, les juifs, les Arabes, les Noirs...), comme toute expression de mépris, sont une manifestation de la répression d'une partie de soi, d'une honte intérieure, de sentiments blessés. C'est le sentiment d'humanité en soi qui est coupé.

Jouer et faire la fête

« Je devais avoir quatre ans, raconte Nicolas. J'étais allongé par terre, je faisais rouler mes petites voitures. Je les revois encore. Tout à coup, j'ai vu deux immenses chaussures près de mon nez. J'ai levé les yeux. Un homme me regardait, il a dit : "Tu as de la chance de savoir jouer comme ça !" J'étais interloqué : "Vous ne savez pas jouer ?" Il me regardait toujours du haut de sa taille : "J'ai su, mais j'ai oublié." J'ai eu beaucoup de tristesse pour lui, j'ai considéré mes voitures et je me suis fait la promesse de ne jamais oublier. J'ai trente-cinq ans et je n'ai pas oublié, je sais encore jouer en m'allongeant par terre avec des petites voitures, et toutes sortes de choses. »

Combien d'entre nous savent encore jouer ? Nombre de parents lisent des histoires à leurs enfants, leur offrent des jouets électroniques qui s'animent et qui « jouent tout seul ». Ils regardent le robot marcher ou écoutent la poupée dire maman, mais ils n'arrivent pas à s'asseoir par terre auprès de leurs enfants pour jouer « pour semblant » à la marchande, à l'école ou au garage. Certains disent « Je n'ai pas que ça à faire », d'autres avouent « Je m'ennuie ». En fait, il s'agit là encore d'une difficulté avec l'intimité. Ces parents ne savent plus jouer. Certains n'ont jamais su, d'autres ont oublié.

Les adultes ne savent plus courir et tournoyer autour des arbres en chantant, grimper sur un plot de stationnement et faire la circulation à leurs enfants, disputer une bataille de boules de neige, jouer à se poursuivre dans le métro ou faire du slalom en criant dans une foule. « Ça ne se fait pas » ou « Ce n'est plus de mon âge ». S'ils sont invités à un bal costumé, ils portent leurs déguisements sous le bras et ne s'habillent qu'en arrivant sur place, de peur qu'on ne les regarde dans la rue. « Il faut donner une image de respectabilité. » Quand on est tellement peu sûr d'être vraiment adulte à l'intérieur de soi, on tient aux apparences !

Des plaisirs à la joie

« Quand j'avais ma décapotable, de l'argent plein les poches, j'avais toutes les filles et des centaines d'amis. Aujourd'hui, je suis ruiné. J'ai un boulot, une voiture ordinaire, j'ai une femme et quelques amis. C'est terrible à dire, mais il m'a fallu perdre tout mon argent pour m'aimer vraiment. J'étais prisonnier d'un système. Je n'étais jamais certain qu'on m'aimait pour moi, je me disais toujours que les gens étaient attirés par mon argent et non par ma personne. Alors forcément, j'en rajoutais, je voulais me faire aimer, je m'achetais les plus belles voitures, j'invitais dans les endroits chic... Maintenant, je suis sûr que je suis aimé pour moi, je suis plus authentique. »

Qu'est-ce qui rend heureux ? Qu'est-ce que le bonheur ? L'humain a besoin d'accomplissement. La joie est l'émotion de la réussite et de l'intimité. On est heureux quand on aime, quand on se sent libre, quand on s'épanouit, quand on se dépasse. Vivre dans la joie ne dépend ni des richesses extérieures, ni des circonstances, mais de la capacité à vivre l'intimité.

Sautez, dansez, embrassez qui vous voudrez...

Vincent a réussi à décrocher un gros contrat. Il a défendu son projet avec brio devant des clients qui pèsent des milliards et un aréopage de diplomates. Il a même été applaudi. En sortant de sa réunion, il aurait voulu sortir avec des copains, courir, danser, crier, sauter de joie. Mais il avait rendez-vous avec son patron dans un grand restaurant pour « fêter ça ». Il s'est senti obligé de parler doucement et courtoisement, de se bien comporter. Le lendemain matin, il s'est réveillé avec un mal de ventre terrible, et il est resté trois jours au lit. Il n'a pas « digéré » son dîner officiel tant il a dû réprimer l'expression de sa joie.

Les jeux Olympiques de 1996 à Atlanta nous ont offert un spectacle exceptionnel : des explosions de joie. La télévision nous propose plus souvent des larmes, des visages dévastés par la souffrance, tordus par la colère, fermés devant l'adversité. Les divertissements sont moqueurs pour la plupart. Les images du bonheur distillées par les publicités sont des images de séduction, de plaisir. Les transports de joie authentique sont rarissimes. C'est si rare de voir des gens sauter, se tomber dans les bras, s'embrasser... Pourtant, quels beaux moments! Chaque médaille était accueillie par d'intenses émotions. Dopés par l'intensité de l'instant qui couronnait tant d'années d'efforts, par la présence de dizaines de milliers de spectateurs et de dizaines de millions de téléspectateurs, les athlètes jubilaient, sautaient, levaient les bras. Le visage rayonnant, ils couraient étreindre leur entraîneur ou leur famille. Dans les sports d'équipe, on est habitué à se toucher. La complicité, on connaît. Les athlètes sautaient dans les bras les uns des autres. Toute l'équipe médaille d'or de handball est tombée en hurlant sur le terrain, entraînant au sol celui qui avait marqué le dernier point, dans une joyeuse mêlée.

À la fin de la compétition, les gymnastes ont donné un spectacle « pour le plaisir ». Plus de note, plus de performance, juste le plaisir du corps, le plaisir de la représentation, la joie de partager. Le commentateur français illustrait bien nos difficultés culturelles avec le plaisir. Il ne pouvait s'empêcher de critiquer. Lui-même s'en rendait compte, rappelait que les exercices n'étaient pas notés et persévérait pourtant à repérer les fautes plutôt que de simplement prendre plaisir à admirer. Toujours ce satané jugement qui freine le plaisir de la communion! Faut-il gagner une médaille d'or pour se laisser aller à exprimer bruyamment sa joie?

Ne vous réfugiez pas derrière l'excuse : « Je ne suis pas démonstratif(ve). » La joie est un transport. Laissez-vous transporter! Vous serez encore plus heureux.

30

Vers une sexualité épanouie

Le sexe est encore tabou, malgré le Minitel rose, la multiplication des partenaires et les allusions érotiques quasi permanentes dans l'environnement. Il est devenu un produit de consommation, et on l'évoque comme tel. La réalité de ce qui se passe dans l'intimité se dissimule sous une pudeur marquée de doutes et de culpabilité. Peu osent discuter avec leurs amis (ou même avec leur partenaire) de ce qu'ils ressentent au lit. Sourires gênés ou rires gras accompagnant les blagues cochonnes servent un même but : maintenir le tabou. Une des activités les plus importantes de la vie humaine est presque totalement passée sous silence. Comment s'étonner alors qu'elle soit le lieu de tous les fantasmes? Une des plus grandes sources de joie et de jouissance terrestre est fréquemment empreinte de violence et marquée par les rapports de force. D'où vient que la sphère du plus intime rapprochement entre deux êtres soit le lieu de tant de haine? Qu'est-ce qui a permis la perversion de l'amour?

Peurs

On dit que l'homme a peur de la femme, que sa sexualité mystérieuse et puissante le fascine mais aussi l'intimide. Il lui faut la contrôler pour ne pas être dépassé. La fusion amoureuse ressemble à la symbiose maternelle dans laquelle nous avons baigné à l'aube de notre vie. S'y abandonner serait perdre ses repères, voire son identité... Si la mère a été ambivalente, violente ou captatrice, faire l'amour devient compliqué pour la femme comme pour l'homme. L'homme pénètre, il lui faudrait dominer cette femme trop puissante qui risquerait de l'avaler ou de le détruire. La femme doit laisser l'autre la pénétrer, avec tout le danger fantasmatique de détérioration de son intérieur. La peur de se laisser aller, de lâcher prise, est en relation avec les expériences du début de la vie. Puis-je faire confiance à cet autre ? Puis-je le laisser entrer en moi, pénétrer dans mon intimité ? La peur, pour demeurer inconsciente, n'en est que plus virulente. Elle s'exprime par des symptômes divers, éjaculation précoce ou impossible, frigidité, vaginisme, impuissance, donjuanisme (il séduit mais ne passe pas à l'acte), pornographie, sexe permanent. Certains hommes, qui se vantent d'adorer *les* femmes, ne peuvent en aimer une. Ils font jouir leurs conquêtes avec doigté, mais ne font jamais *l'amour*. Ils éjaculent, certes, mais ils ne lâchent pas le contrôle, de peur d'être absorbés dans le monde féminin. Cette terreur se double d'une grande agressivité contre la mère, elle aussi tapie dans l'inconscient. Certaines mères ont pu être trop fusionnelles. Insatisfaites dans leur couple, elles ont pu reporter leurs attentes affectives sur leur fils, sans jamais réussir à lui dire clairement ce qu'il avait besoin d'entendre : « Non, je ne me marierai, ni ne ferai jamais l'amour avec toi. » D'autres ont été carrément maltraitantes. Nombre d'hommes ressentent le besoin irrépressible — dans le fantasme ou dans la réalité — d'avilir la femme, de la posséder, de la salir, l'utilisant en fait comme outil de vengeance.

Nombre de femmes se retiennent, se contrôlent, pensent à autre chose et simulent l'orgasme pour plaire à leur partenaire. Elles ont été blessées dans leur corps et/ou dans leur âme. Trop nombreux sont les pères abuseurs, ceux qui ont séduit, touché, utilisé leur fille pour leurs besoins propres, ou ceux qui ne lui ont jamais dit : « Non je ne me marierai, ni ne ferai jamais l'amour avec toi. » Mais la difficulté des femmes à atteindre l'orgasme peut aussi être en relation avec le lien à la mère. Quelle intimité a-t-elle pu partager avec elle ?

Qui a appris à faire l'amour ? On ne parle pas de ces choses-là ou alors sur le registre grivois... L'éducation sexuelle que nous distillons à nos enfants aujourd'hui dans les écoles reste très technique et centrée sur la procréation. Les dimensions du désir et du plaisir restent le plus souvent absentes du discours des professeurs comme de celui des parents.

Le péché originel

La sexualité est à l'origine de toute vie humaine. En Occident, qui dit origine dit Genèse et péché originel. Depuis Adam et Ève, la sexualité est marquée du sceau du Malin. Certaines traductions de la Bible nous invitent à croire que c'est un péché de chair qui a chassé les deux premiers humains du paradis. La femme, porteuse de la tentation, est dénoncée coupable. L'homme, incapable de lui résister, est décrété non responsable de ses actes.

Antérieure à Ève, est Lilith, la première femme créée par Dieu égale à l'homme. « Homme et femme il les créa. » On trouve différentes versions de l'histoire de Lilith mais, dans toutes, elle manifeste une sexualité trop puissante et exprime son autonomie. Consciente d'avoir été créée égale, elle refuse la domination d'Adam, ce qu'il supporte mal. Elle part avec Satan. Dieu crée alors une autre créature, plus docile, pour le pauvre Adam, à partir d'une de ses côtes. (Mais Lilith reviendra tenter Adam quand il sera lassé d'Ève.)

Depuis longtemps, il semble que les hommes projettent leurs désirs « coupables » sur la femme, l'accusant d'être la tentatrice hantée par le désir de la chair, celle qui provoque. C'est donc la femme qui est responsable (coupable) de l'excitation qu'elle éveille. Il faut la punir. L'Inquisition s'y est employée. Lancée par une bulle du pape Innocent VIII, la chasse aux « sorcières » commence en 1484. (Elle durera en France jusqu'à la révolution de 1789! Et en Espagne jusqu'en 1820!) Dans le *Maleus Maleficarum*, on trouve cette phrase édifiante : « Toute sorcellerie vient des passions charnelles qui, dans les femmes, sont insatiables. » La chose est claire et entendue! Grâce à l'équation femme = sexe = sorcière, une simple dénonciation est suffisante pour prouver la culpabilité de la suspecte. L'accusée est torturée jusqu'à ce qu'elle signe une confession préparée par l'inquisiteur, dans laquelle elle avoue commercer avec Satan et se livrer à des pratiques obscènes. La signature est récompensée par la mort par simple strangulation. Celles qui persistent à clamer leur innocence sont brûlées vives. Comment tant d'abus ont-ils été possibles et comment ont-ils pu durer si longtemps? Ils servaient l'ordre patriarcal.

Puritanisme et patriarcat

« Le puritanisme accompagne toujours et partout toute dictature, qu'elle soit militaire, politique ou religieuse. L'énergie sexuelle réprimée alimente un fanatisme dont l'idéologie en place a un besoin absolu pour se maintenir et conquérir », dit Ernest Borneman[1]. Toutes les sociétés matristriques[2] sont pacifiques et égalitaires. On n'y décèle ni rang, ni classe, ni hiérarchie. La fin du néolithique voit apparaître la propriété privée et le vol, le pouvoir des

---

1. Ethnologue, professeur de psychologie à l'université de Salzbourg, auteur du livre *Le patriarcat*, Paris, PUF, 1979.
2. Ce terme caractérise un type d'organisation sociale dominée par les éléments maternels. Je me réfère aux conceptions de Borneman, je cite (p. 11) : Le terme matriarcat est incorrect parce que la racine grecque *archos*, monarque, semblerait indiquer que, dans une organisation de ce type, la mère règne et exerce sa domination. Or il n'en est rien. Toutes les civilisations que Lewis Henry Morgan, qui a popularisé cette expression, décrit dans ses travaux se distinguent précisément par le fait que les mères *n'utilisent pas* le pouvoir latent dont elles disposent au sein du clan ou de la tribu pour établir une domination sur leurs maris, leurs pères ou leurs fils. C'est très précisément en cela que ces systèmes se différencient du patriarcat, lequel constitue au contraire un authentique système de domination.

hommes et la hiérarchie, les guerres. Cinq millions d'années d'égalité sexuelle ont laissé la place à une ère de compétition, de conquête et de possession. Le patriarcat est né avec la transmission par héritage. Pour s'assurer de la fidélité de sa femme, seul gage de sa paternité sur les enfants qu'elle met au monde, l'homme a inventé le mariage et fait passer son message : « Une femme est faite pour avoir des enfants et servir son mari. » Le patriarcat n'a eu de cesse que de commander aux femmes de renier leur corps, d'étouffer leurs désirs, et de se soumettre à l'autorité mâle. Il a réussi à tel point qu'encore aujourd'hui on entend nombre de femmes soutenir avec conviction que les hommes ont davantage de désir et de besoins sexuels qu'elles. Alors que la réalité physiologique est exactement inverse. Chaque orgasme accompagné d'une éjaculation fatigue l'homme, qui, même très viril, n'en peut plus après trois ou quatre éjaculats. La femme est dite « multi-orgasmique », plus elle a d'orgasmes, plus ils sont forts, et plus elle peut en avoir. Mais on ne peut sentir le manque de ce qu'on ne connaît pas. L'excision n'a pas été nécessaire en Occident pour rendre les femmes « sages », l'ignorance a suffi. Kinsey, Masters et Jonhson, puis Gräfenberg (et Ladas, Whipple, Perry), enfin Kitzinger, ont lancé d'énormes pavés dans la mare. Le MLF a permis un bref instant aux femmes de se réapproprier leur corps en les informant et en leur permettant de parler vrai avec les copines. Depuis, tout cela est retombé dans l'oubli. Le corps des femmes est redevenu objet de séduction, objet de désir... et de consommation.

Sous-informées, culpabilisées et convaincues qu'il est normal pour une femme d'avoir peu d'envie, la plupart ne recherchent même pas l'éveil de leur potentiel. D'autant que, c'est bien connu, une femme qui éprouve trop de plaisir est une *salope*. La libération sexuelle a fait évoluer les choses, mais le nombre de femmes qui simulent l'orgasme est encore tout simplement effarant (et ce même parmi les don juanes). Il est vrai qu'il est plus facile de déclencher l'orgasme masculin. Si l'homme se contente de se mettre sur la femme et d'aller et venir en elle plus ou moins brutalement, on comprend qu'elles s'ennuient et finissent par décréter ne pas aimer ça. Elles ne peuvent même pas imaginer à quelles jouissances prétendre en étant plus respectueuses d'elles-mêmes, et plus actives. Les femmes, interdites de jouissance et de puissance, sont devenues objets. De nos jours, nombreux sont encore les hommes qui ne supportent pas qu'une femme soit sexuellement active. Comme Nicolas le dit, « une femme qui monte sur moi, ça me coupe tout ». S'il n'a pas le pouvoir, il est impuissant ! La répression de la sexualité féminine a du même coup obligé l'homme à refouler la sienne. Sa sexualité est devenue « instrumentale », au service d'un plaisir physique qui exclut la dimension relationnelle, la communication, l'intimité. L'homme a lui aussi perdu sa puissance.

Quelle cause sert donc tant de répression sexuelle ? Il est bien connu que la passion amoureuse nous détourne de tout. Carrière, entreprise, argent et même conventions sociales... Rien de tout cela ne revêt plus guère d'importance aux yeux des amants, qui n'ont qu'un désir, fusionner. Imaginez un instant l'état de la société si l'amour habitait les cœurs ? Lorsqu'on se sent puissant dans son cœur et dans son corps, les jeux de pouvoir du social perdent de leur attrait. Quand on a goûté à l'intimité, on n'a plus envie de jouer ni le dominant ni le dominé. L'angoisse qui nous poussait à consommer toujours plus ou à gagner encore davantage n'est plus là. Et quand toute une économie est fondée sur le jeu de pouvoir... Il faut prévenir ce désastre ! Tout notre système éducatif s'y emploie : réprimer les pulsions, les désirs, la créativité personnelle, apprendre aux enfants à se conformer, à obéir, à se soumettre, faire taire leurs émotions.

Retrouver le contact avec soi, pour être en contact avec l'autre

Que faites-vous pour éviter d'éclater en sanglots, de hurler de terreur, de crier de rage ou de sentir vos désirs ? Vous retenez votre respiration. Pour réussir à se soumettre, il ne faut pas trop sentir; le meilleur moyen est encore de ne plus respirer, ou juste ce qu'il faut pour survivre. Une respiration trop faible réduit notablement les sensations corporelles, donc les capacités de jouissance. Pour retrouver le contact avec une sexualité harmonieuse et saine, nous avons à retrouver le contact avec nous-mêmes, avec notre corps, avec notre cœur. Quand on respire trop peu, on doit avoir recours à des fantasmes pour se stimuler. Porte-jarretelles et images porno, loin de signifier une quelconque libération, sont des manifestations de la répression sexuelle. Plus le cœur et le corps sont dissociés, plus nous avons besoin d'artifices. N'ayant jamais connu autre chose, nous nourrissons nos fantasmes des seules images que nous possédons de la sexualité, celles que nous proposent la littérature, les films, la publicité, le Minitel, celles aussi issues de notre inconscient, alimenté par la répression de nos affects.

Celui (celle) qui réapprend le souffle naturel découvre souvent, une fois dépassés les blocages, des sensations orgasmiques totalement inconnues. Une respiration naturelle pénètre jusque dans le bas des poumons, le mouvement s'étend jusqu'au bassin, et le ventre se gonfle bien davantage que la poitrine. Mais respirer ainsi libère les tensions du corps, oxygène les tissus, et réveille... les souffrances passées, toutes les terreurs, toutes les douleurs et frustrations d'enfant... tout ce que le blocage du diaphragme avait réussi à taire. Une véritable libération sexuelle ne peut passer que par une libération de la respiration et donc des émotions.

Le vrai prélude consiste à créer un rapport intime, psychique et physique, chacun s'imprégnant de la présence totale de l'autre. Quand l'ouverture intérieure à l'autre précède le geste érotique, la pénétration se fait en douceur dans un vagin spontanément ouvert et lubrifié. Tout le corps devient une zone érogène. Après avoir éjaculé, l'homme qui se dissocie se sent souvent épuisé, il s'endort ou éprouve l'envie de s'écarter de sa partenaire, de fumer une cigarette. Celui qui reste associé à lui-même, présent en lui et à sa partenaire, a plaisir à maintenir le contact, à prolonger de tendresse ce moment d'intimité. Dans l'amour avec le cœur, les deux amants peuvent s'endormir l'un dans l'autre. Ils ont échangé tant d'énergie que leurs corps sont baignés d'une même lumière. Loin d'être « rassasiés » l'un de l'autre, ils cherchent à prolonger la proximité ressentie.

Question de goût

Certains aiment les artichauts, d'autres les abhorrent, vous préférez votre café avec ou sans sucre. Chacun a des zones de sensibilité spécifiques et aime plus ou moins certaines caresses. L'expérience sexuelle ne se limite pas à la stimulation des organes génitaux. Elle comprend toute une gamme de sensations et d'émotions. Il n'y a pas de « seul orgasme authentique » féminin. On dit que certaines sont plutôt clitoridiennes, d'autres vaginales, d'autres encore vivent la grande contraction utérine, émettent un liquide... Pourquoi ce besoin de classification ? Pour se rassurer ? Baliser ce territoire inconnu ? Une femme n'a-t-elle pas le droit de désirer un jour une stimulation de son clitoris et le lendemain préférer être caressée au point G (de Gräfenberg) ? Au diable, les catégories. Les sensations sont variées. Quand on a à sa disposition tant de possibles, pourquoi se restreindre à une seule dimension ?

Parler avec son partenaire de ses besoins, de ses sensations, le (la) guider vers ce qui nous fait vraiment plaisir est très important. Mais ce n'est pas facile. La peur de choquer, de heurter, de blesser et la honte nous retiennent de partager. Les hommes et les femmes d'aujourd'hui sont beaucoup plus à l'aise avec le sexe que leurs parents. Cependant, patients, patientes ou amies me le confient, leur sexualité est loin d'être aussi libérée dans les têtes ou dans les corps, qu'à la télévision ou dans les magazines.

L'harmonie du couple repose aussi sur une totale égalité des deux partenaires, et pas seulement au lit. Le partage équitable des tâches ménagères (quand les deux partenaires travaillent) est un préalable absolu à l'épanouissement sexuel. (Seuls les hommes diront que ça n'a aucun rapport.)

Il est difficile de se sentir respectée quand on est l'exclusive laveuse de slips et repasseuse des chemises. Si nombre de femmes, habituées à l'injustice, ne disent rien, elles n'en accumulent pas moins de ressentiment. Et la rancune éteint le désir. Sortir des rapports de force et de domination demande une grande vigilance de la part des deux partenaires. Les habitudes sont anciennes et les inconscients collectifs masculins et féminins puissants ! Une relation sexuelle harmonieuse ne peut se dérouler qu'entre deux êtres différents mais égaux en droit, qui se respectent en tant que tels et n'utilisent pas leurs corps comme objets de plaisir ou supports de fantasmes. On ne peut aimer vraiment que dans l'égalité, la liberté et le respect des besoins de chacun.

31

La maternité,
une expérience sexuelle intense

Quand je demande à mes stagiaires : « Parlez-moi des moments les plus heureux de votre vie », les mères (et de nombreux pères) citent invariablement la naissance de leurs enfants. Grossesse, accouchement, allaitement, font partie intégrante de la vie sexuelle féminine. Ne fermons pas les yeux, le bébé est créé par un acte sexuel, il grandit et se construit dans les organes génitaux de la femme et sort par son sexe. La sexualité ne s'arrête pas au rapport physique avec l'homme, elle est aussi faite de toutes ces sensations internes offertes par ce petit être qui grandit en soi.

Je suis enceinte

La grossesse transforme le corps de la femme en profondeur. Ce n'est pas seulement son ventre qui s'arrondit, mais tout son être qui se réharmonise pour accompagner la croissance et nourrir le fœtus. L'image du corps change, la femme ne peut plus faire confiance à ses repères spatiaux habituels. La sensibilité du corps se modifie. La sexualité d'une femme enceinte est très variable, une fois les nausées dépassées, le désir envers son compagnon peut être plus intense que jamais. À d'autres moments, il diminue. De façon générale, la peau est plus réactive, les zones érogènes se déplacent au cours des mois, les seins se gonflent, les mamelons deviennent très sensibles, excitables, parfois jusqu'à la douleur. Et puis il y a toute la gamme des sensations internes, ces gargouillis, ces mouvements du fœtus, ces petits coups, qui peuvent être vécus différemment. Certaines femmes se sentent complétées, remplies, d'autres « tombent en amour » avec ce petit être qui fait partie d'elles sans être elle, d'autres encore ont l'impression d'être parasitées, mangées de l'intérieur. Comment, alors, dire sa réalité sans culpabilité ? Une femme enceinte est censée être épanouie ! Vivre ces transformations internes n'est pas évident. Les femmes enceintes et les jeunes mamans sont attirées les unes vers les autres, elles ont besoin de partager ce vécu intense.

Mettre au monde

L'accouchement est une expérience sexuelle forte. Il est marqué tout à la fois par la joie, la douleur et la peur. Mais il semble que seules les émotions positives restent inscrites. Les hormones du post-partum se chargent de mettre les femmes en état second et altèrent la mémorisation (la nature a peut-être compris que, si on se souvenait trop bien, on ne recommencerait pas !). Le vécu de l'accouchement est objet d'un véritable tabou. J'ai été stupéfaite de la différence de langage avant et après mon premier accouchement. Avant, les femmes me parlaient de joie, de tendresse et de plaisir. Après, alors que je relatais ma joie mais aussi mes souffrances, elles ont commencé à partager leur vérité. Pour la plupart, elles n'avaient jamais parlé vraiment de leur douleur. J'ai été littéralement stupéfaite par le nombre d'accouchements dramatiques et par la détresse cachée des femmes. Du moment qu'elles ont à leur côté leur bébé sain et sauf, elles ont tendance à oblitérer leur propre vécu. Avec les conséquences que l'on sait de la répression émotionnelle. Les affects non élaborés et remisés dans l'inconscient se retournent contre l'enfant, le conjoint, ou contre soi, se déguisent en surprotection du bébé, ou en dépression, de toute façon altèrent la relation.

L'absence de parole réelle sur la douleur et les peurs prive les femmes d'une possibilité de préparation plus adaptée. La réponse médicale aux émotions violentes est l'anesthésie. Nombre de femmes accouchent encore sous anesthésie générale sans justification médicale autre que l'angoisse. Les conséquences sur la relation au nouveau-né sont passées sous silence. L'anesthésie péridurale constitue un progrès indéniable. Correctement dosée, elle soulage la douleur tout en conservant à la femme ses sensations internes et l'usage de ses jambes. Utilisée avec un accompagnement psychologique, elle peut apporter un grand confort et, par là, fournir des conditions optima de rencontre entre la mère et son enfant. Mais quand elle est employée de façon systématique pour fuir les émotions et les sensations, et/ou trop dosée, elle coupe les femmes du contact avec elles-mêmes et avec leur bébé.

Pour autant que les sensations ne soient pas oblitérées par la douleur, par une anesthésie trop puissante, par la peur ou par des préjugés, le passage du nourrisson peut être une expérience de plaisir intense. Joie de mettre au monde, joie de la rencontre, mais aussi plaisir physique et sexuel, car c'est dans le sexe que ça se passe.

Sexualité féminine niée, maternité aseptisée

La maternité est une expérience forte et multiple. Cependant, là encore, les hommes ont à peu près réussi à écarter les femmes de leur corps. En France, les accouchements sont de plus en plus médicalisés, réalisés par des obstétriciens (peu de femmes dans ce métier) plutôt que par les sages-femmes. (Avec un gain pitoyable puisque la France, tout en étant le pays qui médicalise le plus l'accouchement, a aussi un taux de mortalité nettement plus élevé que celui de ses voisins[1].) Et l'allaitement a été quasiment éradiqué de

---

1. Taux de mortalité maternelle en 1990 pour 100 000 : Allemagne : 7,288 ; Angleterre : 7,638 ; Pays-Bas : 7,57 ; France : 10,362. Le taux le plus bas est obtenu

nos contrées. Une femme qui offre son sein à un nourrisson de plus de quatre mois est prise pour une folle dangereuse. On l'accuse de prolonger la symbiose et d'empêcher son enfant de devenir autonome. On la culpabilise d'imposer à son bébé une telle relation pathologique! La mode est à la tétine qui offre l'avantage supplémentaire de faire taire les cris intempestifs. Biberons et laits maternisés font marcher le commerce. Les otites à répétition, les allergies de plus en plus répandues, les problèmes dentaires, sont banalisés; et, malgré les nombreuses études qui mettent en cause l'allaitement artificiel, tout semble fait pour décourager les femmes d'offrir leur sein. Bien qu'il soit interdit en France de faire de la publicité pour le lait maternisé premier âge, les industriels ont l'art de contourner la loi et toute récente accouchée est déjà abreuvée de conseils orientés biberon.

Donner le sein

L'allaitement est une sacrée aventure. Le nourrisson qui cherche, happe le sein et le tète avec avidité donne à sa mère des sensations sexuelles intenses. Rien à voir avec l'accouplement et le rapport amoureux, c'est d'un autre type de sexualité qu'il s'agit. La plupart des femmes font nettement la différence entre leur bébé et leur homme. Les sensations suscitées par l'un et par l'autre sont sexuelles, mais sans possible ambiguïté ni confusion. Un homme qui suce un mamelon ou un bébé qui tète, ça n'a rien à voir. C'est pourtant le même sein et la même femme.

L'érection du mamelon, la première montée de lait, le réflexe d'éjection quand le liquide blanc jaillit du mamelon pour atterrir dans la bouche du nourrisson, la caresse de ces minuscules lèvres autour du mamelon, la douce pression des

---

par les Pays-Bas, où 30 % des accouchements ont lieu à domicile, 50 % sont sous la responsabilité des sages-femmes, 40 % sous la responsabilité d'un médecin mais pratiqués tout de même par une sage-femme. Soit au total 90 % des accouchements sont faits avec une sage-femme et 10 % seulement par un médecin.

gencives encore sans dents, et puis les réactions mammaires quand le bébé pleure ou a faim, qui surviennent même quand on est au bureau et lui à la maison, et par lesquelles on se sent reliée à son enfant comme par un fil invisible... Toutes ces impressions sensorielles et affectives enrichissent la vie sexuelle et la relation mère-enfant. La succion du nourrisson n'est pas seulement agréable et saine pour lui, elle est utile pour la femme, elle déclenche des contractions de l'utérus pour lui faire reprendre sa taille et sa place après l'accouchement. Au tout début, les contractions peuvent être douloureuses. Un peu plus tard, elles deviennent délicieuses, quasi orgasmiques par moments, même si, là encore, on ne peut les confondre avec le plaisir ressenti au cours d'un acte sexuel.

Certaines femmes peuvent être scandalisées, dégoûtées, en fait culpabilisées par l'intensité des sensations sexuelles. Si elles ne sont pas écoutées, entendues, elles risquent de mettre un frein à l'allaitement. D'autres pressentent la dimension sexuelle et s'en défendent radicalement par le recours direct au lait artificiel. « Je ne suis pas une vache », dit Valérie. Ce besoin de se distancier de l'animalité en dit long sur la difficulté de se sentir femme. Notre « civilisation de l'image » a contribué à la dévalorisation de l'allaitement maternel. Les préjugés du type : « Ça fait une poitrine qui tombe » servent de paravents. Ils sont tout à fait abusifs, car s'il est vrai que les seins peuvent être lourds et distendus après l'allaitement de huit ou dix enfants, allaiter deux ou trois bébés vous fait une poitrine superbe.

Beaucoup de femmes ne sont pas désireuses d'allaiter. La seule écoute qu'on leur offre, c'est le biberon ! Sous couvert de liberté, et dans le but au demeurant honorable de « ne pas culpabiliser les mères qui ne veulent pas allaiter », on « respecte » son non-désir avec un zèle un peu louche. Jamais on ne l'écoute vraiment dans ses doutes, ses angoisses, ses représentations mentales inconscientes, ses fantasmes, jamais on ne cherche à entendre ses motivations profondes...

En revanche, les femmes qui manifestent le désir d'allaiter sont mises en garde, subtilement intimidées, voire découragées. Combien de mères sont convaincues de ne pas avoir suffisamment de lait ou de produire un lait de « mauvaise qualité »? Fantasmes purs. Il est exceptionnel qu'une femme ne puisse allaiter[1]. Mais plutôt que de vous aider à vous détendre, à vous faire confiance, et à positionner correctement votre bébé, on vous propose de « complémenter » (sous-entendu : vous n'êtes pas capable de nourrir votre bébé). Les biberons de complément auront tôt fait de perturber suffisamment la lactation et le bébé pour que les tétées ne soient plus efficaces, donnant raison aux conseillers.

Le biberon sauve des bébés quand la mère est ailleurs, morte, ou malade. Il est utile quand la maman a envie ou besoin de s'absenter pour assumer sa vie professionnelle et sociale. Mais, utilisé systématiquement et surtout sans parole, il ne libère ni les femmes ni les bébés. Outre ses répercussions à long terme sur la santé, l'usage du biberon contribue à isoler les femmes et coupe les nourrissons de manière très (trop) précoce d'une bonne part de sensorialité[2].

Les femmes ont besoin de se réunir pour s'informer mais surtout pour échanger, partager leur intimité, leurs fantasmes, leurs désirs, leurs hontes, leurs déroutes, leur vécu. La parole partagée permet à la femme de faire un vrai choix. Certaines continueront d'opter pour l'allaitement artificiel, mais elles le feront en conscience. Il est important de se parler pour que femmes et bébés ne se privent plus, sans le savoir, d'une irremplaçable et fabuleuse expérience[3].

---

1. Pour recevoir des informations sur l'allaitement, ou du soutien pour allaiter, écrivez à Leche League France — BP 18 — 78620 L'Étang-la-Ville.
2. Une expérience a montré que des bébés nourris au biberon depuis leur naissance montrent une nette préférence pour l'odeur d'un sein allaitant, que pour leur biberon habituel.
3. Certaines femmes ne peuvent allaiter pour des raisons économiques, elles sont obligées de travailler, et si allaitement et travail sont parfois compatibles, il reste vrai que passer dix heures par jour en dehors de chez soi limite les possibilités. Cet ouvrage traitant d'émotions et de vie intérieure, je passe ici sous silence cet aspect social fondamental.

TRISTESSE
OU
DÉPRESSION?

32

La dépression

Deux hommes, accoudés au bar, discutent d'un copain. Ils évoquent son absence à la fête du samedi précédent.

« Marcel est en dépression depuis la mort de sa femme.
— Ah? Elle est décédée il y a combien de temps?
— Oh, ça fait au moins six mois! Son patron lui a dit qu'il fallait qu'il se soigne, qu'il prenne des médicaments; il ne s'en sort pas, il est neurasthénique, il a la tête ailleurs, ça ne peut pas continuer comme ça! »

Non, Marcel ne fait pas une dépression, il a du chagrin. Un deuil ne se fait pas en un jour. Il dure en moyenne une année.

À en croire magazines et spots publicitaires, la vie est bonheur et énergie. La rentabilité s'accommode mal de la tristesse et de la douleur. Vous êtes morose ou cafardeux? Le verdict tombe : dépression.

La tristesse fait partie de la vie. À la longue, la nier risque de nous plonger vraiment dans la dépression ou la maladie. Du rhume à la tuberculose, de nombreuses affections respiratoires tentent de dire nos tristesses.

Nous vivons tous des moments de déprime, réactifs ou non à un événement particulier. La dépression est plus qu'un temps de cafard, c'est un état qui s'installe, qui peut durer des mois, des années.

Dépressif sans le savoir

Paradoxalement, une véritable dépression peut passer inaperçue. Le sentiment de désespoir peut se dissimuler sous un symptôme physique, l'absorption dans le travail ou la dépendance conjugale... On peut être dépressif sans même avoir le spleen! La dépression s'installe, devient partie intégrante de soi. On ne la voit pas, on ne la sent pas. Mais elle est là. C'est la « dépression blanche », par opposition à la dépression « bruyante », encore nommée « dépression nerveuse » dans le langage courant.

Comment reconnaître une dépression blanche? Le visage se fait peu expressif, déserté par les émotions tant positives que négatives. Le dépressif désinvestit ses relations. Sa pensée est dite opératoire, c'est-à-dire qu'elle est concrète, et surtout utile. Il peut s'attaquer à un problème mathématique, il peut même s'absorber dans des tâches intellectuelles complexes, mais il ne se laisse pas aller au rêve. Il ne crée pas. Son imaginaire est comme stoppé. Il poursuit mécaniquement ses activités, sans grande motivation.

Le diagnostic de la dépression

Selon le *DSM III, Manuel diagnostique et statistique des troubles mentaux*, il faut au moins cinq des symptômes suivants, presque tous les jours pendant au moins deux semaines pour diagnostiquer une dépression :

(1) Humeur triste, dépressive, qui persiste toute la journée, pendant plusieurs jours.

(2) Perte d'appétit ou boulimie ou modification importante du poids.

(3) Insomnie ou excès de sommeil, réveils nocturnes ou précoces.

(4) Agitation ou ralentissement psychomoteur.

(5) Perte d'intérêt ou de plaisir pour les activités habituelles, baisse d'activité sexuelle.

(6) Perte d'énergie, fatigue.

(7) Sentiments d'indignité, d'autoaccusation, de culpabilité excessive ou inappropriée, pessimisme, tendance à voir en noir, dévalorisation.

(8) Diminution de l'aptitude à penser ou à se concentrer.

(9) Pensées de mort, idées de suicide.

Quelle population est la plus atteinte par la dépression ? Les divorcés, les jeunes, les gens mariés ? Influencés par nos *a priori* nous avons tendance à classer en tête les esseulés. Les médecins sont victimes de ces mêmes préjugés. Ils sous-estiment notablement la dépression chez les jeunes et les gens mariés. Comment peut-on être déprimé quand on a la jeunesse ? Et celui qui a déniché l'âme sœur n'a-t-il pas aussi trouvé une assurance contre la solitude et donc contre la dépression ?

Une enquête a été menée par l'OMS dans quatorze pays, chez les 18-24 ans les médecins généralistes ont posé 25 % de diagnostics corrects seulement, contre 64 % chez les 45-65 ans. Ils n'ont décelé la dépression que dans 42 % des cas chez les personnes mariées contre 87 % chez les personnes séparées [1].

Et les enfants ? Sont-ils épargnés par le fléau ? Hélas non, un syndrome dépressif majeur toucherait environ 2 % de la population enfantine et 10 % des adolescents [2]. Il est très difficile d'estimer le nombre réel d'enfants dépressifs. Tous ne consultent pas. Ce sont souvent les parents qui remplissent les questionnaires des enquêtes épidémiologiques. Ceux-ci sous-évaluent notablement la dépression de leur enfant.

Votre enfant se met en retrait, il a le visage trop sérieux, il est peu expressif, l'air absent, ou au contraire il se montre irritable, agité, opposant et insatisfait, il dit des choses telles

---

1. *L'Impatient*, n° 220, mars 1996.
2. Conférence de consensus sur « Les troubles dépressifs chez l'enfant » 14 et 15 décembre 1995 au Sénat, organisée par la Fédération française de psychiatrie, la Société française de psychiatrie de l'enfant et de l'adolescent et l'Association des psychiatres d'intersecteur. (Texte diffusé par l'Agence nationale pour le développement de l'évaluation médicale.)

que : « J'ai envie de rien, je suis nul, je suis méchant, c'est ma faute, personne ne m'aime »... Pensez à la dépression.

« Je ne sais pas quoi faire pour lui faire plaisir, il n'est jamais vraiment content, il ne s'intéresse à rien, il ne bouge pas, il reste là... » Non, ce n'est pas un gamin génétiquement insatisfait, il est malheureux, il est dépressif, il a besoin d'aide. Le drame de ces enfants déprimés est qu'ils sont déprimants pour les adultes, qui se sentent impuissants à les égayer. Les parents, les grands-parents, se détournent et préfèrent penser que l'enfant « est comme ça ». « Du moment qu'il travaille bien à l'école, il n'y a pas de raison de s'inquiéter. », se disent-ils. Les parents consultent quand les notes sont mauvaises, ils ne consultent pas quand leur enfant est toujours premier. Ils ne voient pas que leur chéri est en train de fuir la vie en se plongeant dans les livres. Quand les jeunes retournent leur détresse contre eux-mêmes, ils ne dérangent personne. Si la violence alarme et peut motiver des parents à consulter, la dépression les laisse tranquilles. Leur enfant est peu bruyant, peu dérangeant, il reste sagement dans sa chambre pendant des heures.

Lors de la Conférence de consensus de 1995 sur les troubles psychologiques des enfants et des adolescents, les professionnels présents se sont accordés sur les facteurs de risque : une série d'événements stressants, un parent dépressif, une attitude négative ou distante à l'égard de l'enfant, une carence affective. Les professionnels soulignent la nocivité des comportements punitifs, coercitifs et arbitraires et du stress vécu par les parents. Des parents sévères ainsi que des parents qui ont perdu l'estime d'eux-mêmes, du fait du chômage par exemple, mais aussi de conflits conjugaux ouverts ou larvés, peuvent porter une responsabilité dans la dépression de leur enfant.

Malgré les préjugés, la monoparentalité ne semble pas associée au déclenchement des troubles dépressifs.

Histoire d'une dépression

Quand Aurélie vient me voir, elle prend des cachets depuis trois ans déjà, pour tenir! Elle se sent débordée, épuisée. Elle dort beaucoup. Au travail, on lui reproche sa lenteur, elle a du mal à se concentrer, elle a des trous de mémoire. Elle est devenue le souffre-douleur du service. Ses collègues l'utilisent et se moquent d'elle. Pourtant, Aurélie dit qu'elle a « tout pour être heureuse », un mari adorable qui la prend beaucoup en charge et qui s'occupe très bien de leurs trois enfants, une jolie maison, un bon métier. Elle consulte parce qu'elle pense qu'il y a « quelque chose qui ne tourne pas rond dans sa tête ».

Peu à peu, elle prend conscience que, si les autres ne la respectent pas, c'est qu'elle ne s'estime pas elle-même. Elle se sent indigne d'intérêt depuis toujours. Elle a grandi entre une mère trop affairée, un père absent qui estimait que s'occuper des enfants est un travail de femme, et des frères et sœurs plus âgés qui n'avaient jamais envie de jouer avec elle.

Séance après séance, elle éprouve de plus en plus de colère contre ses parents, et contre son mari si prévenant qui l'empêche de grandir. À vrai dire, elle sait qu'elle l'a choisi justement pour cela. Elle voulait une épaule sur laquelle se reposer. Seulement pour être protégée, elle doit continuer de se comporter en petite fille, vulnérable et impuissante à gérer les situations. De peur de le perdre, elle ne se permet que la peur ou la tristesse, elle ne montre jamais de colère.

Quand elle est venue me voir pour la première fois, elle était entièrement coupée d'elle-même. Elle n'éprouvait aucune colère contre ses collègues qui la ridiculisaient, aucun ressentiment contre son mari qui la protégeait peut-être mais aussi la battait. Elle acceptait le tout avec le fatalisme de la victime impuissante. Honteuse des coups de son mari, culpabilisée de ne pas savoir s'affirmer, elle s'enfermait toujours davantage dans la dépression.

Le bénéfice de la dépression : éviter la colère

Quand l'expression du ressentiment est trop menaçante, les pulsions agressives sont retournées contre soi. Avec ses parents, Aurélie n'avait guère de choix, ses colères n'étaient pas entendues. Elle a choisi un mari à l'image de sa mère pour certains aspects, à l'image de son père pour d'autres. Elle reproduit avec lui le comportement de soumission qu'elle a appris enfant. Elle fait taire ses frustrations, retourne contre elle-même la rage impuissante. La dépression représente un moyen ultime et désespéré de préserver le lien avec son mari, mais plus profondément avec ses parents. L'immense fatigue lui coupe les bras et les jambes, lui coupe l'envie de se battre.

En fait, si le dépressif n'a plus d'énergie, c'est qu'il l'utilise contre lui-même. Il la mobilise en vue de réprimer des affects indésirables : rages, frustrations, douleur. Il a bien trop peur, s'il vivait sa colère, de détruire, d'avoir à encourir des représailles, ou de perdre la relation à tout jamais.

Dans la dépression bruyante, la souffrance se fait accusation : « Vois comme tu me fais mal. » Inutile de dire qu'elle n'est pas souvent entendue. De manière générale, vos parents préféreront croire que vous êtes déprimé parce que vous avez des problèmes au bureau ou des difficultés dans votre couple, plutôt que de voir qu'ils ne vous ont pas donné l'amour, l'attention ou le respect dont vous aviez besoin enfant. Pour ne pas avoir à affronter la vérité de votre enfance, vous le croirez aussi.

Être engagé dans une guerre stupide et « devoir » tuer, avoir torturé, avoir été victime de torture ou incarcéré dans un camp de concentration, voir sa famille mourir atrocement sous ses yeux, perdre tous les siens dans un incendie... sont des drames susceptibles d'entraîner la dépression chez un adulte. Mais on ne fait pas une dépression parce que le patron est trop sévère, que la petite amie nous a lâché, que l'on est renvoyé de son entreprise ou même parce qu'on divorce. Les séparations, pertes de travail, stress professionnels ou conjugaux, pour douloureux qu'ils puissent être, n'enclenchent une dépression que si la personne possède déjà un terrain dépressif, c'est-à-dire un défaut profond dans l'estime qu'elle se porte. Les causes de la dépression sont presque toujours à rechercher dans le passé. Quel que soit l'âge auquel elles éclatent, quatre-vingt-dix pour cent des dépressions en Occident sont dues à une enfance blessée.

D'une façon générale, la guérison de la dépression passe par la redécouverte de ses émotions profondes, la compréhension de l'origine du retournement contre soi des affects douloureux dans l'enfance, la restauration de l'estime de soi, et l'apprentissage de l'expression de la colère.

Dépressions saisonnières et anniversaires

Tous les mois de juillet, Ursula déprime. C'est le mois de sa naissance dans une famille qui ne l'a jamais accueillie. Battue, méprisée, elle n'a jamais été acceptée. Pourquoi est-elle née? Elle se l'est souvent demandé. Son anniversaire n'est décidément pas un jour joyeux.

Patrick a le cafard au mois d'avril, c'est le mois anniversaire de la mort de sa mère. Mais il ne s'en est rendu compte qu'au cours de sa psychothérapie. Il n'avait jamais mis en relation sa tristesse avec la perte de celle qui ne l'avait jamais aimé.

Les dépressions saisonnières peuvent avoir des causes psychiques. Ce sont des réactions anniversaires à des deuils non résolus. Les sentiments ressentis ne sont pas réactifs à un quelconque événement d'aujourd'hui, mais sont des élastiques d'émotions non résolues du passé. Les causes sont parfois aussi physiologiques. Nous sécrétons une hormone, la mélatonine, qui régule notre rythme jour/ nuit en fonction de l'ensoleillement. Quand la luminosité diminue, entre octobre et février, l'humeur morose n'est pas seulement d'origine psychique. Les scientifiques appellent cet état le Syndrome Automnal Dépressif et le traitent par une exposition de quelques heures par jour sous une lampe imitant la lumière du jour. La lumière resynchronise la sécrétion de mélatonine, et l'énergie revient.

Une tristesse de fond

Amélie n'arrive pas à se débarrasser d'un fond de tristesse. Elle ne sait ni rire aux éclats, ni jouer avec les enfants. Tout se passe comme si elle s'était construite sur un fond dépressif. Petite, elle était déjà une enfant terne. Au cours de sa thérapie, elle a reconnu la dépression de sa mère. Amélie a attrapé la « pomme de terre chaude ». En séance, elle a ressenti de la colère contre la passivité maternelle. Elle a décidé de cesser de prendre en charge les sentiments de sa mère, elle a osé lui dire : « Je te rends ta tristesse, maman. » Depuis, elle s'est découvert un sens de l'humour qu'elle ne soupçonnait pas. Elle apprend à jouer et à faire la folle avec ses petits. Elle prend plaisir à la vie.

Paresse, fatigue et ennui

Alain a soixante-treize ans. Il me dit : « Je suis paresseux, je n'arrive pas à me mettre au dessin alors que j'adore ça. » Il s'est inscrit à des cours. Il a vite découvert que ceux-ci ne lui convenaient pas. Il voulait faire du dessin libre, le professeur insistait sur les natures mortes. Il n'a rien osé dire. Il a continué toute l'année, sans manquer un soir. C'était pourtant difficile d'y aller, il y avait une longue côte à monter, puis des escaliers, il a beau être plein d'énergie, à son âge, il soufflait un peu... Alain s'est forcé pendant trop longtemps sans écouter son corps, sans écouter ses sentiments, ni même ses jugements du travail de son professeur. Il a épuisé son envie de dessiner.

Ce que nous nommons « paresse » est la face apparente d'un sentiment réprimé. Les enfants qui ne travaillent pas à l'école ne sont pas paresseux, ils sont en colère et « font grève ». Le processus est inconscient, ils ont besoin d'être aidés à formuler leurs manques, car la seule chose qu'ils savent, en général, est qu'ils ont une chape de plomb sur les épaules. Ils ont besoin d'être rassurés, écoutés et respectés, et non forcés à travailler ou menacés...

De la même manière, la fatigue et l'ennui sont aussi des rackets dépressifs.

33

Le travail de deuil

Trop de médecins prescrivent des antidépresseurs ou des régulateurs d'humeur aux personnes qui souffrent de la perte d'un être cher pour leur éviter la souffrance. Alors qu'elles ont besoin, au contraire, de vivre leurs émotions, de pleurer leur mort, d'exprimer leur rage, leurs frustrations et leur désespoir, de songer au sens de leur propre vie.

De plus en plus, les entreprises de pompes funèbres proposent une prise en charge totale, habillage, mise en bière, enterrement. Elles cherchent à éviter à la famille toutes les tâches matérielles douloureuses. Pourtant, la planification des funérailles est une activité importante et je dirais même nécessaire pour ceux qui restent. C'est l'avis d'Elisabeth Kübler Ross, qui a passé des milliers d'heures auprès de mourants et de leurs familles. Quand on perd quelqu'un qu'on aime, on se sent au désespoir de ne plus pouvoir rien faire pour lui. Agir permet d'alléger le sentiment de culpabilité inhérent à tout processus de deuil. S'occuper des funérailles, c'est accompagner le mort jusqu'au bout. Elisabeth Kübler Ross l'a constaté, quand on en laisse le choix aux gens, en les aidant bien entendu, ils désirent souvent habiller le mort eux-mêmes. Ceux qui ne veulent pas le faire sont ceux qui ont trop de mal à accepter la réalité de la mort.

Tout est fait dans notre société pour cacher la mort, pour nous éviter de faire face à sa réalité. On maquille le visage et le corps pour que la famille puisse dire : « On croirait qu'il est vivant. » On prescrit des calmants. Si vous éclatez en sanglots au cimetière, on vous éloigne de la tombe. Pour ne pas les « traumatiser », on interdit la chambre mortuaire aux enfants, on ne les emmène pas au cimetière. Tout cela renforce le sentiment d'irréalité : « Il n'est pas vraiment mort », et freine le processus de deuil. L'acceptation intellectuelle est une chose, l'acceptation émotionnelle et affective en est une autre, elle passe par l'expression libre des émotions.

Quand on ne laisse pas éclater ses sanglots lors des funérailles, ils restent en nous. Les pleurer un peu plus tard, seul dans une chambre retirée, n'a pas du tout le même effet libérateur. Le travail de deuil sera interrompu. Nous consumerons notre énergie à conserver nos larmes, inscrivant des tensions dans nos corps. Attention aux réactions anniversaires et autres élastiques...

La réaction de deuil n'est pas réservée aux décès. Vécue avec une intensité variable, fonction de son importance, elle est consécutive à toute perte : une séparation, mais aussi un déménagement, un départ en retraite, un changement de travail, un espoir déçu, une attente frustrée...

Les étapes du deuil

Vous perdez un objet auquel vous tenez, un bijou, un papier important, ou une personne qui vous est chère... Voici les étapes que probablement vous traverserez :

1. « Non, je ne l'ai pas perdu. J'ai dû l'oublier quelque part, je vais le retrouver... »

« Non, il n'est pas mort, ce n'est pas possible ! »

La première étape est celle du **déni**. La réalité est encore impossible à envisager. La personne se protège d'un afflux d'émotions trop important. Elle ne veut pas vivre ça, elle ne veut pas voir, pas entendre, pas comprendre.

2. « Eh zut! » La **colère** monte.

« C'est injuste, je ne veux pas qu'il soit mort, pourquoi est-il parti? Les médecins sont des incapables, le service dans lequel il était est lamentable! Pourquoi m'a-t-il abandonné? Il n'avait pas le droit. »

Vous protestez devant l'inéluctable. Vous accusez tous azimuts... ou retournez votre colère contre vous en remuant votre culpabilité, « J'aurais dû, si j'avais su... »

Quand un lien se rompt, nous cherchons à le rétablir. « Je ne veux pas qu'il parte, je ne veux pas le quitter. »

3. « Pitié mon Dieu, rendez-moi ma photo, faites que je l'ai oubliée dans un tiroir! » Vous vous mettez à **marchander**. Même si vous n'êtes pas croyant, vous faites des promesses : « Dorénavant je serai attentif. » Pour peu que la perte ait eu lieu alors que vous faisiez quelque chose d'inhabituel ou même de défendu : « Je ne le ferai plus. » Tout juste si vous ne seriez pas prêts à mettre un cierge à saint Christophe.

La réalité est décidément trop difficile à tolérer, peut-être la perte n'est-elle pas inéluctable. Tout doit être tenté. « Si j'avais... ce ne serait pas arrivé, prenez ma vie plutôt que la sienne. »

4. « Je ne le verrai plus. C'est fini. » Vous êtes triste, vous pleurez. On doit se faire une raison, la colère ne le fera pas revenir. C'est la phase de **dépression**. Plus rien n'a d'intérêt. On est abattu. L'énergie, qu'on tentait hier encore de maintenir dans la colère ou le marchandage, n'est plus là.

5. C'est terminé. Vous le déplorez, mais vous **l'acceptez**. Vous êtes prêts à tourner la page, à investir de nouveaux liens. Vous avez fait le deuil.

Ces étapes, mises en évidence par le Dr Elisabeth Kübler Ross, sont celles que parcourt un Homme qui s'approche de son trépas, ce sont celles aussi que traverse la famille qui l'accompagne. Chaque étape est importante, et structurante de la suivante. Le deuil est un processus adaptatif.

Tout deuil non résolu engendre des blocages émotionnels. Quand il nous arrive quelque chose de trop horrible, un viol, un attentat, une trahison de nos parents, nous voudrions que cela n'affecte pas notre vie. « Je ne veux pas sentir, je ne veux plus y penser. » Mais alors nous consacrons une bonne part de notre énergie à maintenir refoulés dans l'inconscient nos affects.

34

La tristesse

Je me souviendrai toujours de la première manifestation de tristesse sur le visage de ma fille, bébé. Elle avait quelques mois. Un copain venait d'arriver, il lui a fait une risette. Margot lui a souri. Puis il s'est tourné vers les adultes et s'est mis à discuter avec eux. Margot l'observait, esquissait de petits gestes pour quêter son attention. Peine perdue. Une mimique chagrine s'installa sur son visage. C'était la première fois que je la voyais impuissante à mobiliser l'attention de quelqu'un. Elle faisait l'apprentissage de la tristesse. « Il ne veut pas de moi. »

Nous ressentons tous cette désolation lorsque nous sommes impuissants à intéresser quelqu'un, mais, en général, nous la dissimulons pour ne pas souffrir.

Dans certaines familles, personne n'est attentif à personne, chacun y va de son histoire, la conversation erre au gré des associations mentales et du prix du beurre. Parfois la télévision est allumée. Et personne ne semble accablé. Si aucun ne dénonce la situation, c'est que tous se défendent du contact avec eux-mêmes.

La tristesse est l'émotion naturelle devant la perte ou la déception. Un échec, un deuil, un déménagement, une situation qui éveille le sentiment de ne pas être aimé... Les couleurs de la tristesse sont variées, nostalgie, découragement, consternation, désespoir... La racine latine, *strig-*, comporte l'idée de serrer. *Districtus*, resserré de partout. *Districtum* en latin vulgaire a donné *districtia*, étroitesse, qui a abouti à détresse. En ancien français, le mot signifiait à la fois passage étroit et au sens moral, sévérité, contrainte judiciaire. Il a acquis par la suite le sens de situation désespérée. La détresse est déclenchée par la nécessaire soumission à une contrainte inéluctable. C'est la réaction de deuil. On ne peut rien changer. Impuissant devant l'adversité, on ne peut plus que pleurer. On se rétrécit de partout. On voudrait ne plus exister.

Tristesse n'est pas dépression. **La dépression marque un échec du deuil. La tristesse en est une étape, elle signe l'accomplissement du deuil.** Elle permet à la fois de progresser vers l'acceptation de la réalité et de se retrouver, de se reconstruire dans son identité propre. L'énergie est tournée vers l'intériorité. Soyez égoïste ou plutôt égotiste quand vous êtes triste. Préoccupez-vous de vous, de vos besoins. Laissez les autres s'amuser, ne cherchez pas à les suivre, ce n'est pas le moment pour vous. Il y a une étape de repos nécessaire à la reconstruction. Une période de tristesse est un moment de désinvestissement de l'extérieur et d'investissement de soi.

« Je ne peux pas pleurer toute la journée sur mon nombril ! » Il ne s'agit pas de pleurer sur son nombril, mais *dans* son nombril. Sangloter vraiment dans son ventre, pour se libérer de la souffrance, pour traverser l'épreuve. Trouvez quelqu'un, un ami, pour pleurer dans ses bras. Vous ne serez plus seul, mais entendu dans votre souffrance, vous vous sentirez reconnu et accepté, ce qui aide à ne pas se dévaloriser ou à retourner contre soi ses émotions. Vous sortirez de l'expérience fatigué, et consolé plutôt que « vidé » (à condition bien sûr de faire vraiment confiance à l'autre et de vous permettre de recevoir ce qu'il vous donne). Et puis vous pourrez vous autoriser à entrer plus profondément dans l'émotion. Il vous protégera, fournira un cadre dans lequel vous pouvez vous abandonner.

La dépression, rumination morose, se laisse difficilement distraire. On a tendance à choisir des activités qui restent dans une tonalité affective terne. La tristesse, même profonde, accepte d'être éclairée un instant par le rayon lumineux d'un rire.

L'ART
D'ÊTRE HEUREUX
ET DE
RENDRE LES AUTRES
HEUREUX

35

Nous avons tous besoin d'amour

Les humains sont des êtres de relation. Ils se nourrissent de caresses et d'attentions autant que de pain. Privés de communication, ils souffrent. D'ailleurs, l'isolement est la punition privilégiée destinée aux prisonniers rebelles, il est aussi utilisé comme outil de torture.

Il y a quelques décennies, le psychologue suisse René Spitz a observé des bébés hospitalisés. Ils étaient soignés, lavés et nourris, ils recevaient tous les soins nécessaires et se mouraient pourtant. Les nourrissons commençaient par crier, appeler, puis ils se taisaient, ils ne criaient plus, n'appelaient plus, ils avaient compris que c'était inutile. Ils se recroquevillaient, se réfugiaient à l'intérieur d'eux. Ils cessaient de s'alimenter, et sans faire de bruit se laissaient doucement mourir. Spitz a nommé ce syndrome « hospitalisme ». Personne ne leur souriait ni ne leur parlait, ils n'étaient importants pour quiconque, à quoi bon vivre ? Depuis ces travaux, le personnel soignant est sensibilisé à la question, les câlins sont reconnus comme faisant partie intégrante des soins, et un des deux parents peut être hospitalisé avec son bébé dans la plupart des services pédiatriques. On ne voit plus guère d'hospitalisme de nos jours que dans les orphelinats des pays pauvres, totalitaires ou en guerre, l'urgence y paraissant autre qu'affective. Je dis bien « paraissant », car ces enfants y meurent autant de manque de reconnaissance et d'affection que de faim ou de maladie.

Rien n'est plus insupportable que l'isolement. Nous sommes près de six milliards sur terre, rassemblés dans les villes. Les moyens de transport et de communication sont ultrarapides et faciles d'accès, pourtant la solitude est un mal croissant.

On peut se sentir plus seul dans une foule ou un train bondé, que dans un ermitage. Une certaine distance avec les autres nous est nécessaire pour nous conférer un sentiment de sécurité. Dans un métro aux heures de pointe, la bulle de chacun est rétrécie à la portion congrue. On se retire en soi, pour ne pas se sentir violé dans son intimité. Les habitants d'un village où chacun possède sa maison se disent plus facilement bonjour que ceux qui vivent dans le même immeuble. Avez-vous remarqué que plus la tour est élevée et les appartements nombreux, plus le silence est de rigueur dans l'ascenseur? La concentration urbaine entraîne la solitude. Il faut l'irruption d'un élément qui sort de l'ordinaire pour restaurer une communication. Un accident de voiture, une moto renversée, une échelle de pompiers adossée à une fenêtre, réunissent les badauds et donnent de la conversation. Lors des grandes grèves de décembre 1995, on a vu les gens se parler, se sourire, en marchant dans les rues. On avait rarement perçu tant de solidarité entre piétons. Malgré la fatigue de leurs jambes, malgré le stress des embouteillages, ils pouvaient échanger parce qu'ils vivaient une expérience commune. Ils n'étaient plus solitaires mais solidaires.

Heureusement nous avons d'autres portes d'accès à la conversation... Les fleurs, les animaux et les bébés sont aussi de magiques facilitateurs relationnels. Faites un trajet en métro avec un bouquet de fleurs, surtout si vous êtes un homme, les défenses tombent, les langues se délient. Transportez votre chat ou votre hamster, vous attirerez les sympathies. Avec votre bébé dans les bras, ou dans un porte-bébé, c'est l'extase. Les poussettes ont moins d'effet, peut-être parce qu'elles sont trop encombrantes.

L'art d'être heureux et de rendre les autres heureux 267

Claude Steiner, psychologue américain, collègue et ami d'Eric Berne, le fondateur de l'analyse transactionnelle, est à l'origine du *Conte chaud et doux des chaudoudoux*, un best-seller aux États-Unis, un livre à succès de la presse enfantine française qui plaît aussi aux adultes. Dans un pays lointain, les gens vivent heureux. Ils portent, accroché à leur ceinture, un sac de petites boules duveteuses appelées chaudoudoux, parce qu'elles font chaud et doux. Chaque fois qu'une personne a envie d'un chaudoudoux, elle le demande. L'autre plonge la main dans son sac et le lui offre.

Métaphore des marques d'attention que nous échangeons et qui nous remplissent de bien-être, les chaudoudoux sont inépuisables. Tout cela ne fait pas l'affaire de la vilaine sorcière qui ne vend ni ses philtres ni ses pilules ! Elle décide de créer la pénurie en soufflant à l'oreille d'un villageois l'idée que les chaudoudoux peuvent venir à manquer. « Si ta femme donne ses chaudoudoux à n'importe qui, il n'y en aura plus pour toi. » Jalousie, doute, suspicion apparaissent... Le mari commence à surveiller sa femme, qui contrôle ses enfants... Très vite, tout le village est atteint. Les gens hésitent à s'échanger des chaudoudoux. En manque, ils sont de plus en plus tristes et hargneux, tombent malades, se flétrissent et meurent. La sorcière vend ses philtres à tour de bras, mais rien n'y fait. Comme elle ne désire pas perdre toute sa clientèle au profit du cimetière, elle invente un procédé. Elle offre aux villageois des sacs de froid-piquants. Ce sont de petites boules qui ressemblent vaguement aux chaudoudoux, mais quand on les reçoit, on se sent froid et on a mal. Les gens commencent à s'échanger les froid-piquants... Ils ne meurent plus, mais consomment abondamment les pilules et les philtres de la sorcière.

Dans l'histoire de Steiner, Julie Doudou survient. C'est une femme chaleureuse et belle qui sait parler aux enfants et qui n'a jamais entendu parler de la pénurie de chaudoudoux. Elle en donne librement à tous sous les yeux des villageois stupéfaits. Elle sourit beaucoup, on se sent bien avec elle, elle fait des câlins aux enfants. Ceux-ci l'adorent. Et recommencent à s'échanger des chaudoudoux gratuitement, facilement, pour le plaisir. Voyant cela, les adultes méfiants se mettent à produire des règles et des lois pour réglementer les échanges de chaudoudoux... Le conte s'arrête sur une question, quel sera l'avenir?

36

Donner

Donner, c'est partager. C'est donc aussi recevoir. D'ailleurs lorsqu'on *donne* un repas, ne dit-on pas qu'on *reçoit* des amis à dîner ? Offrir une attention, un cadeau, un compliment, un sourire, c'est établir un lien, c'est permettre au récipiendaire de se sentir moins seul, c'est aussi se sentir soi-même moins isolé. Trop occupés par toutes sortes de choses, absorbés dans l'urgence des tâches du quotidien, nous ne nous regardons pas assez. Les amoureux se contemplent des heures... Des époux de longue date, prisonniers des habitudes et de la routine, peuvent finir par ne plus se voir. Un regard complice, une caresse en passant, un baiser, un mot tendre, entretiennent la solidité des liens.

Quand deux êtres sont liés, il y a toi, moi et la relation. Une relation se nourrit d'attentions. Quelle valeur a un « Je t'aime » si on n'offre jamais de fleurs, si on oublie les anniversaires ou les préférences de l'autre, si on est absent dans les coups durs ? Un amour oublieux de l'autre n'est pas amour. Il est dépendance : « Je t'aime pour moi, parce que j'ai besoin de toi. »

Beaucoup croient encore que donner c'est abandonner, se priver, renoncer... « La personne dont le développement caractériel n'a pas dépassé le stade où prévaut la tendance à recevoir, exploiter ou amasser, éprouve le don de cette manière », rappelle Erich Fromm. Pourtant, donner rend heureux car « dans l'acte même de donner, je fais l'épreuve de ma force, de ma richesse, de mon pouvoir. Cette expérience de vitalité et de puissance accrues me remplit de joie [...] je m'éprouve comme surabondant, dépensant, vivant, dès lors comme joyeux ».

Il peut être difficile de donner quand on n'a soi-même pas suffisamment reçu. Ne peut-on donner *que* ce que l'on a reçu ? Ce préjugé est souvent invoqué pour se défendre de la passivité. C'est heureusement faux. Combien de parents sont attentifs à donner ce qu'ils n'ont pas reçu ? Il leur arrive de se montrer maladroits, mais ils cherchent à ne pas faire subir à leurs enfants ce qu'ils ont subi.

Les ressorts psychiques qui nous enferment sont puissants. Vous n'arrivez pas à donner à votre conjoint ? À vos enfants ? À un collègue, un ami ? C'est un symptôme, écoutez-le, quelque chose en vous fait obstruction. Peut-être une colère non dite, une vieille rancœur, ou une projection fait-elle obstacle ? Ne laissez pas vos émotions prendre le pouvoir dans vos relations.

Voici ce que m'écrit un de mes lecteurs : « L'autre soir, je suis arrivé chez un copain pour trouver, parmi les invités, une personne que je déteste. Peu de gens provoquent en moi une telle répugnance. Alors, comme d'habitude, j'ai fait semblant de ne pas le voir, saluant tout le monde, sauf lui. Et subitement, j'ai pensé à votre thèse qu'aimer ou détester était un choix, une création mentale et rien d'autre. En un clin d'œil, tout a basculé. Je me suis dit : "Mais ce type, que m'a-t-il fait ? Rien ! Il ne mérite pas ce traitement !" Alors, sans décision pondérée, sans y réfléchir plus, je me suis tourné vers lui, lui ai mis les mains sur les épaules et, avec un grand sourire, je l'ai secoué gentiment en disant : "Alors, ça va ?" Il en était tout bouleversé, moi encore plus ! D'où me venait cet élan amical ? Je me suis senti rempli tout à coup d'une paix, d'une affection non seulement envers lui, mais également envers tous les gens présents. La haine ? Disparue ! Quel soulagement ! »

Les chaudoudoux sont inépuisables... plus vous en donnerez, plus vous en aurez. Ne les réservez pas à la famille. L'abus n'est pas dangereux. Au travail comme dans la rue,

sachez donner, vous serez comblé. En marchant dans les rues, dans les transports, regarder et sourire, c'est communiquer du bien-être et en ressentir soi-même. Osons regarder les autres, et en priorité ceux qui en ont le plus besoin, les exclus de la société. Offrir un sourire, c'est considérer l'autre comme un humain, un interlocuteur valable.

« Ce qui me fait le plus souffrir, c'est le mépris des gens, dit Roger qui n'a plus de chez-lui depuis deux ans et fait la manche dans la rue pour survivre. Pour certains on dirait que je n'existe pas, ils ne veulent pas me voir. J'ai l'impression d'être transparent. D'autres me donnent une pièce mais j'ai le sentiment que c'est pour m'évacuer, se débarrasser de moi. » C'est encore ajouter à l'humiliation du pauvre et lui faire sentir davantage le poids de l'injustice qui pèse sur lui, que de lui faire la charité sans reconnaître ses droits.

Face à la détresse, il s'agit simplement (mais il est vrai que ce n'est pas facile) de rester humain, de refuser de se laisser déshumaniser par l'impuissance. J'aime cette phrase de saint Ambroise : « Ce n'est pas de ton bien que tu distribues au pauvre, c'est seulement sur le sien que tu lui rends. »

L'art du compliment

« Tu es super ! » Regardez le visage de la personne à laquelle vous vous adressez. « Tu es... » déclenche un léger retrait, une dénégation, parfois un subtil trouble, ou n'est tout simplement pas entendu.

« Je suis vraiment émue que tu aies pensé à m'offrir ce vase que nous avions vu ensemble le mois dernier. »

Dites « Je... » Impliquez-vous dans vos réflexions. Plutôt que d'enfermer l'autre dans une définition, fût-elle positive, exprimez vos impressions, vos sensations, partagez vos émotions, parlez de vous.

Parler, dire, pour assainir les relations

Donner, c'est aussi se donner, exprimer ses sentiments. Nos émotions sont le sel de la vie. Elles font les relations riches de sens et fertiles. Combien de fois avez-vous pensé quelque chose, eu un pressentiment, ressenti de la peur ou de la colère, et ne l'avez-vous pas dit de crainte de blesser, de vous mêler de ce qui ne vous regarde pas, ou simplement d'embêter les autres ?

Une relation nourrissante est celle où on parle de ce que l'on ressent à l'intérieur. La relation se dessèche quand on n'évoque que les faits extérieurs. « J'ai assisté à une réunion, il y avait tous les directeurs. »

N'ayez pas honte de vos émotions, partagez vos peines et vos joies, vos angoisses et vos déprimes, vos doutes et vos inquiétudes, vos rêves et vos cauchemars. « J'étais anxieux par rapport à cette réunion, j'ai réussi à prendre la parole. Il y avait tous les directeurs. Je me suis senti fier de moi. »

En ne permettant pas à l'autre de pénétrer votre cœur, vous vous éloignez de lui.

Virginie est amoureuse d'un homme qui la fait manifestement souffrir. Raoul, son père, a peur pour elle, il se fait du souci, mais ne s'en ouvre pas à Virginie... « Je n'ai pas à me mêler de sa vie, je ne peux pas lui imposer ma vision des choses, elle est majeure », dit-il. Comprenant qu'il gagnerait à lui en parler, il le fait. Et c'est la surprise devant la réaction de Virginie. Enfin son père se préoccupe d'elle ! Depuis des années elle prenait des risques de plus en plus grands pour que son père se manifeste. Elle partait à l'étranger seule et sans argent, vivait dans l'instabilité... L'expression de la peur de son père l'a rassurée.

Partager une émotion approfondit la confiance. Ne pas s'exprimer éveille doute et suspicion.

Depuis quelques semaines, Marc est préoccupé. Dans son entreprise on parle de restructuration. Il a peur pour son poste. Jusqu'ici, il n'en a pas parlé à sa femme, « pour ne pas l'inquiéter ». « Elle ne se doute de rien, j'en suis sûr, je fais très attention, avec elle je suis souriant, je fais celui qui va bien. » Je l'invite à s'ouvrir à elle de ce qu'il ressent. Le soir même, il lui parle. Elle éclate en sanglots : « C'était ça, pourquoi tu ne m'as rien dit ? Je sentais bien que tu étais différent, tu portais un masque, je ne savais plus qui j'avais en face de moi. »

Le silence, c'est la mort de la relation. Même si les deux personnes continuent à habiter sous le même toit, elles deviennent peu à peu deux inconnues, vivent côte à côte, mais pas ensemble. On dit facilement que « toute vérité n'est pas bonne à dire ». Cela nous déculpabilise de notre démission devant ces émotions qui pourraient émerger. À chacun de méditer sur ses véritables motivations à ne pas dire. Est-ce vraiment pour protéger l'autre ? Ou pour se protéger soi-même ?

Les enfants d'Yvonne l'accompagnent en voiture : « On t'emmène quelques jours en maison de repos, tu verras, tu y seras très bien. Quand tu seras retapée, tu reviendras chez toi. » Yvonne ne veut pas lire l'enseigne du bâtiment, Maison de retraite intercommunale. Ses enfants lui disent qu'elle retournera chez elle, elle veut y croire. À la maison de retraite elle a du mal à s'intégrer, à s'investir dans les activités. Tous les jours, pendant des mois, elle dit : « Mes enfants vont venir me chercher, je suis guérie maintenant, je vais retourner chez moi. » Ses enfants se gardent bien de lui annoncer que, depuis, ils ont vendu son appartement. Il leur est trop difficile de dire à Yvonne : « Tu sais, je me sens coupable de ne pas pouvoir m'occuper de toi à la maison. Il n'est plus possible que tu vives seule dans ton appartement, ici c'est ta nouvelle maison. » Dire, c'est respecter. C'est considérer l'autre comme une personne, c'est donner à l'autre les moyens de gérer sa vie. Ne pas dire, c'est manquer de respect, c'est maintenir l'autre en dépendance, le considérer comme incapable de se prendre en charge. Évidemment, quand on prend le parti de dire, il est important de prendre le temps d'écouter les émotions suscitées.

Mes petites histoires n'intéressent personne !

C'est ce que trop de gens pensent. Mon hypothèse est que nous maintenons une croyance directement issue d'une enfance où papa et maman ne se montraient pas passionnés par nos histoires d'enfant. Elles leur paraissaient peut-être désuètes par rapport aux problèmes auxquels eux étaient confrontés. Ils préféraient peut-être parler politique plutôt que du copain qui en a vu un autre faire du toboggan géant. En réalité, tout ce qui arrive à un homme est intéressant pour un autre. Parce que nous sommes tous humains et que nous pouvons donc nous identifier aux sentiments traversés. Ce qui lasse parfois, ce sont les ratiocinations, quand on répète les mêmes choses des centaines de fois. Les détails intéressent s'ils sont évocateurs. De quoi ? D'émotions, de sentiments. Tous les humains sont friands d'émotions. Parler de soi, de son vécu, est toujours enrichissant pour l'autre. Et, parfois, cela peut transformer une vie, que dis-je, plusieurs, comme dans l'histoire d'Anna :

Un jour, elle évoque avec un collègue le drame qui a bouleversé son adolescence, la perte de son père. Bruno ne dit rien sur le moment, il écoute. Quelques jours plus tard, il lui confie combien leur conversation l'a fait réfléchir aux priorités dans sa vie. Il passe dorénavant beaucoup plus de temps avec sa fille de dix-huit mois, et a tenté de reprendre contact avec son aînée, qu'il n'a pas vue depuis cinq ans en raison de ses relations orageuses avec son ex-femme ! Grâce à Anna, il a pris conscience de l'importance d'un père. Il suffit parfois d'un déclic pour faire une révolution. En parlant d'elle, en partageant sa souffrance, Anna a permis ce déclic. Bruno et ses deux filles lui en seront longtemps reconnaissants. Le partage affectif est nourrissant pour tous.

37

Recevoir

Martine est une jeune mère de quatre enfants, elle a accouché il y a deux mois du petit dernier. Elle raconte à une amie combien elle est épuisée par les tétées de nuit... Dans la journée, elle ne peut récupérer car les grands demandent aussi de l'attention. Claire lui propose alors de prendre sa fille de deux ans pour une demi-journée. Les autres sont à l'école. Martine pourrait se reposer un peu. Martine refuse. « Non, non, ce n'est pas la peine, de toute façon je n'arriverais pas à me reposer... » Quand je lui demande la véritable raison de son refus, elle me confie : « C'est vrai, je suis épuisée, mais ça me gêne. » Martine ne sait pas recevoir de l'aide.

La semaine dernière, invités chez des amis, nous avions apporté un superbe bouquet de fleurs. J'avais eu plaisir à le composer en pensant à eux. Mais ils nous accueillirent avec un : « Vous n'auriez pas dû ! » Je me suis sentie déçue. N'étaient-ils pas contents de recevoir ce bouquet ? La politesse est parfois bien injurieuse ! J'aurais préféré qu'ils me disent en s'exclamant : « Ces fleurs sont superbes, merci beaucoup, elles me font très plaisir. »

« Il ne fallait pas. » Combien de fois n'avez-vous pas entendu cette petite phrase alors que vous offriez un cadeau ? Sous couvert de politesse, c'est en fait le reflet d'un sentiment d'indignité. Ces personnes se sentent indignes de recevoir. Probablement parce qu'elles n'ont pas été accoutumées à recevoir beaucoup de chaudoudoux.

« Je ne sais pas comment te remercier. » En disant merci, tout simplement, ou mieux en formulant ce que vous ressentez face à ce présent. Est-ce si difficile de remercier en regardant dans les yeux avec gratitude.

Tout se passe comme si nous cherchions à limiter en permanence l'émergence d'affects trop forts. C'est vrai, ce n'est pas facile de signifier à quelqu'un qu'on l'aime, nous n'avons pas l'habitude! Pour accepter de recevoir, il se peut que vous soyez obligé de faire un petit travail intérieur. Vous pouvez refuser de recevoir aujourd'hui parce que vous avez trop peu reçu dans le passé. Pensez donc un peu à vous, enfant. De quoi aviez-vous besoin? Mentalement, vous, l'adulte d'aujourd'hui, allez à la rencontre de l'enfant que vous étiez. Donnez-lui, apprenez-lui qu'il est digne de recevoir.

Manuela est atteinte d'un cancer. Son mari s'occupe beaucoup d'elle. Elle en souffre. Elle a du mal à accepter qu'il la prenne en charge. Quand la douleur la cloue au lit, elle n'ose le lui dire. « Non, non, tout va bien », lui répond-elle lorsqu'il s'inquiète. Quand je l'interpelle sur cette manière de le tenir à distance, elle se justifie : « J'ai mal de le voir souffrir », oubliant que c'est elle qui est malade. Manuela ne pense pas à ses besoins. Elle se rend malheureuse parce que l'autre est malheureux... de la voir malheureuse! La situation devient complexe! Je l'invite alors à se mettre « dans la peau » de son mari dans un exercice de jeu de rôle. Je lui propose de changer de siège, de devenir Pierre et de regarder Manuela. Elle peut alors ressentir ce que Pierre ressent lorsqu'elle a mal pour lui et refuse ses attentions. Il devient clair pour elle que plus elle cherche à le protéger, plus il se sent triste et impuissant. Dans la peau de Pierre, Manuela prend conscience que ce dont il a le plus besoin, c'est qu'elle lui fasse confiance, qu'elle accepte de recevoir. **Il n'a pas le pouvoir de la guérir, mais il a celui de lui donner de l'amour.** Il est fondamental de ne pas le lui ôter. À la suite de cette séance, Manuela a ouvert son cœur et s'est donné la permission de recevoir. Elle s'est sentie proche de lui, aimée, et puissante.

Faites-vous partie de ces gens qui disent : « Quand je vais mal, je préfère rester tout seul », ou savez-vous utiliser les épreuves de la vie pour renforcer vos liens avec votre entourage ?

38

Refuser

« Bien sûr, tu viens passer le week-end de Pâques avec nous, ma chérie ! »

Noémi a vingt-cinq ans et bien du mal à se séparer de ses parents. « Non, maman, je ne peux pas, j'ai beaucoup de travail. » Une conversation surréaliste s'enclenche sur le thème de : « Tu travailles trop, tu vas t'esquinter la santé... »

Ce que Noémi a besoin d'apprendre à dire, c'est : « Non, maman, je ne viendrai pas, je préfère passer ces trois jours avec des amis », ou « Je préfère rester chez moi, j'ai vingt-cinq ans, j'ai besoin d'indépendance. »

À sa mère qui pourrait lui dire : « Tu es égoïste, pense à ton père qui va si mal ! » elle pourrait répondre : « J'aime mon père, je t'aime, et je ne viendrai pas parce que j'ai envie de faire autre chose à Pâques. »

Il est difficile de ne pas se mettre à argumenter, de ne pas tomber dans le piège de parler de la maladie du père, d'éviter les « je ne peux pas » qui disent une impuissance ; difficile d'assumer dans son langage la responsabilité de ses comportements, en formulant : « je ne veux pas », « je choisis de ». Mais, comme on se sent mieux ! Si vous savez dire non, vous pourrez enfin dire vraiment oui. Ce ne seront plus des oui de soumission, de résignation impuissante, mais de vrais oui, de tout votre cœur.

J'ai encore en mémoire une anecdote survenue il y a des

L'art d'être heureux et de rendre les autres heureux

années. Je donnais des cours du soir au Conservatoire des Arts et Métiers. Nous avions de temps à autre des réunions entre formateurs. Un matin, je me levai avec une certitude, je n'avais pas la moindre envie de participer à la réunion. J'appelai la secrétaire et lui demandai d'informer mes patrons ainsi que mes collègues que je ne serais pas là à dix heures, parce que je n'en avais pas envie. Elle me répondit : « D'accord, je leur dis que vous êtes malade !

— Non, je ne suis pas malade, je n'ai *pas envie* de venir !

— Mais je leur dis quand même que vous ne *pouvez* pas venir ?

— Non, vous leur dites que je ne *veux* pas venir. »

J'ai dû rester à discuter pendant un quart d'heure au téléphone avec la secrétaire. Il lui était tout simplement inconcevable que je puisse oser dire que je n'avais pas envie de venir. Elle cherchait à me trouver des excuses « pour que ça passe ». J'eus du mal à lui faire admettre que j'étais responsable de mes sentiments et de mes actes.

Nous n'avons pas toujours conscience du prix de ces petites lâchetés. Si un petit mensonge fait gagner un confort temporaire, en évitant de se confronter à autrui, on le paie à long terme, sans bien entendu toujours identifier la cause de nos déboires. Chaque lâcheté nourrit les sentiments inconscients de honte et d'indignité. Puisqu'ils sont inconscients pourquoi s'en préoccuper ? C'est que l'inconscient n'en reste en général pas là. Ces sentiments refoulés dirigent votre vie en menant vers vous les mauvaises personnes, en faisant échouer vos projets, en ternissant vos relations. Est-ce que cela vaut vraiment le coup ?

Il peut arriver que, dans certaines situations où le pouvoir est trop lourd, on soit obligé de mentir... Mais il me semble que les stratégies de déresponsabilisation du type « je suis malade », « je ne peux pas » sont utilisées abusivement, pour ne pas blesser l'autre, ou surtout pour ne pas porter la responsabilité de ses sentiments et avoir à en affronter les conséquences. Car il est évident qu'une telle attitude entraîne une suite. Si vous dites que vous êtes malade, on vous demandera si ça va mieux, un point c'est tout. Si vous dites que vous n'avez pas envie de faire quelque chose, les autres peuvent se sentir blessés, vous aurez donc à fournir des explications. Lorsque je suis retournée dans les bureaux l'après-midi, mes deux patrons de l'époque m'ont demandé pourquoi je n'avais pas eu envie de venir. Je leur ai alors répondu la vérité. Je trouvais ces réunions fastidieuses et inutiles. Nous en avons parlé, avons cherché ensemble des solutions et les avons trouvées. Les réunions sont devenues des lieux d'échanges passionnants. Si je m'étais dissimulée derrière une excuse, nos rencontres seraient restées ennuyeuses et j'aurais eu besoin de tomber malade assez souvent !

En taisant ses sentiments, on maintient le *statu quo*, on se fait complice des dysfonctionnements. En formulant son ressenti, on peut participer à changer le monde autour de soi.

39

Demander

Ne pas demander pour ne pas obliger. Ne pas se dévoiler pour ne pas paraître exigeant. « On ne demande pas ! » Combien d'entre nous ont entendu ce mot d'ordre de leurs parents ! Le présupposé qui sous-tend l'impératif de se taire, est qu'un enfant n'a pas de droits. Ses parents savent mieux que lui ce qui est bon pour lui. Il n'a donc pas à ouvrir la bouche. Demander, c'est impoli ! En conséquence, nous attendons des autres qu'ils devinent nos besoins.

La fusion est tellement confondue avec l'amour que nous croyons que « s'il m'aimait vraiment, il le ferait ». « Si je demande, ça n'a plus de valeur, je voudrais qu'il le fasse spontanément. » Seulement voilà, tous n'ont pas les mêmes besoins, pas les mêmes envies et pas la même culture familiale.

Personne n'a envie de satisfaire quelqu'un qui dit : « Tu ne m'aimes pas si tu ne satisfais pas mes besoins. » Une vraie demande accepte de rencontrer le refus.

Demander... un chaudoudoux

« Dis, tu me masses les épaules ? J'ai envie de fleurs, tu veux bien m'offrir un bouquet cette semaine ? Tu choisis le jour, tu me fais la surprise. Qu'est-ce que tu aimes en moi ?/

Qu'est-ce que tu t'es dit la première fois qu'on s'est rencontré ?/ J'ai envie de toi, tu viens faire un câlin ?/ J'ai besoin que tu me dises que tu m'aimes pour sentir encore plus fort le lien avec toi, tu veux bien me dire ces mots doux ? » etc.

Faites des demandes claires. Et demandez aussi à vos proches ce dont ils ont envie et besoin. Proposez cet exercice à votre conjoint : chacun fait une liste de dix choses qu'il aimerait que l'autre fasse pour lui, dix des petites ou grandes attentions qui font la relation, et la confie à l'autre. Chaque jour, chacun tape où il veut dans la liste. Voici la liste de Nicole :

— Je veux que tu me prennes par la taille ;
— Je veux que tu me souries de temps en temps quand tu regardes la télévision ;
— Je veux que tu m'offres une rose ;
— Je veux que tu me dises que tu m'aimes ;
— Je veux que tu me dises que ma robe ou un autre vêtement te plaît ;
— Je veux que tu répares ma lampe de chevet ;
— Je veux que tu me verses mon thé dans ma tasse au petit déjeuner ;
— Je veux que tu me beurres mes tartines ;
— Je veux un baiser dans le cou alors que je ne m'y attends pas ;
— Je veux que tu m'appelles au bureau pour me dire que tu m'aimes.

Et voici celle d'Hervé, son compagnon :
— Je veux que tu programmes le magnétoscope pour enregistrer une émission qui me plairait mais que je n'ai pas le temps de voir ;
— Je veux que tu m'invites au resto un soir ;
— Je veux que tu m'appelles au bureau pour déjeuner ensemble un midi ;
— Je veux que tu me fasses un baiser dans le cou ;
— Je veux que tu me masses les épaules et le dos ;
— Je veux que tu prennes l'initiative d'un câlin ;
— Je veux que tu viennes te pelotonner contre moi sur

le canapé au lieu d'aller faire la vaisselle tout de suite après le dîner;

— Je veux que tu m'offres une plante verte à mettre dans mon bureau;

— Je veux que tu proposes une sortie;

— Je veux que tu m'apportes un Esquimau quand je suis en train de regarder la TV.

Demander... de l'attention envers vos besoins

« Tu rentres avant minuit, c'est comme ça; les filles de ton âge ne doivent pas courir les rues passé une certaine heure! Tu ne discutes pas! »

Mettez-vous un instant dans la peau de la fille. Que ressentez-vous lorsque votre mère vous parle ainsi?

Maintenant, écoutez une autre maman : « Quand tu rentres après minuit, je suis inquiète, parce que je me dis qu'il peut t'arriver n'importe quoi. Pourquoi minuit, je ne sais pas, c'est irrationnel, peut-être parce qu'on dit que c'est l'heure du crime, peut-être parce que c'est l'heure où le carrosse se change en citrouille... En tout cas j'ai peur que tu aies un accident, ou que tu te fasses agresser... Jusqu'à minuit, je ne suis pas inquiète. Après, j'ai besoin de te savoir en sécurité pour dormir en paix. »

Que ressentez-vous? Qu'avez-vous envie de faire dans le premier cas? Et dans le second?

Un ordre donne envie de transgresser. Les sentiments inspirent le respect. Entre le laxisme et l'autoritarisme, il y a l'expression du vécu émotionnel. C'est mon émotion qui pose la limite, et non une loi abstraite et arbitraire. Un enfant peut respecter un sentiment, il a en général envie de le faire. Il n'a pas souvent envie de respecter une loi arbitraire. J'ai vu des enfants piétiner leurs parents laxistes, jamais des parents présents dans la relation. L'autoritarisme est une prise de pouvoir sur l'autre, le laxisme est la prise de pouvoir de l'enfant sur le parent. La présence à soi comme à l'autre, et l'expression de ses besoins, est la juste voie du milieu.

Il fait chaud. Depuis le matin, Bénédicte demande à son fils d'ôter son pull à col roulé.

« Mais enfin enlève ça, tu as vu la chaleur qu'il fait?

— Non, non, je suis très bien, je n'ai pas chaud », répond son gamin.

Le soir venu, elle dévoile enfin les raisons de ce comportement irrationnel. Olivier ne peut plus dissimuler une énorme marque rouge dans son cou.

Bénédicte explose. « Qu'est-ce que c'est que ça? Et pourquoi l'as-tu caché toute la journée? Qui t'a fait ça? » Devant le mutisme d'Olivier, elle crie plus fort. « Tu vas me dire ce que c'est! » Puis, comprenant qu'elle fait fausse route, elle se radoucit et tente de le rassurer : « Je ne vais pas te gronder, mais il faut me dire. » Peine perdue.

Le lendemain, Bénédicte me rapporte la scène. Je l'invite alors à parler de ses propres sentiments à son fils. Voici leur conversation :

« Ça va?

— Oui ça va, et toi?

— Moi, ça ne va pas.

— Qu'est-ce qui se passe, maman?

— Ça ne va pas, parce que j'ai pensé toute la journée à cette marque que tu avais dans le cou, dimanche. Je suis mal parce que je suis inquiète. Je m'imagine toutes sortes de choses, que peut-être tu es victime de racket à l'école, qu'on te brutalise, j'ai peur pour toi. Et puis je me sens mal parce que tu refuses de m'en parler. Je me sens impuissante et déçue que tu ne puisses pas me faire confiance. »

Olivier a écouté sa mère avec attention, il a levé les yeux de ses devoirs et s'est penché vers elle. « Mais maman, c'est pas si grave, c'est seulement que je me suis battu avec Dimitri. Je ne voulais pas que tu le saches parce que j'avais peur que tu ne me croies pas. »

Observez la dynamique relationnelle : plus Bénédicte insistait pour savoir, plus Olivier se retirait. Dès que Bénédicte a montré ses propres sentiments plutôt que de sonder son fils, celui-ci a cessé d'avoir besoin de se protéger des intrusions de sa mère et a pu écouter son besoin.

L'aile ou la cuisse

Après le dîner Jean Bernard, mon compagnon, m'annonce : « J'ai un travail à terminer ce soir. »

Dans un autre temps, je me serais tue, tout en ronchonnant : « Bon, encore une fois, il a des choses à faire, c'est encore moi qui aurai le bébé dans les bras toute la soirée, je ne pourrai pas travailler. Pourtant je suis en forme, j'ai envie d'écrire. Je trouve son ordinateur envahissant, c'est injuste, il ne fait pas assez attention à moi... » Mais, cette fois, je réfléchis et me dis que finalement, avant de faire les questions et les réponses, je peux lui dire mon besoin et vérifier l'importance du sien.

« Sur une échelle de un à dix, ça représente quelle importance pour toi de travailler ce soir ?
— Oh, je dirais cinq. »

La réponse me stupéfie ! Pour moi, sa formulation première « J'ai un travail à terminer ce soir » était impérative. Je m'attendais à ce qu'il donne une importance de huit ou neuf. On aurait négocié durement... j'aurais capitulé... Mais non. Ce cinq m'oblige à prendre mes responsabilités. Peut-être que tous les jours passés auraient été différents si je m'étais exprimée !

« Alors mon amour, je crois que tu ne vas pas travailler ce soir, car j'ai moi aussi un besoin, que je chiffre à neuf !
— O.K., pas de problèmes. »

Je n'en reviens pas. Nous fonctionnons différemment. J'ai l'habitude de m'enquérir de ses intentions d'abord, je formule éventuellement mes besoins ensuite, à moins qu'ils ne soient absolument impéricux. J'imagine donc qu'il fait pareil. Et lorsqu'il émet ses besoins, je les imagine définitifs, et je me soumets. Seulement, lui ne voit pas du tout les choses de cet œil. Il formule ses désirs... et s'attend à ce que je formule les miens. Si je ne dis rien, il en déduit que je n'ai pas de besoins. Bref, heureusement que j'ai parlé.

Vous apportez un poulet rôti sur la table. Si vous aimez l'aile, vous risquez par politesse de l'offrir à votre invité. Seulement, lui, il préfère la cuisse. Il n'ose pas vous le dire, il est persuadé que vous préférez la cuisse, comme lui.

Si chacun devient un peu plus égoïste, c'est-à-dire un peu plus réaliste, les contacts sont plus directs et les échanges peuvent devenir plus profonds.

Demander... aux autres ce qu'ils ressentent

« Je ne savais pas que tu ressentais cela.
— Tu ne me l'avais jamais demandé. »

Combien de fois m'a-t-on rapporté cet échange ? Quand je propose à une personne de faire des demandes à son entourage, elle revient souvent stupéfaite, et riche d'informations qu'elle était à des lieues de soupçonner. Partez à la découverte des gens qui vous entourent, demandez-leur ce qu'ils ressentent, à votre égard, et à l'égard de tout ce qui vous entoure.

L'intelligence du cœur repose sur les compétences à donner, recevoir, demander, refuser. Elle nous demande aussi de savoir écouter les autres, décoder leurs messages et régler nos conflits de manière non violente.

EMPATHIE
ET
RÉSOLUTION DE CONFLITS

40

Écouter vraiment

« Je suis grosse.
— Mais non, tu te fais des idées.
— Tu ne peux pas comprendre ! »
Géraldine a tenté de rassurer son amie, et n'a réussi qu'à la blesser davantage.

L'écoute active, le langage de l'empathie

Thomas Gordon est un disciple de Carl Rogers, le père de l'empathie. Il a systématisé à l'usage des parents ce qu'il a nommé le langage « efficace ». Efficace en ce sens qu'il atteint son but de communication. Une communication est pour lui inefficace si l'un ou l'autre des partenaires ne se sent pas respecté. Son premier livre, paru en 1976 et intitulé *Parents efficaces, une autre écoute de l'enfant*, fut, et est encore, un best-seller. Son intention était d'enseigner aux parents le langage qu'il utilisait dans son cabinet, le langage de l'empathie, le langage qui dénoue les problèmes.

Il a été très critiqué à l'époque par une partie des professionnels qui y voyaient une perte de leur pouvoir sur le client. Thomas Gordon montre à quel point la plupart d'entre nous ne savent pas écouter. Il fournit des clés, à la fois très simples et très difficiles à utiliser parce qu'elles modifient notre rapport aux autres et à nous-mêmes.

Plus de jeux de pouvoir, plus de coercition ou de menaces pour obtenir ce que nous voulons. Mais un échange authentique entre deux humains.

On a tendance à se précipiter avec des questions style « Pourquoi ? » « Pourquoi vous dites ça ? » Au lieu d'écouter, on se rue à donner des solutions, pour aider, être utile à quelque chose, ne pas faire face à ce terrible sentiment d'impuissance.

S'inspirant toujours de Rogers, Gordon a spécifié douze barrages à la communication, douze façons d'intervenir quand quelqu'un tente de nous parler d'une émotion ou d'un problème mais qui bloquent, orientent ou cassent la relation.

Les douze barrages

1. *Ordonner, commander, exiger*
Va dans ta chambre.
2. *Menacer, effrayer*
Si tu n'arrêtes pas, tu auras la fessée.
3. *Moraliser, sermonner*
On ne coupe pas la parole à quelqu'un.
4. *Conseiller, proposer des solutions*
Pourquoi n'irais-tu pas jouer avec tes copains ?
5. *Donner une leçon, fournir des faits*
Les livres sont faits pour être lus et non pour être jetés.
6. *Juger, critiquer, blâmer*
Tu n'es pas attentif !
7. *Féliciter, passer de la pommade*
Toi, si gentil !
8. *Ridiculiser, donner des sobriquets*
Tu devrais avoir honte.
9. *Interpréter, analyser*
Tu es simplement jalouse de cette femme.
10. *Rassurer, sympathiser*
Ce n'est rien, ça passera.
11. *Enquêter, questionner*
Pourquoi as-tu fait une chose pareille ?

Empathie et résolution de conflits

12. *Éluder, faire diversion, traiter à la légère*
Regarde comme il fait beau !

Presque toutes nos attitudes habituelles sont nommées, mais alors que dire ? Rien.

L'autre n'a besoin que d'écoute, d'un silence attentif et de présence dans le regard ; ou d'une écoute qui lui permette d'avancer dans sa tête, de se libérer du poids trop lourd de ses sentiments, de faire le tri dans son vécu, et peu à peu de trouver ses propres solutions. Euripide a dit : « Parle si tu as des mots plus forts que le silence, ou garde le silence. » Respectez l'émotion qui est là. Simplement.

Il pleure. Si vous vous précipitez avec un « qu'est-ce qui se passe ? » vous l'obligez à vous raconter des faits, à vous donner la raison de son émotion. Il ne la connaît pas toujours, mieux vaut donc rester prudent et commencer par lui permettre d'exprimer ses larmes, en l'accompagnant d'un : « Tu es triste », ou « Tu as l'air bouleversé », etc.

Thomas Gordon a nommé « Écoute active » cette présence attentive ponctuée de phrases reflets de ce qui est dit. Contrairement aux idées reçues, ce ne sont pas les faits qui sont importants, mais les sentiments qu'ils provoquent en nous.

« Je suis grosse. » Reformulation possible : « Tu ne te plais pas ! »

« Je n'y arriverais jamais. » Reformulation possible : « Tu as peur de ne pas réussir. »

Se libérer des « pourquoi ? »

Si vous vous sentez démuni ou trop tenté de proposer des solutions ou des conseils à quelqu'un que vous voulez aider, testez ces formulations :
Refléter le vécu de la personne :
C'est dur pour vous de...
C'est difficile...
Je vois que... (vous êtes triste, ça ne va pas trop bien aujourd'hui...)

J'imagine que...
Vous êtes... (triste, en colère, inquiet...)
Vous vous sentez triste à l'idée de...
Vous aimez...
Questions ouvertes :
Qu'est-ce qui se passe ? (Ne lui dites pas : « Qu'est-ce qui te fait penser ça ? » Mais plutôt : « Qu'est-ce qui te fait penser à ça ? »
Qu'as-tu éprouvé quand...
Qu'est-ce qui vous rend le plus triste ? en colère ? (quand cette émotion est manifeste)
Qu'est-ce qui vous manque le plus ?
Qu'est-ce qui vous préoccupe le plus ?
Comment vivez-vous les choses ? (cette situation)
De quoi avez-vous le plus peur ?
De quoi avez-vous besoin ?
Et quand la situation a été longuement parlée, les émotions exprimées, on peut en venir à :
Qu'est-ce que vous pouvez faire ?
Comment puis-je vous aider ?

Gérer ses propres émotions pour ne pas interférer dans l'histoire de l'autre

Nous sommes toujours tentés de projeter nos propres expériences, nos propres émotions sur les expériences des autres. Daniel avait une leucémie, il devait subir une greffe de moelle osseuse. Sa famille, ses amis, tous ont insisté pour qu'il subisse l'intervention. Leur propre peur de la maladie de Daniel les empêchait d'être empathiques; incapables d'écouter, ils conseillaient. Ils voulaient que Daniel suive les recommandations des médecins, parce qu'ils ne voulaient pas se sentir responsables. Mais lui avait peur. Il ne voulait pas. Tous ceux qui l'aimaient l'ont tant supplié, menacé, convaincu, qu'il y est allé. Il est mort, son cœur a lâché. Il est évident que tous les gens qui ont peur d'une opération ne meurent pas pendant celle-ci. Mais tout le monde n'est pas terrifié au point d'avoir envie de la différer. C'était le cas de Daniel. Devant l'insistance de son entourage, il a abdiqué ses sentiments propres. C'est à chacun de prendre des décisions pour sa propre vie. Nous devons apprendre à faire face à nos émotions pour être capables de respecter le chemin de chacun.

J'aime les questions des Canadiens : « Ça me fait oui ? » ou « Ça me fait non ? » Ce sont des questions à se poser à l'intérieur. Elles sont plus sûres que les habituels doutes, « Est-ce que c'est bien ou mal », qui font appel à des repères extérieurs. Sur le bien et le mal, chacun peut avoir un avis différent. Mieux vaut écouter l'intérieur de soi.

L'universalité des émotions

Il y a quelques années, j'animais un stage d'une semaine sur le thème de la culpabilité. Un Marocain assistait à notre groupe. Les deux premiers jours, son discours était : « De toute façon vous ne pouvez pas comprendre, vous n'êtes pas musulmans. Nous ne connaissons pas le sentiment de culpabilité. Nous ne ressentons pas les choses comme vous. » Le troisième jour, il est devenu silencieux, observant avec une grande attention. Au fur et à mesure des exercices, chacun, partageant son vécu profond, montrait des émotions dans un climat d'une grande authenticité. Touché par la sincérité de tous, sa peur première d'être remis en cause dans sa religion, dans sa tradition, s'est effacée. Le quatrième jour, nous l'avons vu pleurer... Lors de l'évaluation de fin de stage, il nous a tous émus en nous disant que ce qu'il venait de vivre lui prouvait que tous les hommes étaient semblables, que les musulmans vivaient les mêmes émotions que les chrétiens, les hindous ou les bouddhistes. Il se rendait compte que le sentiment de culpabilité avait marqué sa vie depuis le premier instant, et l'empêchait même de remettre en cause certains aspects de son éducation.

En contact avec leurs affects, les Hommes peuvent

échanger sans barrières. Dans le domaine émotionnel, nous sommes tous semblables et nous pouvons nous retrouver au-delà des cultures.

Au début, Paul Ekman[1] pensait que les événements déclencheurs des émotions étaient appris culturellement, tandis que les expressions étaient universelles. Un de ses étudiants lui a démontré le contraire. Les événements déclencheurs sont eux aussi universels.

En 1967, Ekman a présenté à des Papous de Nouvelle-Guinée des photos montrant diverses expressions émotionnelles et leur a demandé de raconter les événements qui pouvaient les expliquer. Non seulement les Papous ont correctement identifié les émotions des étudiants américains, mais leurs propositions d'interprétation des déclencheurs probables étaient proches dans les thèmes.

Pour l'expression de la peur, l'histoire la plus commune était « être attaqué par un cochon sauvage ». Changez l'animal en chien enragé, l'interprétation marche pour l'Occident. Les détails sont évidemment culturels, mais le thème, ici la menace de blessure physique par un animal, reste le même. Ce fut ainsi pour les six émotions étudiées. Perte d'un objet auquel on est attaché pour la tristesse. Un événement inattendu, ou opposé à l'attente, pour la surprise. Quelque chose de répulsif aux organes sensoriels ou aux croyances, pour le dégoût. Pour la colère, Ekman retrouva cinq antécédents : la frustration quand survenait une interférence dans l'activité, la menace physique, l'insulte, voir quelqu'un qui viole vos valeurs, la colère d'un autre dirigée contre soi. Pour le bonheur, les antécédents étaient au nombre de quatre : le plaisir, l'excitation, la louange, et le soulagement.

---

1. Paul Ekman, PhD, est professeur de psychologie à l'université de San Francisco en Californie. Ses travaux sur les expressions faciales et la nature des émotions font référence. Il a beaucoup publié depuis trente ans. En 1994, il a coordonné un ouvrage collectif *The Nature of Emotion, Fundamental Questions* avec Richard J. Davidson (professeur de psychologie et de psychiatrie à l'université du Wisconsin).

En 1984, Levy, un autre spécialiste se passionnant pour le langage des émotions, fit une observation importante : les Tahitiens n'ont pas de mot pour la tristesse. Mais l'observation a montré qu'ils expriment de la tristesse devant un décès, même s'ils attribuent ces manifestations émotionnelles à la maladie plutôt qu'à la perte.

Tout autour de la terre, les mêmes contractions musculaires expriment la peur ou la surprise, la colère ou la joie. Les messages du corps mentent rarement.

Écouter avec son corps, la synchronie

Le corps parle. Plutôt que de prendre du pouvoir sur l'autre en interprétant ses jambes croisées ou sa façon de relever sa mèche, utilisons ce langage corporel pour mieux nous comprendre. De nombreux chercheurs ont décrit le processus de synchronie. Si on n'en comprend pas encore tous les subtils mécanismes, on l'observe : les êtres humains qui communiquent ont tendance à adopter spontanément les mêmes postures, à faire les mêmes gestes, à utiliser le même ton de voix et parfois le même vocabulaire. Leurs corps se synchronisent, se mettent au même tempo. Parfois le processus est à peine perceptible, parfois il est très marqué. Observez deux amoureux face à face au restaurant... ils dansent. En fait nous dansons tous. Nos corps interagissent et se parlent hors de notre conscience. Il a fallu les caméras et les films de Birdwhistl pour le découvrir. Le ralenti ou au contraire l'accélération des images nous dévoile ce processus tellement subtil, qu'il passe généralement inaperçu. Le processus de synchronie est inconscient. En l'utilisant consciemment lorsque la relation est difficile, on peut améliorer ses capacités d'empathie. En se mettant dans une posture proche de celle de son interlocuteur, en parlant sur le même rythme, en reproduisant ses gestes, et surtout en calant sa respiration sur la sienne, on peut sentir ce qu'il vit en lui, parce que tous les humains, dans les mêmes postures, ressentent les mêmes émotions.

Si Éric vous parle de sa peur, et que vous l'écoutiez à moitié allongé sur votre fauteuil, les bras ouverts et la tête en arrière, il aura le sentiment que vous ne le comprenez pas. Ce sera d'ailleurs probablement la vérité, car dans cette posture vous ne pouvez sentir la peur, vous ne pouvez donc vous identifier à son vécu. Regardez Éric, lui est plutôt rassemblé, tendu, penché en avant, ses mains se serrent.

Écouter avec son cœur, c'est écouter avec son corps. Les sentiments se vivent dans le corps. Une émotion se lit sur un visage, par une mimique, un changement de direction du regard, une modification de la coloration de la peau. Elle se voit dans une attitude corporelle, dans des tensions musculaires, un rythme cardiaque et respiratoire.

Avec son équipe de chercheurs, Susana Bloch, dès les années soixante-dix, l'a montré. « Dans chaque émotion fondamentale entrent non seulement une expression faciale ou une posture, mais également un rythme respiratoire. Ce dernier est si important qu'il est possible d'induire un état émotionnel voulu en invitant le sujet à en reproduire la respiration caractéristique. »

Pour sentir ce qu'autrui vit, respirez comme lui, prenez la même posture, esquissez sa mimique, modulez le volume et la tonalité de votre voix. Ne soyez pas inquiets à l'idée de le mimer... Il n'en sera que plus en confiance avec vous. Vous le comprendrez mieux et il le sentira. Si votre voix utilise des tonalités et un volume proches des siennes, il se sent compris. Et c'est vrai que vous le comprenez mieux.

41

Décoder pour désamorcer

« Mettez ça là! Non! Ah vraiment je n'ai pas que ça à faire! » La commerçante est tendue, agressive, à la limite de la politesse. Xavier pourrait s'énerver, il sent la moutarde lui monter au nez. Après tout il vient pour lui rapporter ses bouteilles vides, il commande cinquante litres de jus de pomme et elle n'est pas contente? Il retient une remarque acerbe et regarde autour de lui. Il fait froid, il pleut, et les clients sont rares sur le marché. Voilà peut-être la raison de la mauvaise humeur de cette femme. Il tente : « Ce doit être dur pour vous ce matin, vous êtes en colère parce qu'il fait moche et que les clients ne sont pas foule? »

Elle lève les yeux vers lui : « Non, ce n'est pas cela... mais c'est vrai que ce n'est pas facile, et c'est vrai que je suis en colère. » Elle sourit. « Vos bouteilles sont là. Votre voiture est loin? »

Est-ce que le monde ne serait pas plus agréable à vivre si nous rencontrions plus souvent des êtres attentifs comme Xavier? Combien d'entre nous, en situation identique, auraient tourné les talons, subi en silence, ou insulté en retour cette commerçante agressive?

L'empathie est une dimension très importante de l'intelligence émotionnelle. Elle demande de savoir sortir de son égocentrisme pour se centrer sur le vécu d'autrui. Se montrer empathique, c'est ressentir, sans juger. Dans tout ce qu'elle dit ou fait, une personne ne parle jamais que d'elle-même, de ses besoins et de ses attentes. Plus ses formulations sont critiques, voire injurieuses, plus elles signifient l'importance de la détresse, du malaise, du manque. Tant que ses sentiments ne sont pas entendus, une personne qui souffre continuera de les crier par des comportements inadaptés.

Nadine se plaint des difficiles relations qu'elle entretient avec son fils. Elle est très en colère et n'arrive pas à se faire entendre de lui : « Je ne peux pas lui parler, il ne m'écoute pas, je l'ennuie et il ne s'en cache même pas. Au bout de deux minutes de conversation, il bâille! Il ne vient pas aux réunions de famille, et ce sans prévenir. Il n'est même pas venu pour mon anniversaire! Avec ça, il faut toujours lui donner de l'argent ou lui prêter la voiture. Soit dit en passant, il m'en a déjà cassé trois... Oh, je ne suis pas restée sans rien dire. Je lui ai exprimé ma colère, je lui ai dit ma frustration "J'ai tant fait pour toi, je suis une bonne mère." Chaque fois il m'écoute, il dit qu'il fera attention... Mais il continue. »

Lorsque les messages sont inefficaces, il est inutile de les réitérer. Dire et redire à son fils qu'elle n'est pas contente ne peut qu'envenimer la situation. Alors, doit-on se laisser faire? Non, entendre. Xavier tente d'exprimer quelque chose qu'il n'arrive pas à mettre en mots. L'empathie serait de tenter de saisir son vécu, de décoder ses attitudes pour mieux le comprendre. Pour faire un pas dans cette direction, je demande à Nadine : « Tu peux imaginer les raisons de son comportement?

— Il cherche à mettre de la distance... (silence)... C'est vrai j'ai été trop nourricière avec lui, trop présente, voire envahissante. »

Comprenant que Xavier cherche à se défaire d'une trop grande dépendance, sa colère tombe. Elle peut enfin l'écouter. Nous avons construit avec Nadine une phrase empathique à l'intention de Xavier : « Quand je vois que tu ne viens pas à mon anniversaire, que tu ne me téléphones que lorsque tu as un besoin d'argent, que tu bâilles alors que tu es en ma compagnie, je me dis que tu es en colère contre moi, et je comprends cela parce que je me rends compte que, dans le passé, j'ai pu être envahissante et trop présente. J'aimerais que nous en parlions et que tu me dises toute ta rancune, de façon que nos relations s'améliorent. »

Des clés pour ouvrir les serrures du cœur

Il est vraisemblable que la première réponse de Xavier à la phrase empathique de Nadine sera : « Qu'est-ce que tu vas chercher là... » Il n'est probablement pas encore conscient de la motivation de ses actes. Et puis, il est difficile d'accepter d'être ainsi dévoilé, surtout par sa propre mère. Mais l'idée fera son chemin dans sa tête... C'est peut-être la première fois que sa mère lui donne la permission de ressentir de la colère à son égard, il lui faut le temps de s'habituer.

D'une façon générale, quand votre interlocuteur réagit en se fermant, ne vous braquez pas. Prenez le temps de vous centrer sur son vécu. Inutile de vous répéter, cela ne ferait qu'augmenter sa résistance. Il ne peut vous entendre ? Il a besoin d'être entendu auparavant. Il a peur de ses propres émotions, il se sent coupable, il a envie de se venger... De multiples raisons peuvent l'empêcher de vous répondre. Ne laissez pas son attitude de défense devenir jeu de pouvoir, ne cherchez pas non plus à le faire sortir à tout prix de son mutisme... Dites-lui alternativement ce que vous comprenez de son attitude, et comment vous vous sentez quand il réagit ainsi. Un message d'empathie : « Tu es touché par ce que je t'ai dit et tu ne sais pas comment répondre... » et un message d'affirmation : « Quand tu ne me réponds pas, je me sens triste et démunie, j'ai l'impression que tu ne m'aimes plus, j'ai besoin que tu me regardes et que tu me rassures. » Et laissez-le émerger de son état à son rythme. Puis, parlez-en ! À froid, au calme, il est fondamental que chacun puisse dire à l'autre ce qu'il a ressenti.

— Que vivais-tu pendant que tu ne disais rien ?
— Que te disais-tu en toi ?
— Comment puis-je t'aider dans ces moments-là ?

— Quel comportement désires-tu que j'adopte?

Demandez des clés pour ouvrir les portes qui peuvent se fermer automatiquement, malgré le désir de leur propriétaire de les maintenir ouvertes. Nous ne sommes pas tout-puissants sur nos mécanismes psychiques, il est irréaliste d'attendre des autres qu'ils ne se ferment plus. En revanche, il nous faut des moyens pour faire évoluer les choses ensemble.

C'est faire preuve d'intelligence émotionnelle que de savoir sortir des jeux de pouvoir, de ne plus chercher à gagner, mais de mettre en œuvre toute notre sensibilité pour améliorer nos relations. Seulement, on n'a pas toujours envie d'écouter l'autre. Ses émotions risqueraient d'éveiller en nous de la culpabilité, de la tristesse. Alors, plus ou moins consciemment, nous l'empêchons de parler. Il est important de formuler les choses dès le début. Gardées trop longtemps en soi, elles deviennent douloureuses, chargées de rancœur. On n'est plus capable d'écouter.

42

Répondre à l'agressivité

Sarah, une femme très belle, se trouve laide... Parce qu'elle est si grande que la rue est un enfer. Hommes et femmes se retournent sur elle et elle lit dans leurs regards : « Tu n'es pas comme nous ». Elle en déduit : « Je suis moche. » Je lui enseigne l'art de la repartie.

Au coin d'une rue, elle rencontre deux hommes. L'un dit à l'autre : « Avec une femme comme ça, il me faudrait un escabeau ! » Elle se retourne vers l'homme, plonge son regard dans le sien et, sans animosité aucune, elle se centre sur lui : « Vous vous sentez si petit que ça ? »

Il la regarde, médusé. Et, ému, répond : « Comment le savez-vous ? Je suis le plus petit d'une famille de cinq enfants et j'en ai toujours beaucoup souffert. »

Ils se sourient.

Je raconte souvent cette histoire vraie, et la salle reprend en chœur : « Ils se marièrent et eurent beaucoup d'enfants. » Non, ils ne se sont pas mariés, ils ne se sont même jamais revus. Mais il y a, dans ce type d'échange, une grande intimité. Ces deux-là se sont sentis bien, reconnus, compris. Ils ont échangé des chaudoudoux plutôt que des froid-piquants. Pourtant, la première phrase était une provocation. Pour ne pas se sentir blessé par autrui, il suffit de ne pas mordre à l'hameçon et de considérer plutôt les besoins du pêcheur. Il est nécessaire pour cela d'être guéri de ses blessures anciennes, sinon, l'autre a beau jeu de gratter les plaies...

« Les chacals sont des girafes qui ont un problème de langage »

Toute critique, toute agression est l'expression d'un besoin non satisfait, dit Marshall Rosenberg, formateur et conférencier. Dans ses stages sur la communication non violente, il utilise des outils pédagogiques originaux : ses marionnettes de chacal et de girafe s'insultent et se parlent. Le langage chacal est fait de critiques et de manipulations, de définitions et de jugements. Le langage girafe est le langage du cœur. Il a choisi la girafe comme symbole de la communication non violente, parce que c'est l'animal qui a, proportionnellement, le plus gros cœur. La girafe prend le risque de montrer sa vulnérabilité et de partager ses rêves ; grâce à son long cou, elle élève sa vision, ce qui lui donne la possibilité de prévoir l'effet de ses actions à plus long terme. La girafe écoute, exprime ses sentiments, fait des demandes et donne de l'empathie. Elle sait s'affirmer. Elle le fait avec honnêteté. Emblème de la violence, le chacal est dans le jeu de pouvoir. Il étiquette, juge, classifie, diagnostique et pose des exigences. Il contrôle les autres en jouant sur leurs sentiments de culpabilité. Chacal et girafe sont des métaphores de nos attitudes envers les autres. Il est important de se rappeler qu'un chacal cherche toujours des oreilles de girafe pour l'aider à décoder ce qu'il tente d'exprimer. Car « les chacals ne sont que des girafes qui ont un problème de langage », on ne le dira jamais assez.

Depuis les années soixante-dix, on entend : « Tu es responsable de ce que tu sens », « Personne ne peut te faire ressentir quoi que ce soit »... C'est Fritz Perls qui a inauguré cette idée que les autres ne sont pas à l'origine de nos émotions et inversement. Mais le concept initial a dérivé vers une vogue du « si tu sens ça, c'est ton problème », qui n'est qu'évitement de la responsabilité mutuelle. Nos comportements influencent les émotions des autres, et c'est heureux. Prenez donc votre part de responsabilité dans les réactions des autres à votre égard. Cependant, reformulez systématiquement les messages « tu es », qui vous définissent, en messages exprimant les sentiments suscités par des comportements.

On vous dit : « Tu es vraiment nulle. » Répondez par exemple : « Tu es en colère parce que tu as le sentiment que je n'ai pas compris ce que tu voulais me dire. »

De façon générale, lorsque quelqu'un vous envoie un message accusateur, cherchez le grain de vérité.

« J'ai l'impression que tu ne m'aimes plus », dit Raymonde à René. Répondre « mais si », ou « mais non » bloque la communication et met la relation en danger. L'autre se sent incompris, vous lui confirmez en quelque sorte que vous « n'en avez rien à faire de lui » puisque vous ne faites pas cas de ce qu'il tente de vous exprimer, maladroitement, il est vrai. Est-ce que cela ne rassurerait pas Raymonde bien davantage d'entendre la vérité ?

« Écoute, c'est vrai, depuis quelques jours je suis énervé contre toi parce que je ne sais pas quoi faire. J'ai vraiment envie d'aller voir mes parents et tu ne veux pas venir. »

Reconnaître ses erreurs, s'excuser

Marthe a oublié de souhaiter l'anniversaire de son fils. Alors qu'il exprime sa frustration, elle s'exclame : « Tu ne vas pas en faire un plat ! » Elle refuse de se sentir coupable, et nie donc sa responsabilité en minimisant l'incident. Présenter des excuses peut être très difficile pour des personnes peu sûres d'elles. Elles ont l'impression de perdre la face.

Se montrer empathique, c'est dire : « Je comprends que tu sois en colère »... laisser un silence pour permettre à l'autre d'intégrer cette reconnaissance de ses sentiments, et ajouter : « Excuse-moi de t'avoir blessé ».

C'est seulement après avoir entendu, accepté et reconnu

l'importance des sentiments de l'autre que l'on peut exprimer les raisons qui nous ont mené à ce comportement.

Pour conclure, proposez réparation. Plutôt que d'apporter des fleurs la fois suivante sans rien dire, demandez : « Comment puis-je réparer ? »

43

Sortir des conflits

Vous êtes en conflit avec Gustave ou Thérésa ? Pourquoi continuer de souffrir ? Faites le premier pas. Ce n'est difficile que si l'on reste dans la dynamique du jeu de pouvoir, où chercher la réconciliation est associé à perdre la face.

« Ne te venge pas du méchant en lui répliquant de même ; au contraire, quelqu'un te donne-t-il un soufflet sur la joue droite, tends-lui encore l'autre ; veut-il te faire un procès et prendre ta tunique, laisse-lui même ton manteau ; te requiert-il pour une course d'un mille, fais-en deux avec lui » (Mt. 5, 39-41). Est-ce de la passivité ? On ne peut guère accuser l'auteur de couardise ! Tendre l'autre joue est le vrai courage, celui de résister à l'envie de vengeance pour confronter l'autre à sa responsabilité. Tendre l'autre joue ne signifie pas se montrer faible et accepter les coups, c'est regarder votre agresseur dans les yeux sans peur ni agressivité ! En ne permettant pas à la violence de prendre place en vous, en observant le ressort violent agir en lui, vous lui permettez de se voir. Ce regard fait toute la différence, il peut seul arrêter les coups. Il est beaucoup plus difficile de frapper quelqu'un qui vous regarde dans les yeux sans animosité aucune, que quelqu'un qui vous fuit ou vous renvoie de l'agressivité. Si vous frappez à votre tour, vous fournissez à votre adversaire l'excuse de la déresponsabilisation, vous justifiez un nouveau coup. « Rendre coup pour coup, c'est se faire complice du mal auquel nous voulions nous opposer et perpétuer la violence à l'infini[1]. »

Il ne s'agit surtout pas d'accepter d'être frappé, bien au contraire. Tendre l'autre joue, c'est ne plus *laisser à l'autre la permission* de frapper. Quelqu'un qui agit violemment est prisonnier d'ingérables sentiments d'effroi, d'impuissance ou de haine. Pour faire cesser la violence, il faut cesser d'alimenter ces sentiments. Si vous avez peur, vous renforcez la terreur de l'autre ; si vous vous fermez à lui, vous augmentez son sentiment d'impuissance ; si vous ne pouvez pas l'écouter, il ne peut que vous haïr davantage.

« J'envisage pour lutter contre ce qui est immoral une opposition mentale et par conséquent morale. Je cherche à émousser complètement l'épée du tyran, non pas en la heurtant avec un acier mieux effilé, mais en trompant son attente de me voir lui offrir une résistance physique. Il trouvera chez moi une résistance de l'âme qui échappera à son étreinte. Cette résistance d'abord l'aveuglera et ensuite l'obligera à s'incliner. Et le fait de s'incliner n'humiliera pas l'agresseur mais l'élèvera[2] », écrit Gandhi. C'est cette dimension qui fait la différence entre pacifisme et non-violence. Le pacifique étouffe le conflit, le non-violent ose le conflit sans accepter la spirale de la violence. Si le pacifisme peut se résumer parfois à la résignation passive devant l'injustice, la non-violence entre dans le conflit, elle est affirmation de la justice et refus de la violence comme outil de résolution des conflits. J'aime cette phrase du Mahatma Gandhi, « Œil pour œil ne fera jamais que rendre le monde aveugle ». La loi du talion était un progrès en ce sens qu'elle limitait la vengeance : un œil pour un œil, pas plus. Mais elle continue de justifier l'esprit de vengeance. Il n'est pas facile de renoncer aux conduites qui nous paraissent naturelles et légitimes.

« La violence se perçoit toujours comme légitime représaille. C'est donc au droit de représailles qu'il faut renoncer,

---

1. Jean-Marie MULLER, *L'Évangile de la non-violence*, p. 54.
2. GANDHI, *Lettres à l'ashram*, Paris, Albin Michel, 1937, p. 109-110, cité par Jean-Marie Muller in *L'Évangile de la non-violence*.

et même à ce qui passe dans bien des cas comme légitime défense. Puisque la violence est mimétique, puisque personne ne se sent responsable de son premier jaillissement, seul un renoncement inconditionnel peut aboutir au résultat souhaité », dit René Girard.

La technique, bien sûr, n'est pas d'une efficacité absolue. Tout d'abord parce qu'elle n'est pas une technique mais une attitude intérieure bien davantage qu'extérieure. « Elle est essentiellement un appel à la conscience et à la liberté de notre ennemi, afin qu'il reconnaisse son injustice et renonce au mal. Mais par là même, il garde le pouvoir de refuser cet appel et de persister dans le mal » (Jean-Marie Muller). Cet homme qui vous frappe, vous insulte ou vous dénigre aujourd'hui a aussi d'autres facettes. Tendre l'autre joue, c'est tourner son attention vers ces autres parties de lui, non visibles en cet instant, mais qui existent en lui. En faisant confiance ainsi aux parties justes et sensibles, on leur donne une chance de se manifester. « Il ne s'agit pas de croire que l'autre est bon, mais qu'il est capable de bonté » (Jean-Marie Muller).

Le pouvoir de la compassion

Pauline subissait un patron particulièrement autoritaire depuis des mois. Il ne manquait pas une occasion de la rabaisser, usait et abusait d'ironie caustique et n'hésitait pas à la ridiculiser en public. Chaque fois qu'elle le croisait, elle était terrorisée. En ce genre de circonstances, la compassion est plus puissante que toute autre réponse. Je travaillais avec Pauline à voir en son patron le petit garçon malheureux, impuissant, qui ne trouvait que ce moyen ridicule pour se revaloriser un peu.

La fois suivante, quand son patron entra dans son bureau, elle le regarda... Il sortit, manifestement troublé, sans avoir proféré un mot. Elle avait gagné une manche. Bien sûr, il revint rapidement à la charge et l'humilia devant l'aréopage des directeurs... Cette dernière humiliation publique fut comme un baroud d'honneur. En une quinzaine de jours, leurs relations se modifièrent totalement. Ils ne sont pas devenus amis, loin de là, mais aujourd'hui son patron la respecte.

ACCOMPAGNER
L'ÉPANOUISSEMENT AFFECTIF
DE L'ENFANT

44

La place des sentiments

« Camille, qu'est-ce que je viens d'expliquer ? » Camille est distraite. Elle est incapable de se concentrer sur autre chose que sur le divorce de ses parents. Mais personne ne lui pose de questions. Elle sent bien que les « à quoi tu penses ? » lancés par ses professeurs n'appellent pas une vraie réponse. Que se passerait-il si elle disait ce qu'elle a vraiment dans la tête ? À vrai dire, elle ne pense pas vraiment, pas clairement. Justement c'est ça le problème, c'est le brouillard dans son cerveau. La semaine dernière, maman lui a dit qu'elle allait se séparer de papa. Camille a senti une immense tristesse. C'est noir dans sa tête. Elle se rappelle les moments où elle a été méchante avec ses parents. Elle se sent coupable, peut-être est-ce à cause d'elle qu'ils se quittent. « Tu fais souffrir ta mère », disait souvent papa. Camille a peur, qu'est-ce qui va se passer pour elle ? Alors les dessins bizarres de la maîtresse au tableau, vous pensez si ça l'intéresse !... Camille a la tête trop pleine de choses pour se concentrer sur quoi que ce soit. Si on lui permettait de parler de ce qui la préoccupe, elle pourrait peut-être le sortir de sa cervelle et penser à autre chose. Mais, dans la plupart des classes, il n'y a pas d'espace pour les sentiments. Il faut déjà « laisser sa vie personnelle au vestiaire », comme on le lui dira plus tard dans l'entreprise.

Doit-on éduquer nos enfants ?

« Bien loin que l'éducation ait pour objet unique ou principal l'individu et ses intérêts, elle est avant tout le moyen par lequel la société renouvelle perpétuellement les conditions de sa propre existence » (Émile Durkheim).

Nous vivons en société et avons besoin de règles pour vivre ensemble en bonne harmonie. Le corps social nécessite une certaine homogénéité parmi ses membres. Construire l'être social fait partie du rôle de l'éducation, à l'école ou même à la maison, car la famille se fait volontiers le relais des normes. L'éducation transmet les traditions, les croyances et pratiques de la communauté, forge les opinions collectives. Selon les pays, on conserve plus ou moins d'espace pour la pensée individuelle. Quelques professeurs de philosophie tentent d'enseigner aux enfants à penser par eux-mêmes. Mais la plupart des enseignants, il faut l'avouer, n'ont guère d'autre préoccupation que de faire entrer des connaissances dans la tête de leurs élèves, et leur enseignent à penser « comme tout le monde ». À voir le cursus scolaire d'Albert Einstein, on mesure combien la pensée différente est indésirable dans nos écoles. C'était il y a quelques années... Mais interrogez un jeune d'aujourd'hui, que se passe-t-il s'il a lu Stephen Jay Gould et se permet de dire à son professeur que le darwinisme est dépassé ? s'il ose dire que Descartes était un mystique ? bref, s'il a une autre vision du monde que celle de son professeur ? S'il est si difficile à un enseignant ou à un parent de permettre à un enfant de penser différemment de lui, c'est que ses émotions s'interposent. Pas facile pour l'ego d'être remis en cause dans son savoir par un gamin !

L'affectivité à l'école

On fait des cours sur Vercingétorix, les racines carrées et les guerres de religion, mais on ne dit rien sur la colère, le deuil, l'amour, ou la gestion non-violente des conflits. On ne parle pas de l'affectivité à l'école et on la gère encore moins. On a beau savoir que les enfants travaillent mieux quand ils aiment leur prof, que les problèmes affectifs sont à l'origine de quatre-vingt-dix-huit pour cent des difficultés d'apprentissage... c'est une contrée inconnue, on ne s'y aventure pas. Quelques expériences sont menées dans des écoles parallèles ou dans les établissements publics par des professeurs innovateurs, mais en France cela reste très disparate. Célestin Freinet, Ovide Decroly, Rudolf Steiner, Maria Montessori, A.S. Neil, pour ne citer que les plus célèbres, ont fait, sur le plan du respect et de l'attention au développement social et affectif des enfants, des percées importantes dans le mur de l'ignorance. Pourquoi leurs travaux ne sont-ils pas davantage repris dans les écoles de France ? Méthodes efficaces de l'avis de tous, enfants heureux et apprenant facilement, pourquoi n'y a-t-il pas davantage d'enseignants qui se forment à leurs messages ? Est-ce si difficile d'apprendre à respecter les besoins d'un enfant ?

Dès deux ans, les petits commencent à intégrer la maternelle. À trois ans, ils sont scolarisés à quatre-vingt-dix pour cent. Ils se retrouvent à vingt-cinq dans une classe. Dans la cour de récréation, ils ne sont pas toujours séparés des plus grands qui courent et font du bruit. Que de monde ! Quel stress ! En 1996, les écoles qui permettent une familiarisation progressive, avant d'intégrer la classe pour de bon, restent trop rares. Il arrive encore qu'on demande aux petits écoliers de rester assis et attentifs plus d'une heure d'affilée ! Physiquement contraints, que vont-ils faire de leurs peurs et de leurs frustrations ? Quotidiennement, ils font face à la peur du rejet, du ridicule, de la répression, de l'échec... Que de choses difficiles à assumer pour des tout-petits ! Qui s'occupe de leurs émotions ? Ils perçoivent très vite qu'ici personne ne se préoccupera vraiment de leurs sentiments. Alors ils gèrent à leur façon leurs frayeurs et leur ressentiment. Certains se mettent en retrait, d'autres s'accrochent à la maîtresse, d'autres encore deviennent hyperactifs, mordent, tapent... On dit que c'est leur « tempérament ». D'ailleurs, les mamans disent qu'ils ont ces tendances depuis tout petit... Non, ce n'est pas leur caractère, ce sont leurs réactions de stress. Dans un environnement respectueux de leurs besoins physiques, affectifs et intellectuels, et pourquoi pas spirituels, ce type de comportements n'apparaît pas. Pour ne pas avoir à remettre en cause le système scolaire, on banalise les attitudes d'opposition ou de repli des enfants. Beaucoup d'entre eux s'en sortent, c'est vrai. Mais à quel prix? Les facultés d'adaptation de l'espèce humaine la desservent. Les enfants parviennent à supporter l'école telle qu'elle est. On ne mesure pas le manque d'autonomie, de créativité, de responsabilité, de motivation, de capacités de coopération et de gestion de conflits... parce que ce ne sont pas des critères retenus pour le baccalauréat. On se désole qu'ils ne sachent pas s'orienter, après avoir passé des années à leur apprendre à se soumettre et à ne pas penser par eux-mêmes. Les jeunes sortent de leurs années d'école emplis de connaissances (au mieux), mais sans la formation intérieure qui leur permettrait de faire face aux difficultés, aux responsabilités et aux défis de la vie.

Est-ce qu'apprendre ensemble à mettre des mots sur ses émotions ne pourrait pas faire partie du rôle de l'école?

Aux États-Unis, des pédagogues ont mis au point un Programme de Développement Affectif et Social. Le PRO-DAS semble donner d'excellents résultats. Dans leur programme scolaire, les enfants trouvent des apprentissages sociaux. Des enfants clairs dans leur tête, qui savent gérer leurs émotions, apprennent avec facilité.

Le psychologue américain Skeels était responsable dans les années trente d'un orphelinat où végétaient des bébés abandonnés. Deux de ces bébés, considérés comme débiles, avaient été placés dans une institution pour handicapés mentaux adultes. Lors d'une visite à cette institution, Skeels constata avec étonnement que ces deux bébés semblaient s'épanouir; ils étaient devenus les mascottes des pensionnaires. Intrigué, Skeels répéta l'expérience. Les bébés débiles s'épanouissaient quand on s'occupait d'eux, au point qu'ils devenaient normaux vers un ou deux ans. On se moqua de Skeels et de ses QI baladeurs.

Accompagner l'épanouissement affectif de l'enfant

Les réseaux de neurones se mettent en place dans les premières années de la vie. Les expériences vécues alors sont déterminantes pour l'avenir affectif et relationnel. Donnons de bonnes expériences émotionnelles à nos enfants, ils seront parés pour la vie.

45

Les besoins
affectifs fondamentaux

Arnaud avait promis à sa fille de vingt-deux mois qu'il passerait la journée avec elle. Mais, changement de programme, il est parti travailler. Le soir, à son retour, elle refuse de l'embrasser. Elle se détourne quand il lui propose de jouer avec elle. Devant sa mine renfrognée, il se dit qu'elle n'a pas besoin de lui. Il part vers son bureau pour passer quelques coups de fil et la laisse avec sa mère. Mais au moment de composer le numéro d'un copain, il se ravise, revient vers sa fille et lui dit : « J'ai vraiment très envie de passer du temps avec toi maintenant. On va jouer dans ta chambre ? » Immédiatement, elle le prend par la main, et dit : « On y va. » Ils jouent tous deux intensément pendant une heure.

On soigne une écorchure, lorsqu'un enfant est blessé affectivement il a tout autant besoin de soins. Il faut désinfecter avant de poser un pansement.

Que donner à nos enfants, pour qu'ils soient aptes à affronter le xxiᵉ siècle ? La confiance en soi semble être l'ingrédient fondamental de la réussite et du bonheur. C'est un concept générique qui englobe différentes dimensions : la confiance de base, la confiance en ses désirs, en ses sentiments, en son jugement, en ses capacités, en son aptitude à entrer en relation avec les autres et à être utile.

La confiance

La plus fondamentale et la plus archaïque est la **confiance de base**. Il s'agit d'une confiance profonde dans son corps, qui permet de se sentir à l'aise dans ses baskets en toutes circonstances. C'est elle qui confère le sentiment de **sécurité intérieure**.

La **confiance dans l'autre**, la certitude qu'il répondra à ses besoins, autrement dit, la confiance en ses compétences à solliciter le regard d'autrui, à se percevoir digne d'intérêt, se construit dans les premières semaines de l'existence.

Au cours de la deuxième année, la conscience de sa personne propre, différente et séparée d'autrui, et de ses désirs implique chez l'enfant la capacité de s'opposer aux désirs de l'autre, des parents en tout premier lieu. Le sentiment du moi se construit à partir de la **confiance en ses sensations, en ses perceptions et émotions**. Elle est donc liée à la capacité à dire NON.

La confiance en ses pensées propres est celle qui permet de résister à l'influence sociale, de réfléchir par soi-même, de remettre en cause les préjugés. Elle est tributaire de la tolérance à la solitude, car pour rester soi parmi les autres, on a besoin d'une sacrée force intérieure.

Pour devenir un jour indépendant, savoir se diriger et vivre de manière autonome, il faut aussi apprendre à faire tout seul. **La confiance en ses ressources créatives, en ses compétences, en ses capacités**, se construit au fur et à mesure des expériences. Apprendre à marcher, parler, s'habiller seul, faire des châteaux de sable, descendre le toboggan, faire des gâteaux, lire... tout cela jette les bases de l'apprentissage, permet plus tard de résoudre des équations complexes, mais surtout de sortir de situations coincées et de savoir qu'on a les capacités de trouver des solutions.

Enfin s'élabore **la confiance** en nos compétences relationnelles, en nos aptitudes à apporter quelque chose aux autres, **en notre utilité dans ce monde.**

Se sentir exister

Dans un petit livre pour enfants, on peut lire l'histoire de Bernard. Celui-ci dit à sa mère : « Maman, il y a un monstre dans le jardin.
— Pas maintenant, Bernard », répond sa maman.
Le monstre avale le petit garçon, casse ses jouets, s'agrippe au pantalon du papa, tire le tablier de la maman, se glisse dans le lit de Bernard. Et les parents de Bernard continuent de dire « Pas maintenant, Bernard », sans lever les yeux sur lui. « Mais je suis un monstre », dit le monstre surpris.

Le premier besoin d'un être humain est de se sentir exister pour l'autre[1]. Très vite, le nourrisson cherche le regard de ses parents. Il a besoin du regard de l'autre pour apprendre qu'il existe. Un regard qui dit : « Je sais que tu es ici. »

Édith est en troisième : « J'ai envie de changer de famille », me dit-elle. Elle vient me voir parce qu'elle a des angoisses. Elle se réveille la nuit en sueur, elle est pétrifiée dans la rue, dans les transports. Peu à peu l'anxiété envahit tous les domaines de sa vie. Entre une mère hyperprotectrice qui ne lui fait pas confiance et lui interdit toute sortie, et un père absent, elle s'ennuie chez elle. Personne ne s'occupe d'elle. On ne rit pas à la maison. Les parents n'invitent jamais personne. Son père ne s'occupe que de son travail ; en dehors du scolaire, elle a l'impression de ne pas exister.

Les enfants ont besoin de beaucoup de présence et d'attention. Ils ont besoin d'exister pour leurs parents, de se

---

[1]. Très précocement le nourrisson est sensible aux paroles qu'on lui adresse. Une étude de Marie-Claire Busnel et Véronique Neyman (à l'hôpital de Port-Royal) sur le nouveau-né prématuré (de 34 à 38 semaines d'âge gestationnel) montre que, si sa mère lui parle, il écoute avec attention. Si elle parle tout près de lui mais à un autre adulte, il se calme ou s'endort.

sentir suffisamment importants pour que les adultes modifient pour eux leurs plans, leurs habitudes, mettent de côté certains de leurs besoins pour les satisfaire.

Se sentir accepté

« Tu as le droit d'être ici. » « Tu as ta place dans la famille. » L'enfant a besoin de se sentir accepté tel qu'il est, c'est-à-dire d'avoir la certitude que, quoi qu'il fasse, il ne sera pas rejeté. Cela ne veut pas dire que les parents doivent être laxistes. Il est important pour l'enfant de savoir ce qu'il peut et ne peut pas faire, qu'il y a des comportements inacceptables, comme couper les rideaux, dessiner sur le canapé ou marcher au milieu de la rue au risque de se faire écraser. S'il transgresse ces impératifs, il doit savoir que ses parents lui diront « Je suis furieux », mais pas « Tu es un sale garnement, qu'est-ce que j'ai fait au bon Dieu pour hériter d'un gamin pareil ! »

« Je t'aime. » Les mots sont si simples et parfois si compliqués à dire. Pour se sentir accepté inconditionnellement, tout le monde a besoin de les entendre souvent, les enfants tout particulièrement. Il n'y a jamais trop de partage d'amour ; je situerais volontiers le minimum de « Je t'aime » autour d'une fois par jour. Certains, peu à l'aise avec les mots d'amour, se dissimulent derrière « si on le dit trop souvent ça ne veut plus rien dire ». C'est méconnaître le phénomène amoureux. Dans une journée, on est pris dans ses activités, on s'absorbe dans le travail ou dans le jeu. Un « Je t'aime » impromptu permet de se rappeler qu'on s'aime, ouvre le cœur, réchauffe tout l'être, nous redonne de l'énergie.

L'affection influence toutes les sphères du développement. Des études ont montré que les sécrétions nécessaires à la digestion ne sont produites que si le bébé est heureux pendant son repas. Quand un nourrisson n'a pas une relation affectueuse avec son environnement, il ne prend pas de poids et ne grandit pas. Malgré une alimentation correcte, il peut manifester un véritable syndrome de dépérissement.

L'affection passe aussi et surtout par le contact physique. Les « Je t'aime » prononcés à distance n'ont plus le même impact. Les enfants ont besoin de câlins, de caresses et de bisous au moins autant que de lait. « Il se trouve que des rats manipulés régulièrement à partir de la naissance et jusqu'à trois semaines d'âge ont une densité de récepteurs hippocampiques pour les glucocorticoïdes bien plus élevés que les animaux non manipulés[1]. »

L'hippocampe joue un rôle important dans les processus mnésiques, et particulièrement dans la mise en mémoire des informations. On l'a observé au cours d'expériences sur les rats, c'est aussi vrai pour les enfants : les capacités de mémoire se développent bien plus sûrement par les câlins et le portage du nourrisson que par la répétition mécanique des leçons au cours préparatoire.

Se sentir accepté inconditionnellement est la base fondamentale de l'épanouissement et du bonheur. Quand on se sent aimé en profondeur, quand on a sa dose de contact physique, on peut aller de l'avant, sans avoir besoin de défenses ou de protections. On se développe mieux, tant physiquement qu'affectivement et même intellectuellement. L'acceptation inconditionnelle peut être communiquée à l'enfant presque dès la conception, dès que le fœtus est perceptible sous les mains de ses parents dans le ventre de la mère, et surtout dans les premières minutes de la vie aérienne. L'attachement mère-enfant est présent chez toutes les espèces de mammifères. Chez l'homme, il se construit dans les dizaines de minutes qui suivent la naissance et s'étale ensuite sur des mois et des années. Klauss et De Chateau ont observé la mère et son nouveau-né au cours des premières heures, puis, de façon périodique, pendant les premiers mois de la vie de l'enfant. Ils ont constaté que plus le contact est intense dans les quarante-cinq premières minutes, plus l'attachement au sein lors de la première tétée sera solide. Plus la rencontre est précoce et prolongée, plus les soins sont attentifs et

---

1. Pierre KARLI, *Le cerveau et la liberté*, Paris, Odile Jacob, 1995, p. 73.

incessants. Même la quantité des baisers donnés par la mère à son enfant dépend des premières minutes. La conséquence est directe : un bébé qui aura bénéficié de contacts maternels précoces et plus intenses que d'autres criera moins et sourira davantage. Le contact des premières heures est également déterminant dans la façon de tenir son enfant. En effet, on constate que dans quatre-vingts pour cent des cas, les mamans portent leur nourrisson sur le côté gauche de la poitrine. Une mère privée de son nourrisson pendant vingt-quatre heures après la naissance le portera, le plus souvent, à droite. Quelle importance de porter le bébé à droite ou à gauche ? On ne le sait pas encore. On constate aussi que le sein gauche est souvent plus gros, a plus de lait que le droit... Mais aucune explication valable n'a encore vu le jour. En revanche, ce que l'on peut observer statistiquement avec certitude, c'est que les « bébés de droite » nécessiteront deux fois plus d'aide médicale par la suite que les « bébés de gauche ».

Se sentir apprécié

Séverine a deux ans. Elle fait ses débuts sur son tricycle. Sa mère la pousse à l'aide d'une canne, mais c'est Séverine qui manie le guidon. Elle se débrouille plutôt bien, mais vers la fin de la promenade, elle cogne un mur. Sa mère s'exclame : « Tu es maladroite, fais attention où tu vas. » Imaginez la même scène, mais cette fois la mère dit : « Oh, j'ai l'impression que tu commences à fatiguer. C'est dur de faire attention à tout pendant si longtemps. J'admire la façon dont tu conduis, tu conduis vraiment bien. » Quelle enfant désirera remonter sur son vélo ?

Plus on est apprécié, plus on a envie d'avancer. La dépréciation crée la dépendance. L'appréciation guide vers l'autonomie. « J'aime vivre avec toi », « C'est un plaisir de te regarder », « J'adore jouer avec toi ». Recevoir régulièrement et suffisamment d'appréciation positive permet de se sentir fort, joyeux, et crée un sentiment de communion affective et de partage.

Il est la plupart du temps inutile d'imposer des normes aux enfants ou de leur inculquer de force la politesse (ou quoi que ce soit). Car les enfants cherchent naturellement à se faire apprécier, à faire bien. Ils cherchent d'eux-mêmes à apprendre les codes de conduite. Ils imitent le comportement des adultes. Ils vont d'autant plus volontiers se montrer polis et se bien comporter que cela vient d'eux. Comme tout humain, ils ont besoin de se sentir libres et détestent les pressions.

46

Mettre des mots sur ses émotions

Dans la famille, à l'école, il faut des espaces et des temps pour permettre aux enfants de parler de ce qu'ils ressentent, les aider à mettre des mots sur leurs émotions, leur donner des moyens de faire face à leurs expériences intérieures.

« Moi aussi, j'ai peur »

Partager ce que l'on ressent est une façon indirecte de dire à un enfant « tu es normal », « ça arrive à tout le monde ». Les chérubins se croient seuls à faire des rêves, à voir des monstres dans leurs cauchemars, à avoir des émotions négatives. Ils peuvent s'en culpabiliser, se sentir méchants. Ils déduisent facilement qu'ils sont inacceptables, et deviennent défensifs. Quand un adulte leur dit : « Moi aussi, je fais des cauchemars », « moi aussi, j'ai peur parfois... », ils ne se sentent pas insécurisés parce qu'on leur offre une image de parent faible ou imparfait ; au contraire, ça les rassure. C'est en parlant d'eux, que les adultes donnent à l'enfant à la fois confiance en eux et en lui. En ne disant rien de leurs pensées intimes, de leurs émotions, ils creusent un fossé dans la relation. L'enfant peut idéaliser ses parents, mais il intègre le sentiment que lui-même n'est pas quelqu'un de bien. « Je ne vais pas encombrer mon fils de mes histoires de bureau, ça ne l'intéresse pas, je ne veux pas l'inquiéter »... est un prétexte.

Dans notre société, on ne parle pas de ses fantasmes de grandeur, de ses sentiments d'impuissance, de ses peurs, de son mépris, de sa solitude ou même de ses rêves. Alors avec les enfants ! Les groupes de thérapie sont des occasions de grandes découvertes. Avant d'y entrer pour la première fois, la plupart des gens sont anxieux. La phrase typique est : « Je ne vais jamais oser parler de mes problèmes devant d'autres personnes. » Cependant, dès la première séance, tous sont saisis par l'ambiance de respect naturel. Chacun parle de lui-même et écoute les autres ; il se rend compte qu'il n'est pas seul à sentir ce qu'il sent, que ses réactions sont compréhensibles pour les autres, que nous ne sommes pas si différents les uns des autres.

Pour les enfants, les adultes sont des modèles. Il est inutile de leur dire « fais ceci, fais cela »... « Tu peux me dire tout ce que tu as sur le cœur, tu sais »... Il ne dira jamais autant que si papa et maman partagent aussi ce qu'ils ont sur le cœur. Attention, il ne s'agit en aucun cas d'utiliser les enfants comme confidents. Ils n'ont pas à porter nos difficultés. Il est question de leur donner des clés pour comprendre nos comportements, mieux se comprendre eux-mêmes et s'accepter.

Surmonter l'angoisse et les pulsions destructrices

Si bons, attentifs et aimants que soient ses parents, un enfant ne peut faire l'économie de l'angoisse. Elle fait partie de l'expérience humaine. Elle est inhérente à la conscience d'être séparé.

Toute frustration engendre de la rage, puis de l'angoisse si le problème s'éternise. C'est-à-dire, pour un nourrisson, si la douleur ou le manque dure au-delà de cinq minutes ! Un délai trop important avant l'arrivée du sein, la fatigue sans pouvoir dormir, une crispation des intestins ou une douleur dentaire... provoquent la colère. Quand la mère accepte la rage et, en échange, donne de l'amour, son bébé s'appuie sur ses sentiments d'acceptation inconditionnelle ; il se rend compte que ses sentiments agressifs ne sont pas dangereux, ne peuvent détruire ni sa mère ni leur relation. Il apprend à surmonter son ressentiment.

Ce qui angoisse le plus un bébé, c'est l'absence de sa mère. Les séparations, les nuits de solitude sont très éprouvantes pour un tout-petit. Il utilise beaucoup d'énergie psychique pour arriver à les gérer, ce qui peut ralentir d'autant des acquisitions comme la marche ou le langage.

Les difficultés vécues par le couple ou un des parents sont sources d'angoisse pour le bébé, qui ressent tout... sans recevoir d'explication ! Pourquoi papa est-il donc si triste à l'intérieur ? Pourquoi maman me fait des sourires alors que je sens qu'elle pleure en elle ? Un bébé, même minuscule, a besoin qu'on lui parle, qu'on mette en mots ce qui se passe dans la famille, ce qui se passe autour de lui. Il ne comprend peut-être pas le vocabulaire, mais il saisit très bien votre propre clarté intérieure quand vous parlez. C'est fascinant de voir un nourrisson soulagé après une explication.

Une des clés de l'apprentissage des émotions est donc la parole de l'adulte. Une autre clé est l'écoute de celle de l'enfant. Écouter, c'est chercher à saisir ce que l'enfant vit. Les tout-petits disent rarement les choses directement. Ils vous diront leurs angoisses et leurs frustrations par la bouche de la poupée, du nounours ou du lapin. Entrez dans le jeu qu'ils proposent. Par le jeu et la répétition, les enfants apprennent à exprimer et à maîtriser leurs affects. Quand les adultes mettent des mots sur leurs émotions, ils leur fournissent un langage pour dire les choses et approuvent leurs sentiments.

Politesse et respect

Margot a deux ans. Elle joue avec la porte du réfrigérateur. Son père la prévient : « Attention, tu vas te pincer... » Quelques secondes et un hurlement plus tard : « Et voilà, c'est bien fait, je te l'avais dit ! » Margot pleure de plus belle et va se réfugier dans la pièce à côté. Jean Bernard prend conscience qu'il s'est conformé à une attitude stéréotypée, sans être attentif au vécu de sa fille. Il s'approche d'elle, s'agenouille et lui dit : « Excuse-moi, je ne voulais pas me moquer de toi. Tu t'es fait mal. » Margot s'arrête de pleurer instantanément.

Il est important de s'excuser ! Il est trop facile d'abuser de son pouvoir. Accompagner un enfant dans son développement, c'est être attentif à respecter son corps et son cœur.

Quand on a été débordé par ses émotions, l'empathie, c'est savoir dire à son enfant : « Tu as eu peur quand j'ai crié, je m'en excuse, je ne voulais pas te faire peur, j'avais peur moi-même, c'est pour cela que j'ai crié », de façon à lui donner les clés d'analyse de nos comportements et à le rassurer sur notre amour, sur notre capacité à percevoir et à être attentif à ce qu'il ressent.

On doit infiniment de respect à cette vie en train de grandir. Pour qu'une fleur s'épanouisse, on lui fait de la place, on lui donne à boire, de l'engrais, du soleil... On ne lui fait pas de l'ombre, on ne la piétine pas pour qu'elle pousse mieux. Il est important de s'adresser à un enfant avec courtoisie, de lui dire « s'il te plaît » et « merci », de s'adresser à lui de manière polie, de le prendre au sérieux. C'est le parent qui doit le respect à l'enfant et non le contraire, parce que c'est l'enfant qui est le plus fragile. Le respect donné au plus fort n'est que de la crainte.

« Mes enfants sont très agressifs à mon égard, ma fille m'insulte, je ne peux pas me laisser faire. L'autre jour, mon fils m'a même poussé violemment l'épaule. Je lui ai retourné une gifle. Ils cherchent les limites. Mais je leur dis qu'ils me doivent le respect.

— Si ta fille ne te respecte pas, c'est peut-être que toi tu ne la respectes pas.

— Quoi ? Mais si, je la respecte. Je ne l'ai jamais tapée, c'est elle qui ne me respecte pas.

— Tu manques de respect à ta fille parce que tu l'humilies plutôt que de l'écouter. Sa violence est une tentative

Accompagner l'épanouissement affectif de l'enfant

pour te dire quelque chose qu'elle n'arrive pas à dire avec des mots. Imagine que quelqu'un te dise : "Tu me dois le respect !" Que ressens-tu ? De l'humiliation, de la négation de toi.

— C'est ce que mes parents me disaient, et c'est effectivement ce que je ressentais. Mais alors, je devrais me laisser faire ?

— Non. Écouter la signification de son agressivité. Observer. Tu dis qu'elle est agressive chaque fois qu'elle est restée une journée avec son père ? »

Après analyse, Lucie convient que ses enfants doivent probablement souffrir des tensions actuelles du couple. Elle vient de demander le divorce. Les enfants sont pleins de colère et de frustration, de peurs qu'ils ne peuvent formuler. Leur rappeler le devoir de respect est inutile et bloque la relation.

Si un enfant perçoit que ses parents ont peur de ses émotions (ou des leurs) il ravalera ses sentiments profonds. Pour parler vraiment à ses parents, il a besoin de sentir qu'il peut dire tout ce qu'il a sur le cœur sans que ceux-ci se formalisent, se culpabilisent, sans qu'ils se mettent en colère, sans qu'ils en soient affectivement perturbés. Ce sont ses émotions, pas les leurs.

Un enfant a besoin aussi de la protection parentale, de l'assurance que ses parents ne vont pas le dévaloriser, le ridiculiser ou le mettre en situation difficile. Regardez vos enfants avec un sentiment d'acceptation inconditionnelle.

On passe trop de temps quand on vit ensemble à se chamailler pour des futilités ou à faire le ménage. On oublie de prendre le temps de s'aimer et de se le dire.

Conclusion

De l'égocentrisme à l'altruisme

Dans une cafétéria, voyant que je n'avais sur mon plateau que des fruits et des légumes, un homme me parle : « Je me laisse tenter par le bœuf, mais je ne mange jamais de poulet, sauf si j'en connais la provenance. Dans les cantines et restaurants, j'évite la volaille. Mon beau-frère est éleveur. Il entretient en plus un petit poulailler destiné à sa consommation personnelle. Un jour, il m'a dit que, pour rien au monde, il n'avalerait un seul morceau de poulet de batterie. Depuis, je me méfie, je n'en mange pas non plus. » Le pauvre croyait pouvoir avaler du bœuf sans risque... C'était il y a quelques années, le scandale de la vache folle n'avait pas encore éclaté.

Un autre jour, un agriculteur me confie ne jamais manger que des produits de son potager, cultivés sans pesticides. En revanche, il arrose abondamment ses champs de produits chimiques. « C'est pas pour manger, c'est pour vendre. »

Comment comprendre le cynisme de ces producteurs qui vendent volailles ou légumes les sachant toxiques à long terme ? Le cynisme de ceux qui épandent des pesticides sans égard pour les nappes phréatiques et les générations futures? Le cynisme des personnes impliquées dans les affaires du sang contaminé, de la vache folle ou des mines antipersonnel? Le cynisme qui fait passer l'argent avant le respect de la vie?

Le déni des émotions, l'étouffement des souffrances de l'enfant impuissant, enfermant chacun à l'intérieur de lui-même, ont produit une grave indifférence à autrui, une indifférence à la vie. Les sentiments de vide, d'insatisfaction profonde laissés par le manque d'amour vrai et d'écoute affective entretiennent un attachement morbide à l'argent et au pouvoir.

L'analphabétisme émotionnel a des conséquences individuelles, il constitue aussi un **fléau social**. Outre son poids financier sur la Sécurité sociale, par le biais tant des maladies psychosomatiques que des angoisses et dépressions, il définit nos rapports sociaux, nous rend insensibles les uns aux autres et conduit de ce fait notre société dans une impasse. Quand les Hommes sont sous l'emprise de la peur, de l'envie ou de la haine, ils ont du mal à se parler; la démocratie est menacée. La « bêtise » du cœur, l'immaturité affective peuvent nous mener à notre perte.

La **maturité affective** est atteinte lorsque l'Homme sort de l'**égocentrisme** et devient capable d'**altruisme**. En fait, on ne passe pas directement de l'un à l'autre. Trois stades précèdent l'altruisme dans cette évolution : l'égocentrisme, l'égoïsme, l'égotisme.

L'égocentrisme : se prendre pour centre. L'égocentrique voit en fonction de lui-même. Il ne sait pas se détacher de son point de vue. Le monde est un prolongement de lui, les autres n'existent qu'en tant qu'objets. L'égocentrique est incapable d'empathie. Prisonnier de ses peurs et de son insécurité, il est amené à avoir des comportements d'auto-protection et de sécurisation. Plus il est insécurisé, plus il nie la réalité d'autrui. Ayant très peu de conscience de lui-même, avec des limites peu définies, il utilise facilement des mécanismes de défense tels que la projection sur autrui de ses affects (je suis bon, c'est l'autre qui est mauvais/ si je suis mal, c'est la faute de l'autre). Il est vulnérable aux idéologies racistes, peut se faire facilement manipuler par un parti extrémiste ou par une secte. L'égocentrique est dépendant; derrière son fantasme de toute-puissance, il se vit très dépourvu de pouvoir personnel sur les choses ou les gens. Il tolère mal la frustration, il veut tout ici et maintenant, il est incapable de sortir du présent pour se projeter dans le futur. Après lui, le déluge...

Le pas suivant dans le développement vers la maturité émotionnelle et sociale est **l'égoïsme**. L'égoïste a davantage de conscience de lui-même que l'égocentrique. En fait, l'égoïsme est justement l'attitude qui permet d'établir les limites entre soi et autrui. L'égoïste se défend de la position de dépendance égocentrique; pour ce faire, il tente de prendre le pouvoir sur autrui. « Mon désir prime sur le tien. » Il est belliqueux, il a besoin de vaincre. Il écrase les autres pour arriver à ses fins. Celles-ci ne sont d'ailleurs pas de réalisation, mais de prise de pouvoir. L'objectif (la conquête d'un marché, d'un pays, d'une femme) est secondaire.

L'égotisme est une étape de construction de son individualité. Qui suis-je? Quelles sont mes valeurs? Après s'être différenciée par l'égoïsme, la personne veut se trouver. L'égotiste, dit aussi narcissique, ne se préoccupe tout simplement pas d'autrui. Les jeux de pouvoir ne l'intéressent plus, il se replie dans sa bulle, se referme dans son cocon individuel ou familial. Il vit sa vie comme il l'entend, en toute indépendance. Il s'occupe de lui, de ses loisirs et de ses plaisirs. Il se regarde dans le miroir et fait éventuellement du développement personnel. Il se cherche à l'intérieur de lui.

En haut de l'escalier, l'étape de maturité est caractérisée par **l'altruisme**. Un altruisme qui n'est pas négation de soi, mais au contraire élargissement de la conscience de soi jusqu'à y intégrer autrui. L'altruiste est capable d'empathie, de coopération et d'implication sociale. Il est responsable, c'est-à-dire qu'il a conscience des conséquences à court et à long terme de ses actes, vis-à-vis d'autrui et du futur. Il dirige sa vie avec éthique. L'altruiste s'aime et se respecte suffisamment pour ne jamais accomplir un acte qui n'aille pas dans le sens de son estime de lui-même.

Un homme de cinquante ans, ingénieur de son métier, m'a un jour confié : « Ma vraie vie, c'est la peinture. Le reste, c'est alimentaire. J'ai fait des centrales atomiques et je construis des prisons. C'est à l'encontre de mes valeurs. J'avoue que j'ai toujours choisi la voie de la facilité. » Cet homme était détaché de lui-même et donc détaché des autres [1]. Ce mépris de soi est issu d'une enfance douloureuse. Grâce à la peinture, à ce domaine d'expression personnelle, où il se laissait exister, il pouvait conserver la conscience. D'autres justifient leurs actes en annulant ou déformant la réalité. « Ce n'est pas vraiment toxique ! Si ce n'est pas moi, ce sera un autre ! On ne peut pas faire autrement... »

Nous avons tous des tendances égocentriques, égoïstes ou égotistes, des zones de « bêtise » émotionnelle, c'est-à-dire des zones de souffrance affective. Développer notre intelligence émotionnelle, c'est apprendre à mieux gérer nos états internes, à faire le tri dans nos peurs et nos rages, à apaiser nos angoisses pour accéder à davantage d'altruisme, à une plus grande capacité à vivre ensemble en harmonie.

La psychothérapie débouche inévitablement sur des questions politiques, parce que l'Homme vit en société ! On ne peut le comprendre que par rapport à son milieu. L'Homme émotionnellement mature est caractérisé par l'intelligence du cœur : il ne peut plus être indifférent au sort d'autrui, il ne peut plus tolérer l'injustice, le cynisme ou la souffrance, ni surtout y participer.

La branche française d'une multinationale américaine, vendant, entre autres produits des lessives, a proposé des stages de développement personnel à ses cadres. Dans ces séminaires, les stagiaires étaient invités à réfléchir sur leurs valeurs et le sens de la vie. Les responsables de l'entreprise ont rapidement annulé les formations. Trop de démissions

---

[1]. Un détachement bien loin du détachement bouddhique, qui est au contraire conscience de l'implication proche et lointaine de ses actes et profond respect de soi et d'autrui.

s'ensuivaient! Quand on devient conscient de soi et des conséquences de ses actes, quand on accède à davantage de maturité affective et sociale, quand on développe l'intelligence du cœur, il y a des choses qu'on ne peut plus faire.

La maturité émotionnelle ouvre naturellement sur la dimension spirituelle. Le terme recouvre pour moi, hors religiosité, la conscience de notre appartenance à un monde plus vaste et de notre place dans cet univers. L'Homme autonome et émotionnellement mature se tourne vers autrui, il veut accomplir sa « mission », actualiser son potentiel, utiliser ses ressources pour incarner ses valeurs, mettre ses compétences propres au service de quelque chose qui a un sens pour l'univers, apporter sa rime, selon les termes de Walt Whitman, qui, à la question : quel est le sens de la vie?, répond...

« Que la vie existe et l'identité
Que tu es ici
Que le prodigieux spectacle continue
Et que tu peux y apporter ta rime... »

Le cœur est un lieu de passage entre le ciel et la terre. Vivre sa vie avec cœur, être le plus totalement possible celui que nous sommes, prendre notre place, avoir conscience de notre rôle dans l'univers et le jouer, tout cela est aussi manifester de l'intelligence du cœur.

Ce sont les Hommes qui font les sociétés, même si celles-ci ne sont pas réductibles aux Hommes qui les composent. Changer la société sans changer l'Homme est une illusion. L'histoire l'a montré. Changer l'Homme sans changer la société est aussi une illusion. À sa grande amie, Lou Andreas-Salomé, Freud écrit ceci : « Voici ma secrète conclusion : puisque nous ne pouvons considérer notre civilisation actuelle — la plus évoluée de toutes — que comme une gigantesque hypocrisie, il doit s'ensuivre qu'organiquement nous ne sommes pas faits pour elle. Il faut abdiquer, et le Grand Inconnu, ou le Grand Manitou, dissimulé derrière le destin, renouvellera cette expérience avec une race différente. » Est-ce vraiment la seule solution? Ne pouvons-nous sortir de l'hypocrisie que tout le monde dénonce et accéder à davantage d'authenticité ? Doit-on adapter l'homme à la société ou pourrions-nous imaginer enfin d'adapter la société aux besoins de l'humain ? Il est symptomatique de voir aujourd'hui les difficultés de l'école à évoluer. Si on évoque la possibilité d'une école différente, offrant davantage de respect aux enfants, leur donnant plus de liberté, d'autonomie... les parents se méfient, ils ont peur qu'ils aient du mal à s'adapter plus tard à la société ! Il faut « rentrer dans le rang » le plus tôt possible, enfermer sa créativité et ses questions, ses émotions et sa sensibilité pour « s'adapter ».

Je terminerai sur cette citation de Bruno Bettelheim : « Le travail et la création artistique, la vie familiale et la vie sociale, ne peuvent plus évoluer séparément. Il faut que le cœur, s'armant d'audace, imprègne la raison de sa chaleur vitale, même si la raison doit renoncer à sa rigueur logique pour faire place à l'amour et aux pulsations de la vie. Nous ne pouvons plus nous contenter d'une vie où le cœur a ses raisons que la raison ne connaît pas. Nos cœurs doivent connaître le monde de la raison et la raison doit avoir pour guide un cœur conscient. »

L'urgence est affective. Nous ne pouvons plus faire l'économie du développement de nos intelligences émotionnelles. L'émotion comme tout langage possède une grammaire. On peut apprendre à s'exprimer, à montrer ses sentiments et à écouter ceux des autres. On peut apprendre à dominer ses peurs, partager ses joies, traverser un deuil et maîtriser ses colères sans les enterrer en soi et les convertir en angoisse, dépression ou maladie. On peut apprendre à coopérer, à animer un groupe (ou à s'animer en groupe) et à résoudre les conflits de manière non-violente. L'alphabétisation émotionnelle est le défi d'aujourd'hui. Écoutons nos cœurs, ensemble.

Bibliographie

ANDRÉ, Christophe, LEGERON, Patrick, *La peur des autres*, Paris, Odile Jacob, 1995.
BELLEMARE, Pierre, *Histoires vraies*, tome 1, Paris, Le livre de Poche, 1981.
BESSELL, Harold, *Le développement socio-affectif de l'enfant*, Québec, Actualisation 1987.
BETTELHEIM, Bruno, *Le cœur conscient*, Paris, Robert Laffont, coll. Pluriel, 1972.
BORNEMAN, Ernest, *Le patriarcat*, Paris, PUF, 1979.
DE BONO, Edward, *Réfléchir mieux*, Paris, Éd. d'Organisation, 1985.
BRAZELTON, T. Berry, *Points forts, les moments essentiels du développement de votre enfant*, Paris, Stock, 1993.
BUZAN, Tony, *Une tête bien faite*, Paris, Éd. d'Organisation, 1984.
CALLAHAN, Roger, *Cinq minutes pour traiter vos phobies*, Barret-le-Bas, Le Souffle d'Or, 1993.
CALLAHAN, Roger, *Cinq minutes pour vaincre l'anxiété*, Barret-le-Bas, Le Souffle d'Or, 1995.
CHEEK, Jonathan, *Conquering shyness*, New York, Putmam'sons, 1989.
DAMASIO, Antonio R., *L'erreur de Descartes*, Paris, Odile Jacob, 1995.
EKMAN, Paul, DAVIDSON, Richard, J., *The Nature of Emotion*, New York, Oxford, Oxford University Press, 1994.
FRANKL, Viktor, *Découvrir un sens à sa vie*, éd de l'Homme, 1988.
FROMM, Erich, *La passion de détruire*, Paris, Robert Laffont, 1992.
FROMM, Erich, *L'art d'aimer*, Paris, EPI, 1968.

GARRUS, René, *Les étymologies surprises*, Paris, Belin, 1991.
GAVI, Philippe, *Les français du coq à l'âme*, Paris, Plon, 1992.
GAZZANIGA, Michaël, *Le cerveau social*, Paris, Robert Laffont, 1987.
GOLEMAN, Daniel, *Emotional Intelligence*, New York, Bantam books, 1995.
GORDON, Thomas, *Parents efficaces, la méthode Gordon expérimentée et vécue*, Paris, Belfond, 1979.
GORDON, Thomas, *Enseignants efficaces*, Le Jour, 1982. Cet ouvrage est le plus complet, les exemples sont facilement transposables à tous les échanges humains.
GORDON, Thomas, *Comment apprendre l'autodiscipline aux enfants*, Le Jour, 1992; Marabout, 1992.
HALL, Edward, T., *Au-delà de la culture*, Paris, Points Seuil, 1979.
JUNG, Carl Gustav, *L'Homme à la découverte de son âme*, Paris, Albin Michel, 1989.
KAHN LADAS, Alice, WHIPPLE, Beverly, PERRY, John, D., *Le point G et autres découvertes récentes sur la sexualité humaine*, Paris, Robert Laffont, 1982.
KARLI, Pierre, *Le cerveau et la liberté*, Paris, Odile Jacob, 1995.
KING, Martin Luther, *La force d'aimer*, Paris, Casterman, 1964.
KITZINGER, Sheila, *L'expérience sexuelle des femmes*, Paris, Seuil, 1986.
KLEIN, Mélanie et RIVIÈRE, Joan, *L'amour et la haine*, Paris, Petite Bibliothèque Payot, 1984.
KÜBLER-ROSS, Élisabeth, *La mort, dernière étape de la croissance*, Paris, Éditions du Rocher, 1985.
LERNER, Harriet Goldhor, *Le pouvoir créateur de la colère*, Québec, Le Jour, 1994.
LYNCH, James, *Le cœur et son langage*, Paris, InterEditions, 1987.
MC KEE David, *Bernard et le monstre*, Paris, Gallimard, 1986.
MILGRAM, Stanley, *Soumission à l'autorité*, Paris, Calmann-Lévy, 1974.
MILLER, Alice, *La souffrance muette de l'enfant*, Paris, Aubier, 1990.
MILLER, Alice, *Abattre le mur du silence*, Paris, Aubier, 1991.
MULLER, Jean-Marie, *L'évangile de la non-violence*, Paris, Fayard, 1977.
MULLER, Jean-Marie, *Gandhi, la sagesse de la non-violence*, Paris, Epi/Desclée de Brouwer, 1994.
PEIFFER, Vera, *Dominez vos peurs*, Québec, Le Jour, 1994.
POTTER-EFRON, Ronald, POTTER-EFRON, Patricia, *Letting go of shame*, USA, MN, 1989.
ROGERS, Carl, *La relation d'aide et la psychothérapie*, Paris, ESF, 1991.

Rojzman, Charles, *La peur, la haine et la démocratie*, Paris, Epi/ Desclée de Brouwer, 1992.
Schiff, Michel, *L'intelligence gaspillée*, Paris, Seuil, 1982.
Steiner, Claude, *Le conte chaud et doux des chaudoudoux*, Paris, InterÉditions, 1992.
Tap, Pierre, *La société pygmalion?* Paris, Dunod, 1988.
Terrasson, François, *La peur de la nature*, Paris, Sang de la terre, 1990.
Vaillant, François, *La non-violence dans l'évangile*, Les éditions ouvrières, 1991.
Van Caneghem, Denise, *Agressivité et combativité*, Paris, PUF, 1978.
Van Lysebeth, André, *Tantra, le culte de la féminité*, Paris, Flammarion, deuxième édition 1992.
Vincent, Jean-Didier, *Biologie des passions*, Paris, Odile Jacob, 1986.
Watzlawick, Paul, *La réalité de la réalité*, Paris, Seuil, 1978.
Zajde, Nathalie, *Enfants de survivants*, Paris, Odile Jacob, 1995.
Zarai, Rika, *Ces émotions qui guérissent*, Paris, Michel Lafon, 1995.
DSM III. Manuel diagnostique et statistique des troubles mentaux. Paris, Masson, 1983.

Revues

Alternatives Non-Violentes, BP 27, 13122 Ventabren. Tél. 04 42 28 72 25.
Non-Violence Actualité : BP 241 Montargis Cedex.
Pour vous procurer des jeux coopératifs, demandez le catalogue à NVA, BP 241 Montargis Cedex.

Table des matières

INTRODUCTION ... 9

Quand la tête et le cœur ne se feront plus la guerre

1. Tempérament, inné ou acquis? ... 23
2. La raison est émotionnelle ou elle n'est pas raisonnable ... 26
3. Qu'est-ce qu'une émotion? ... 30

Cachez ces émotions que je ne saurais voir

4. Le déni ... 39
5. Soumission et refoulement ... 46
6. La peur de l'intimité ... 52
7. Il y a quelqu'un sous le masque? ... 55
8. Je juge, ça rassure ... 62
9. À la recherche des émotions perdues ... 68

Psychophysiologie des émotions

10. Le fonctionnement cérébral ... 75

Hyperémotivité et débordements

11. Une émotion peut en cacher une autre ... 91
12. « Je ne sais pas d'où ça vient! » ... 99
13. Évaluez votre quotient émotionnel ... 111

Les multiples visages de la peur

14. Face au risque 129
15. Timidité et peurs sociales 139
16. Angoisses et phobies 147
17. Chocs et traumatismes 154
18. Peurs de la mort 157

De la violence et du pouvoir

19. Du pouvoir à la puissance 169
20. Les racines de la violence 175
21. Une histoire de pouvoir 183

Une saine colère

22. Affirmer son identité, défendre son intégrité 191
23. Gérer la frustration 196
24. L'expression positive de la colère 198

Aimer, la joie

25. Amour, toujours? 207
26. Aimer, un verbe actif 212
27. Vers une relation longue durée 217
28. Ouvrir son cœur, l'intimité 220
29. Rire avec ou rire de... 224
30. Vers une sexualité épanouie 229
31. La maternité, une expérience sexuelle intense 238

Tristesse ou dépression?

32. La dépression 247
33. Le travail de deuil 255
34. La tristesse 259

L'art d'être heureux et de rendre les autres heureux

35. Nous avons tous besoin d'amour 265
36. Donner 269
37. Recevoir 275
38. Refuser 278
39. Demander 281

Empathie et résolution de conflits

40. Écouter vraiment 289
41. Décoder pour désamorcer 297
42. Répondre à l'agressivité 301

43. Sortir des conflits 305

Accompagner l'épanouissement affectif de l'enfant

44. La place des sentiments 311
45. Les besoins affectifs fondamentaux 316
46. Mettre des mots sur ses émotions 323

Conclusion

De l'égocentrisme à l'altruisme 329
Bibliographie 335

Vous avez été intéressé dans ce livre par la possibilité d'apprendre à gérer ses émotions, si vous désirez suivre un stage :

Isabelle FILLIOZAT
75, av. Henri-Martin, 94100 Saint-Maur
Tél. : 01 42 83 07 51

Pour aller plus loin dans le domaine de l'éducation et vous former au PROgramme de Développement Affectif et Social (PRODAS) vous pouvez prendre contat avec :

L'éditeur du programme au Canada :
Actualisation
Place du Parc CP1142
300 Léo-pariseau bureau 705
Montréal Québec H2 W2 P4
Tél. : 514 284 26 22

Les organismes de formation et de diffusion suivants :

En France :
SA-MA-SA Education
35, rue de Coulmiers
75014 Paris
Tél. : 01 43 25 86 70

En Suisse :
Institut de perfectionnement des travailleurs sociaux
Av. du Temple 19C
1000 Lausanne
Tél. : 021 653 64 12

En Belgique :
Ecole des parents et des éducateurs de Belgique
Place des Acacias
1040 Bruxelles
Tél. : 02 733 95 50

CET OUVRAGE A ÉTÉ IMPRIMÉ
PAR DUPLI-PRINT À DOMONT (95)
POUR LE COMPTE DES ÉDITIONS JC LATTÈS
17 RUE JACOB – 75006 PARIS
EN AVRIL 2016

N° d'édition : 21 – Dépôt légal : avril 2016
N° d'impression : 2016042104

Imprimé en France